KB097975

'개념' 없는 사회를 위한 강의

'개념' 없는 사회를 위한 강의

변화를 향한
소수자의
정치전략

박이대승 지음

오월의봄

차 례

들어가는 말 **6**

사전 강의: 개념과 정치 15

'개념언어'와 '정치언어': 말의 두 가지 사용법 **17** | 개념: 표준 없는 다양성은
왜 불가능한가 **25** | 정치언어: '우리'와 '그들'을 나누는 도구 **33** | 개념의 부재,
정치언어의 과잉 **42** | '혐오': 정치언어의 극단 **52**

1강. 누구를 위한 '청년'인가? 65

1. '청년'은 개념이 아니다 72
'불쌍한 청년'의 탄생: 청년은 경제적 약자인가 **74** | 왜 하필 '청년'인가: 청년
정책의 인위성 **81** | 청년할당제 논란: 청년의 역설적 지위 **90**

2. 정치는 왜 '청년'을 좋아할까 97
'청년'의 정치, 역사, 문화적 기원 **99** | '청년'을 둘러싼 의미 투쟁: 88만 원과
아픈 청춘 **107** | '청년' '불평등' '경제': 정치언어의 진보 혹은 퇴보 **114**

3. 부를수록 배제되는 이름, '청년' 121
'청년 특별기획': 청년이라는 이름의 잡동사니 상자 **122** | 그럼에도 불구하고
'청년': 정치전략의 가능성 **129** | 공감은 어떻게 가능한가: '불쌍한 청년'에서
권리 주장으로 **135**

2강. 소수자 사회 147

1. 소수자는 누구인가 153
종속계층과 헤게모니: 안토니오 그람시 155 | 다수자와 소수자: 질 들뢰즈와 펠릭스 과타리 163 | 종속계층과 소수자: 표준을 변주하는 생성의 힘 173

2. 표준 없는 사회 182
표준권력은 어떻게 작동할까 183 | 서구를 번역하기: 표준 없는 사회의 소수 문화 191 | 이념 없는 정당: 정치는 감동이 아니다 199

3. 소수자의 정치전략 208
분노한 청년은 짱돌을 들 수 있다? 210 | 다수화전략: 헤게모니와 포퓰리즘 216 | 소수화전략: 최저임금위원회의 사례 226

3강. 시민성의 재구성 235

1. 시민성이란 무엇인가 242
시민 개념: 거주민을 넘어 구성원으로 244 | 참여와 권리: 시민성의 두 가지 모델 249 | 평등을 위한 조건, 시민성 257

2. 권리 개념 이해하기 264
권리 주장을 용납하지 않는 사회: 세월호 피해자의 권리를 말하다 266 | 권리란 무엇인가: 개념과 정당성 270 | 권리를 둘러싼 몇 가지 미신들 279

3. 평등을 가로막는 세 가지 요인 288
참여하지 않아도 인간이다: 시민의 참여에서 인간의 권리로 290 | '국가'라는 족쇄: 개인 없는 가족공동체 297 | 경제 담론 비판: 평등 없는 불평등 논의 304

나가는 말: '개념' 없는 사회를 위한 제안 310

들어가는 말

한국 사회는 약자의 피를 먹고 전진하는 기계입니다. 그 전진 뒤에는 거대한 피해자집단과 억울한 죽음이 남습니다. 만일 이런 것도 공동체라 부를 수 있다면, 자기 신체의 일부를 섭취하며 살아가는 기괴한 괴물의 모습을 하고 있을 겁니다. 우리는 지난 몇 년간 고통받는 피해자들 앞에서 수많은 물음을 던졌습니다. 도대체 무엇이 잘못된 것일까? 왜 억울한 죽음이 끊이지 않는가? 국가는 무얼 하고 있나? 타인의 고통에 공감하지 못하는 사람이 왜 이리 많을까? 왜 우리는 저항하지 못하는가? 그러나 쏟아지는 질문에 비해 '사회적 대화'라는 것이 이루어진 적은 거의 없습니다. 수많은 말이 오가는 것 같지만, 대부분 고통의 호소나 증언일 뿐입니다. 피해자의 고통을 이해하기 위한 공동체의 언어는 없고, 오로지 '나 살기 힘들다'는 외침만 가득합니다.

우리 강의는 이런 상황을 '개념 없는 사회'라 부릅니다. 여기서 개념이란 언어 사용의 한 가지 경향을 말합니다. 말과 의미의 관계를 고정하려는 경향이 개념언어이고, 말과 의미의 유동적 관계를 활용하려는 경향이 정치언어입니다. 공동체의 시민들이 서로 대화하려면 개념언어가 필요합니다. 말과 의미의 관계가 고정되어야 사회적 대화를 위한 공통언어로 쓰일 수 있기 때문입니다. 의미가 수시로 바뀌는 말은 훌륭한 정치적 도구가 되어 주겠지만, 공동체의 대화와 합의의 기초가 될 수는 없습니다. 지금 한국의 상황은 '개념언어의 부재, 정치언어의 과잉'으로 요약됩니다. 약자의 고통이 공동체의 문제로 논의되지 않는 이유가 여기 있습니다. 고통스러운 외침은 가득하지만, 사회적 대화를 위한 공통언어가 부재합니다. 우리는 사전 강의에서 언어 사용의 이러한 두 가지 경향을 설명하고, 개념 없는 사회의 다양한 현상을 비판적으로 분석할 것입니다.

첫 번째 강의의 주제는 '청년'입니다. 흔히 말하는 세대집단이 아니라 두 음절로 구성된 '청년'이라는 정치언어를 다룹니다. 이 말은 최근 몇 년간 한국 사회에 가장 큰 영향력을 행사한 정치언어 중 하나입니다. 그것을 비판적으로 분석해보면, 정치언어의 생산 과정과 작동 방식을 자세히 이해할 수 있습니다. 우리 강의는 각종 정치언어의 과잉 작동이 개념언어의 수립을 어떻게 가로막는지 살펴보고, '청년'을 시민성과 권리의 언어로 대체할 것을 제안합니다.

개념언어가 없다는 것은 단지 소통이 어렵다는 의미가 아닙니다. 시민들 사이에 합의된 개념이 없다면 안정적인 사회 운영 체계도 기대할 수 없습니다. 모든 사회 제도는 개념으로 이루어진 체계와 절차이기 때문입니다. 표준어로 기능하는 개념이 없다면, 정치적 토론과 합의 과정도 불가능할 것입니다. 개념언어의 부재와 정치언어의 과잉은 단순한 언어적 현상이 아니라 '사회적 표준 체계'의 구성을 가로막는 근본 요인입니다. 우리 강의가 개념의 문제를 제기하는 진짜 이유가 여기에 있습니다.

개념언어와 정치언어에서 출발해 사회적 표준 체계의 문제로 이행하려면, 여러 단계로 구성된 이론적 접근이 필요합니다. 우리는 두 번째 강의에서 몇 명의 철학자와 이론가의 도움을 받을 것입니다. 그중 가장 중요한 것이 프랑스 철학자 질 들뢰즈와 펠릭스 과타리의 소수성 개념입니다(이론적 논의에 친숙한 독자라면 두 번째 강의를 먼저 읽는 것도 좋은 방법입니다).

소수성 개념의 첫 번째 의미는 사회적 약자입니다. 우리는 한국 사회에서 흔히 사회적 약자라 불리는 집단을 '소수자'로, 그들이 처한 사회적 상태를 '소수성'으로 정의합니다. 이미 많은 사람이 소수자라는 말을 이와 비슷한 의미로 사용하고 있지만, 이론적 작업은 많지 않습니다. 사회적 약자를 소수자로 규정하는 것은 여러 가지 이론적, 실천적 효과를 발휘합니다. 그 첫 번째는 사회적 약자에 대한 한국 사회의 지배적 통념을 비판하는 것입니다. 누군가는 억압받고 차별당하는 집단의 존재를 삭제하거나 '불우이웃' 정도로 취급하곤 합니다. 또 다른 누군가는 약자가 저항해야 하고, 할 수 있다는 것을 당연하게 간주하며, 지배체제에 순응하거나 무기력하게 남아 있는 약자에게 비난과 경멸을 쏟아내곤 합니다. 우리는 이런 통념을 해체하고 약자의 저항을 위한 정치전략을 구상할 것입니다.

하지만 우리 강의에서 소수성 개념을 참고하는 이유가 단지 사회적 약자의 문제를 다루기 위해서는 아닙니다. 여기서 강의 전체의 핵심 질문이 제기됩니다. 사회적 약자가 소수성의 상태에 있다면, 한국의 지배집단은 다수성의 상태에 있을까요? 극단적 불평등 속에서 온갖 권력을 독점하고 있으니, 그들을 다수자라 불러야 하지 않을까요? 그렇지 않습니다. 한국의 지배집단은 또 다른 의미에서 소수성의 상태에 있습니다. 들뢰즈와 과타리는 다수성을 '표준 체계에 의한 지배'로 정의하고, 소수성이란 그런 표준 체계를 뒤흔드는 상태라고 말합니다. 한국에는 다수성의 표준 체계에 따라 권력을 행사하는 집단도, 체계적인 상위 문화를 형성한 지배집단도 존재하지 않습니다.

2017년 한국 사회가 목격한 거대한 정치 스캔들은 지배집단이 다수성을 거부하며 생존하는 범죄집단에 가깝다는 것을 보여줍니다. 그들은 일관성 있는 지배 체계를 구성함으로써 권력을 행사하는 게 아니라, 오히려 체계 자체를 파괴하며 자신과 친족의 이익만을 추구합니다. 요컨대 한국 사회를 특징짓는 것은 소수자에 대한 다수자의 지배가 아닙니다. 한국은 다수성 없는 사회, 소수자가 또 다른 소수자를 지배하는 사회, 소수성의 다양한 형태가 서로 충돌하고 갈등하는 사회입니다. '개념 없는 사회'는 이런 일련의 의미를 함축하는 말입니다.

마지막으로 세 번째 강의에서는 가장 시급히 필요한 표준 개념들을 제안할 것입니다. 그것은 민주주의 시민성을 구성하는 시민, 평등, 참여, 권리 등의 기본 개념입니다. 한국은 단지 개념 없는 사회가 아니라 개념을 적극적으로 거부하는 사회입니다. 현대사의 주요 국면을 거치며 이런 기본 개념 대부분이 두꺼운 미신에 둘러싸이고 말았습니다. 마지막 강의에서는 이런 미신들을 비판하며 '시민의 평등한 권리'라는 개념에 기초한 사회적 대화의 모습을 그릴 것입니다.

아마도 많은 독자들이 이 강의 전체의 주장을 '개념 없는 사회에 표준 개념을 수립해야 한다'는 것으로 이해하리라 예상합니다. 그러나 이런 단순한 요약은 몇 가지 위험을 수반합니다. 먼저 개념이 있는 것과 없는 것은 분명히 구별된 두 가지 상태가 아니라 언어 사용의 두 가지 경향입니다. 개념이 없다는 것은 정치언어에 과도하게 치우친 경향을 의미합니다. 그러나 정치언어는 개념언어의 수립을 방해하는 단순한 걸림돌이 아니라 정치적 실천의 본질적 요소 중 하나입니다. 이 두 가지 언어 사용법의 가치와 기능을 모두 인정해야 두 번째 강의에서 설명할 소수자의 정치전략을 구성할 수 있습니다. 또한 그런 단순한 요약은 강의 내용에 담긴 여러 역설적 요소를 간과하게 합니다. 이 강의가 주장하는 내용 대부분에는 '그렇지만'이라는 접속어가 뒤따릅니다. 예컨대 한국 사회에 표준 개념을 수립하기 위한 노력이 필요하지만, 이것은 완전한 성취가 불가능한 과제입니다. 이런 역설은 소수성 개념의 주요 함축 중 하나입니다. '개념' 없는 사회는 항상 다양한 역설에 직면하기에, 단순하게 파악될 수 없습니다. 우리 강의는 이런 역설의 이론적, 실천적 중요성에 주목합니다.

사람들은 절망스러운 현실에 질문을 던지고 명쾌한 해답을 기다립니다. 하지만 그런 건 존재하지 않습니다. 우리에게 필요한 일은 해답을 기다리는 것이 아니라 해답에 도달하기 위한 올바른 질문을 제기하는 것입니다. 올바른 질문은 항상 역설과 충돌을 포함합니다. 이런 역설과 충돌을 다루는 방법은 오로지 실천 속에서 모색할 수 있습니다. 이 강의는 질문의 해답을 위해서가 아니라 그런 실천을 위한 보조 장치로 기획되었습니다.

이 책의 시작은 2015년 서울시 청년허브에서 주최한 강의로 거슬러 올라갑니다. 그 강의의 기록은 〈'청년 담론' 분석에 기초한 청년 활동 전망 연구〉라는 제목의 보고서로 공개되었습니다. 처음에는 보고서 내용을 조금 보완해서 책으로 출간할 생각이었지만, 막상 원고를 쓰다보니 초기 기획보다 다루는 주제와 문제의 범위가 훨씬 넓어졌습니다. 그래서 원고 전체를 다시 썼고, 기존 보고서에 없던 이론적 내용을 두 번째 강의에 추가했습니다. 하지만 내용을 조금이라도 쉽게 전달하기 위해 강의록이라는 형식과 문체는 바꾸지 않았습니다.

서울시 청년허브에서 강의와 보고서 작성의 기회를 주지 않았다면, 이 책은 빛을 보지 못했을 것입니다. 청년허브에 진심으로 감사드립니다. 원고를 꼼꼼히 읽고 논평해준 김영민, 박아름,

정다혜, 정준영, 정혜원, 이다솔에게도 고마운 마음을 전합니다.
이 책과 독자의 만남이 어떤 실천적 효과를 만들어낼지 설레는
마음으로 기다리겠습니다.

2017년 3월
박이대승

사전 강의: 개념과 정치

'개념언어'와 '정치언어': 말의 두 가지 사용법

'말'에 관한 이야기로 강의를 시작해볼까 합니다. 말의 기본적인 기능 중 하나는 무엇을 '지시'하는 것입니다. 책상, 대통령, 여성, 시민, 삼각형, 괴로움, 세계, 배고픔 같은 말을 들으면 머릿속에 어떤 이미지가 떠오릅니다. 책상이란 말을 들으면 '책을 올려놓고 읽을 때 쓰는 상'의 모습이, 배고픔이란 말을 들으면 밥을 굶었을 때 신체가 느꼈던 감각이 생각납니다. 이런 이미지들을 말의 '의미'라고 불러보겠습니다. 말과 말의 의미 사이의 관계가 이 예비 강의의 기본 주제입니다. 기호학이나 언어학의 기본 내용을 아시는 분은 여기서 몇 가지 이론을 떠올리실 겁니다. 하지만 우리 강의에서 이론적인 내용을 깊이 다루지는 않습니다. 가능하면 전문 용어가 아닌 일상어로 설명하고, 거기서 발생하는 모호함을 피하기 위해 다양한 사례를 들어보겠습니다.

한 단어와 그것의 의미는 여러 형태의 관계를 맺을 수 있습니다. 이를테면 책상과 그것의 의미 사이의 관계는 비교적 고정되어 있습니다. 그 말의 의미를 제 마음대로 '밥 먹을 때 쓰는 상'으로 바꾸기는 어려우니까요. 반면 민주주의라는 말과 그 의미 사이의 관계는 수시로 변합니다. 누가 어떤 목적으로, 어떤 영역에서 사용하느냐에 따라 다양한 의미를 부여할 수 있습니다. (물론 책상의 경우도 조금 더 생각해보면 결코 간단치 않습니다.) 더 나아가 한 단어와 그것의 의미를 실제 대상에 적용하는 경우, 문제는 더 복잡해집니다. 예를 들어 '일간베스트 사용자'와 '일베충'은 서로 다른 말이고 의미도 다르지만, 같은 집단을 지칭합니다. '노동자'와 '근로자' '이주민'과 '다문화' 같은 말도 마찬가지죠. 실재하는 사회집단을 어떤 이름으로 지칭할 것인지 결정하는 것은 고도의 정치적 행위입니다. 우리는 수천 가지 비슷한 사례를 알고 있습니다. '말과 그것의 의미를 어떻게 결합할 것인가?' '실재하는 대상을 어떤 말로 지칭할 것인가?' 이것이 정치 행위의 가장 기본적인 문제입니다.

말의 이런 복잡한 성격은 우리 강의의 핵심 주제입니다. 우리의 첫 번째 목적이 한국 사회의 현재를 지배하는 한 가지 단어와 그것이 지시하는 내용을 정치적 관점에서 분석하는 것이기 때문입니다. '청년이라는 말의 의미는 무엇인가?' — 이 질문이 바로 우리의 출발점입니다. 지난 몇 년간 이른바 '청년 담론'

은 넘칠 정도로 생산되었지만, 정작 그 누구도 '청년이란 누구인가?'를 묻지는 않습니다. 청년을 말하는 사람은 많지만, 그 단어가 정확히 어떤 집단을 지칭하는지 밝히는 사람은 거의 없습니다. 이 강의의 청중인 여러분도 스스로에게 같은 질문을 던져보시기 바랍니다. 여러분이 말하는 청년은 정확히 누구인가요? 여러분은 청년을 어떻게 정의하고 있습니까? 이 질문은 단지 용어의 애매모호함을 지적하는 것이 아닙니다. 청년이라는 말에는 한국 사회가 직면한 수많은 문제가 응축되어 있기에, 그 말과 의미의 관계를 물어야 합니다.

청년이라는 기호를 분석하는 일은 상당히 난해한 작업입니다. 그 작업을 본격적으로 시작하기 전에, 한국의 언어 사용에 대한 일반적인 내용을 정리할 필요가 있습니다. **일단 언어를 크게 두 가지 영역, 즉 '개념언어'와 '정치언어'로 구별하겠습니다.**

분명하게 정의된 이론적 용어를 개념이라 부를 수 있다면, 정치언어란 정치권력의 작동에 의해 말과 의미 사이의 관계가 변화하는 언어입니다. 예컨대 청년을 통계적 개념으로 사용할 경우, '만 15세 이상 34세 미만의 인구집단' 혹은 '만 15세 이상 29세 미만의 인구집단' 같이 분명하고 엄밀한 정의를 부여해야 합니다. 그러나 정치언어로 사용한다면, '젊고 패기 있는 사람' '사회의 진보를 추구하는 개혁적인 청춘' '인생의 찬란한 시기를 사는 사람' '청년 실업에 고통받는 젊은이' 같은 의미가 모두 청년이라는 말에 결합될 수 있습니다. 이렇게 개념과 그 의미 사이의 관계는 비교적 고정되어 있습니다. 개념을 정치적 목적에 따라 조작하기는 어렵습니다. 인간 개념을 '호모 사피엔스라는 학명으로 규정된 종의 이름'으로 정의한다면, 오로지 과학적 근거에 의해서만 그 정의를 수정할 수 있습니다. 그래서 개념은 '합리적 언어'를 구성합니다. 합리적 주장을 '타당한 근거를 바탕으로 전개된 논변'이라고 하면, 그런 논변을 구성하는 용어가 개념입니다. 의미가 분명치 않거나, 화자의 의지에 따라 의미가 수시로 변하는 말은 합리적 언어로 사용될 수 없겠지요.

반면 정치언어에서는 말과 의미 사이의 연결이 고정되지 않아 비교적 자유롭게 기호를 조작할 수 있습니다. 정치언어의 수많은 사례 중에서도 우리에게 가장 친숙한 것은 흔히 '정치적 수사'라 부르는 것입니다. 수사법rhetoric의 전통적 정의는 대화하는 상대방의 마음을 움직일 수 있는 '연설의 기술' 혹은 '설득의 기술'입니다. 중고등학교에서 달달 외우는 은유, 직유, 제유, 환유 따위가 그런 기술로 사용될 수 있죠. 수사적 표현에서 말과 의미 사이의 관계는 매우 유연합니다.[1] "내 마음은 고요한 호수와 같다"고 말하는 것처럼 '네 마음' '그의 마음'도 고요한 호수에 비유할 수 있고, "우리 집 고양이의 마음은 호수와 같다" "내 스마트폰의 마음은 호수와 같다"고 하지 말라는 법도 없습니다. 또한 "내 마음은 휘몰아치는 폭풍우와 같다"고 해야 할 경우도 있습니다. 그럴듯하게 보이기만 한다면 수사적 표현은 어떤 대상에든 결합해 그 의미를 바꿉니다. 그래서 수사법은 정치적으로 널리

---

1   E. Laclau, *On Populist Reason*, Verso, 2005, pp.71-72.

활용됩니다. 정치적 수사의 대표적 사례가 '종북' 같은 말이죠. 물론, 누군가 이 말을 이론적, 학술적으로 정의할 수도 있을 겁니다. 하지만 정치권에서 이 말이 언급될 때는 상호 모순되는 다양한 의미를 지닌 채로 아무에게나 막 사용됩니다. 이때 정치적 효과는 상상을 초월할 정도로 강력합니다. **여기서 중요한 문제는 정치언어가 '그럴듯하게 보이는 조건'이 무엇이냐는 것입니다.** 어떤 말은 강력한 영향력을 행사하는 반면, 다른 말은 그저 농담이나 풍자 정도로 취급됩니다. 결론적으로 말하자면, 그 조건을 결정하는 것이 첫 번째 강의 중반에 설명할 '의미 투쟁'입니다.

　개념과 정치언어를 구별하는 것은 매우 난해한 문제입니다. 우리가 '과학적 개념'이라고 여기는 것 중에도 개념과 정치언어의 경계선을 넘나드는 것이 많습니다. 일단 수천 년간 개념의 이상적 모델로 간주되어온 수학적 개념에 정치권력이 개입할 여지는 없어 보입니다. (물론 수학적 개념이 사회적 배경에 전혀 영향받지 않는 불변의 보편적 구성물이라는 말은 아닙니다. 수학은 고대 그리스라는 특수한 지역에서 탄생한 문화적 생산물입니다. 하지만 그렇다 해도 수학적 개념의 정의를 인위적으로 조작하기는 매우 어렵습니다.) 하지만 생명을 다루는 과학에 이르면 상당히 곤란한 경우를 발견하게 됩니다. 예컨대 '생명의 고통'이라는 개념을 정의하는 여러 가지 이론적 방법이 있는데, 여기에는 비非이론적 판단이 개입할 가능성이 다분합니다. 우리가 산낙지를 먹을 때 낙지는 고통을 느낄까요, 아닐까요? 어느 쪽이든 과학적 근거를 제시할 수 있겠지만, 거기에는 이미 가치 판단이 개입할 수밖에 없습니다. 가치 판단의 차이는 곧바로 정치적 차이로 발전합니다. 동물권 혹은 생명권을 둘러싼 정치적 논쟁을 떠올릴 수 있겠죠. 결국 생명의 고통에 관한 문제를 토론할 때, 그 말이 과학적 개념으로 사용되는 것인지 정치언어로 사용되는 것인지 분명치 않은 경우가 종종 있습니다.

인간에 관한 이론에 이르면 개념과 정치언어의 구별은 거의 불가능해집니다. 인간과학과 사회과학은 엄밀하게 구성된 이론 체계를 가질 수 있지만, 그 체계를 구성하는 용어는 개념이자 동시에 정치언어입니다. 성별 차이를 예로 들어볼까요? 성별은 생물학, 임상의학, 법학 및 모든 사회과학의 기본 개념입니다. 보통 여성과 남성이라는 양성 구별을 객관적이고 보편적인 것으로 생각하지만, 절대 그렇지 않습니다. '객관적 과학 지식'이라 간주되는 생물학과 의학의 성별 구분만 봐도 이미 다양한 비과학적 요소가 개입합니다. 일단 염색체, 신체 내부 기관의 구조, 신체 외부에 드러난 성기의 형태 중 어떤 기준으로 성별을 나눌지가 문제입니다. 염색체를 기준으로 삼는다고 해도 인간은 XY, XX 외에도 XXY(클라인펠터 증후군), XYY, XX와 XY의 세포 모자이크, X(터너 증후군) 등을 가질 수 있습니다. 그럼 인간의 성을 굳이 두 가지로 나누어야 하는 과학적 근거는 무엇일까요? 양성 이분법은 어떤 권력이 작동한 결과가 아닐까요? 다른 한편 인간 성기의 형태 역시 다양합니다. 또 성기는 남성이지만 염색체는 그렇지 않은 경우도 있습니다. 여성과 남성이라는 두 범주에 속하지 않는 다양한 성적 특성을 '간성intersex'이라 부르기도 하는데, 간성에 붙어 있던 '질병' 딱지는 최근에 와서야 조금씩 떨어지고 있습니다.

이러한 의학 지식의 변화에는 역사, 사회, 문화, 정치적 요소가 모두 개입합니다. 특히 의학이 구별하는 '정상성'과 '비정상성'에 대한 정치적 성찰이 최근의 변화를 이끌어왔습니다. 정치적 힘이 이론적 개념의 의미를 바꾼 것이죠. 많은 사람이 섹스sex를 '생물학적 성 차이', 젠더gender를 '정치·문화적 성 차이'로 구별하는데, 사실 생물학적으로 정의된 성 차이도 정치·문화적으로 구성된 것입니다. '생물학적 여성'은 '사회적 여성성'에 비해 더 객관적이고 고정된 의미가 있는 것처럼 보이지만 '누가 생물학적 여성인가?' '생물학적 성별은 몇 가지인가?' 등은 과학적 질문이기에 앞서 정치적 질문입니다. 요컨대 이론적으로 정의된 여성과 남성은 개념이지만, 정치적 힘이 그 의미를 언제든 바꿀 수 있는 정치언어이기도 한 것입니다.

사회과학 개념들이 정치적 구성물이라는 것은 더 분명합니다. 우리가 일상적으로 접하는 단순한 통계 개념부터 정치 행위의 결과물입니다. 실업률을 정의할 때 '분모에 구직 의사를 상실한 사람의 수를 포함할 것인가, 제외할 것인가'는 단순히 이론적 문제가 아니라 치열한 정치적 논쟁의 대상입니다. 그 결과에 따라 통계 수치의 정치적 영향력과 이득을 보는 세력이 달라지기 때문이죠. 현대 정치 체제를 구성하는 핵심 개념들— 시민, 인권, 국가, 민주주의, 자유, 평등— 은 오랜 역사를 가진 정교한 이론적 생산물인 동시에 정치적 투쟁의 결과물이기도 합니다. 이런 개념의 의미는 정치 행위에 따라 언제라도 변할 수 있습니다. 법 개념도 마찬가지입니다. 한국의 사법 체계에서 강간 피해자는 오랫동안 '부녀婦女'에 한정되었다가 최근에야 '사람'으로 확장되었습니다. 법적 개념은 고정된 의미로 엄밀히 정의되어야 하지만 정치적 힘이 그 의미를 변경할 가능성은 언제나 존재합니다.

개념과 정치언어라는 두 가지 영역을 엄밀하게 구별하는 것은 사실상 불가능합니다. 하지만 그 둘이 정반대를 향한다는 사실은 분명합니다. 예컨대 '경제민주화'는 개념일까요, 정치언어일까요? 어떤 경제학자는 경제민주화를 '재벌 중심 경제를 개혁하는 것'이라는 분명한 개념으로 정의하고 체계적인 이론을 구성할 것입니다. 물론 경제민주화를 재벌 개혁이라고 정의하는 것 자체가 정치적 성격을 지닙니다. 그렇지만 일단 개념으로 정의된 말의 의미는 정치적 목적을 위해 임의로 바꾸기가 힘듭니다. 반면 경제민주화를 선거 승리라는 정치적 목적의 도구로 활용할 정치인도 있겠지요. 그는 선거 승리를 위해서라면 언제든지 말의 기존 의미를 변형하거나 새로운 의미를 덧붙일 것입니다. 물론 경제민주화를 정치언어로 사용한다고 해도 개념언어의 특성을 완전히 삭제하기는 어렵습니다. 즉 경제학자가 부여한 이론적 의미가 조금이라도 남아 있을 수밖에 없고, 정치적 발화 속에서도 의미의 일관성은 어느 정도 유지돼야 합니다. 하지만 개념이 고정된 의미를 지향하는 것과 달리 정치언어는 의미의 유동성을 극대화합니다. 경제학자와 정치인의 언어 사용을 칼로 자르듯 분명히 구별할 수는 없지만, 이들이 말하는 경제민주화는 의미의 '고정성'과 '유동성'이라는 양극으로 분리됩니다. 요컨대 **개념과 정치언어는 서로 다른 두 종류의 언어라기보다 같은 언어의 상반된 사용법**이라고 할 수 있습니다.

개념: 표준 없는 다양성은 왜 불가능한가

개념과 정치언어의 성격은 서로 대립하지만, 정치공동체의 운영에는 둘 다 필요합니다. **개념의 첫 번째 기능은 사회적 논의의 표준을 제공하는 것입니다.** 예를 들어 두 사람이 대화를 하기 위해서는 한쪽이 A라는 말을 할 때 상대방도 그것을 A로 알아들어야 합니다. 우리는 이렇게 소통을 가능하게 하는 언어 규칙의 집합을 '표준어'라고 부릅니다. 표준어는 역사적으로 자연스럽게 형성되기도 하지만 공식적인 제도나 기구가 인위적으로 결정하기도 합니다. 어느 쪽이든 표준적인 언어가 없다면 언어를 통한 소통은 불가능할 것입니다.

마찬가지로 개념 역시 사회적 논의에 참여하는 주체 사이의 소통을 가능하게 해주는 '표준'의 역할을 합니다. 민주주의에 관한 사회적 논의가 가능하려면, 민주주의라는 개념에 대한 공통 이해가 전제되어야 합니다. 어떤 사람은 민주주의를 'democracy'라는 의미에 따라 '인민에 대한 인민의 지배'라고 이해하는 반면 다른 누군가는 '군주가 백성을 위해 헌신하는 것'이라 이해한다면, 민주주의는 둘 사이에 표준 개념으로 자리 잡지 않은 것입니다. 이 경우 소통은 당연히 어렵겠지요. 물론 민주주의에 대한 여러 이해방식 가운데 하나가 옳고 다른 것은 그르다고 할 수 없습니다. 표준어가 옳은 언어이고 사투리는 틀린 언어라 말할 수 없는 것과 마찬가지입니다. 사회적 논의를 위한 표준과 비표준을 구별하는 것은 옳고 그름을 나누는 것과 완전히 다른 차원의 일입니다.

사회적 논의의 표준은 '합리성'이 무엇인지도 규정합니다. 정해진 표준에 따라 자신의 생각을 말한다면 합리적 주장이라 인정되지만, 표준을 무시한다면 합리적 토론의 상대로 인정될 수 없습니다. 일례로 2015년 미국 연방 대법원은 동성 결혼을 법적으로 인정했습니다. 미국에서 동성 결혼을 둘러싼 논쟁은 오랜 역사를 가집니다. 특히 보수 기독교계 일부가 성경을 기준으로 동성 결혼 법제화를 반대했죠. 이런 종교적 주장이 '비합리성'의 대표적 사례입니다. 법적 판단의 기초를 종교 원리에서 찾는 것은 현대 민주주의 정치 체제의 표준에 어긋나기 때문입니다. 이 경우에 비합리성이 의미하는 것은 윤리적 옳고 그름 따위가 아니라 신성의 논리와 세속의 삶을 분리한 사회적 표준에 부합하지 않는다는 사실입니다. 한국에서 동성 결혼을 둘러싼 논의가 열악한 수준에 머물러 있는 가장 큰 이유는 역시 법 원리와 종교 원리를 구별하는 사회적 표준이 제대로 확립되어 있지 않기 때문입니다.

이러한 사회적 표준의 확립은 다양성의 문제를 제기합니다. 표준의 확립이 다양성의 발전을 가로막는 '획일적 기준'을 의미하는 것처럼 보이기 때문입니다. 하지만 흔히 말하는 '다양성'이 무엇인지 더 깊이 생각해볼 필요가 있습니다. 조금 생소하게 느껴질지 모르지만, 인터넷 기술의 사례가 표준과 다양성의 관계를 잘 설명해줍니다. 만일 웹 브라우저 개발사가 표준을 따르지 않고 자기 브라우저에서만 작동하는 기술을 추가한다면 어떻게 될까요? 수많은 한국 사용자에게 화병을 안겨주는 ActiveX 따위의 기술이 쏟아져 나올 겁니다. 그 누구도 한국의 지저분한 인터넷 보안 환경을 다양성이라고 생각하지 않습니다. 만일 인터넷 환경의 표준이 단일하지 않고 다양한 규격이 허용된다면 인터넷은 존재할 수 없을 것입니다. 웹 표준이라는 단일 규칙을 정확히 준수하는 한에서만 인터넷 컨텐츠의 다양성을 생각할 수 있는 것이죠.

요컨대 사회적 표준이란 '다양성을 가능하게 해주는 단일한 기준'이라는 역설적인 특징을 갖습니다. 수천 가지 다른 언어가 난무하는 바벨을 다양성의 도시라 부를 수는 없겠지요. 사회적 표준이 없다면 서로 같은 생각을 하는지, 다른 생각을 하는지조차 알 수 없습니다. 그냥 거대한 소음으로 가득 찬 카오스의 세상일 겁니다. 이것이 지금 한국 사회가 놓인 상황이기도 합니다.

그렇다면 사회적 표준과 다양성은 충돌하지 않는 것일까요? 물론 충돌합니다. 하지만 이 문제에 접근하려면 일반적으로 생각하는 것보다 훨씬 복잡한 쟁점들을 고려해야 합니다. 그 쟁점 중 하나인 사회적 표준의 역설적 특징은 다수성과 소수성을 다루는 두 번째 강의에서 본격적으로 이야기하겠습니다.

사회적 표준을 구성하는 기본 개념의 기원과 발전 과정은 매우 다양합니다. 하지만 그 개념을 분명히 정의하는 국가 제도가 존재합니다. 바로 헌법입니다. 현대 공화주의 헌법의 기원은 프랑스의 〈인간과 시민의 권리 선언〉(1789), 1788년에 제정된 미국 헌법 등에서 찾을 수 있습니다. "인간의 자유롭고 평등한 권리"로 시작하는 〈인간과 시민의 권리 선언〉은 프랑스대혁명의 이념을 밝혔으며, 여전히 프랑스 헌법으로 기능하고 있습니다. 이 선언문은 인간, 시민, 권리, 인간의 권리, 시민의 권리, 자유, 평등 같은 기본 개념들을 정의합니다. "우리 미합중국 인민은……"이라는 유명한 구절로 시작하는 미국 헌법 역시 사회적인 기본 개념과 가치를 규정합니다. 흥미로운 점은 프랑스 헌법의 역사가 주요 가치 개념을 규정하는 선언문에서 시작하는 데 반해, 1788년 미국 헌법은 의회, 선거, 행정, 사법 같은 권력 구조에 관한 내용이 대부분이라는 사실입니다. 기본 권리와 가치에 관한 내용은 이후에 수정안을 통해 계속 추가되었습니다. 이렇듯 헌법의 역사에 두 나라 민주주의의 서로 다른 발전 과정이 그대로 반영되어 있습니다.

대한민국 헌법은 "대한민국은 민주공화국이다" "대한민국의 주권은 국민에게 있고, 모든 권력은 국민으로부터 나온다"는 선언으로 시작합니다. 자유민주, 자유, 권리, 의무, 인류공영, 안전, 민주공화국, 주권, 국민, 정당, 민족, 민족문화, 행복을 추구할 권리, 기본적 인권, 인간의 존엄성 같은 기본 개념들이 대한민국 헌법에서 규정됩니다. 하지만 이 가운데 실제로 한국 사회의 표준으로 기능하는 개념이 몇 가지나 될까요? 많은 사람이 헌법적 가치를 '당연하지만 별 소용없는 말' 정도로 취급합니다. 주변 사람에게 헌법 이야기를 하면 한가한 소리 한다고 타박하기 일쑤죠. 누구나 사회경제적 불평등이 심각하다고 말하지만, 권리와 평등이라는 헌법 개념을 바탕으로 불평등을 이해하는 경우는 거의 찾아볼 수 없습니다. 언론은 오로지 불평등을 보여주는 양적 데이터와 사회적 약자의 '불쌍한 모습'에만 집중합니다. 이게 청년을 다루는 언론의 전형적인 방식이기도 하지요.

그렇다면 헌법 가치를 기초로 사회적 논의를 한다는 것은 무엇을 말할까요? 앞서 말한 미국의 동성 결혼 법제화 과정으로 돌아가봅시다. 동성 결혼 논쟁은 매우 다양한 형태로 전개되었지만 보다 직접적인 쟁점은 결혼 개념에서 발생합니다. 즉 '결혼은 이성 간 결합만을 지칭하는가 혹은 동성 간 결합도 포함하는가?'라는 문제입니다. 만일 미국에서 이 문제가 아무런 토대 없이 사회적 논의로 다루어졌다면 생산적인 토론은 불가능했을 것입니다. 하지만 미국 수정헌법 제14조에 규정된 시민성과 권리의 평등한 보장은 분명한 사회적 표준으로 자리 잡고 있었습니다.[2] 누군가 특정 집단에 대한 차별을 지지할 수는 있겠지만 결

---

2   미국은 남북전쟁 직후 제정된 수정헌법 제14조(1868)에서 '평등 보호 조항Equal Protection Clause'과 '적법 절차 조항Due Process Clause'을 규정합니다. 프랑스는 시민의 자유와 평등이라는 민주주의의 기본 원리를 〈인간과 시민의 권리 선언〉에 규정했지만 미국은 수정헌법으로 추가한 것입니다. 동성 결혼을 법적으로 인정한 2014년 미국 연방 대법원 판결문은 개인의 존엄성과 자기결정권의 근거로 수정헌법 제14조를 인용합니다(http://www.supremecourt.gov/opinions/14pdf/14-556_3204.pdf).

코 시민사회에서 지배적 위치에 오르지는 못합니다. 트럼프_{Donald} _{Trump}가 미국 대통령이 된 이후에도 여전히 '이상한 정치인'으로 취급되는 것과 같은 이유입니다. 동성 결혼을 법제화한 미국 연방 대법원 판결문의 기본 논변도 마찬가지입니다. 논변은 크게 세 가지 단계로 구성되어 있습니다.

1) 결혼에 대한 인식은 역사적 과정을 거쳐 이성 간 결합에서 동성 간 결합으로 확장되어왔다.
2) 수정 헌법 제14조에 따라 모든 사람은 결혼에 대한 권리를 평등하게 보장받는다.
3) 따라서 주 정부는 동성 결혼을 법적으로 거부할 근거가 없다.

요컨대 "모든 시민은 평등한 권리를 보장받는다"는 헌법 가치가 사회적 논의의 표준으로 자리 잡고 있었기에, 그것을 기준으로 동성 결혼 문제를 논의할 수 있었던 것입니다.

이제 한국의 사례를 살펴봅시다. 지난 2016년 1월 19일 'UN 평화적 집회 및 결사의 자유 특별 보고관'이 방한해 결과 보고서를 발표한 적이 있습니다.[3] 많은 언론이 이 보고서를 인용해 한국에서 집회 및 결사의 자유가 후퇴하고 있음을 보도했습니다. 물론 이러한 상황의 일차적 책임은 현 정부에 있습니다. 이명박, 박근혜 정부가 시민과 인간의 권리를 직접적으로 위협하고 있다

---

3 웹사이트: http://freeassembly.net/news/statement-republic-of-korea-korean.

는 것은 누구도 부정할 수 없는 사실입니다. 하지만 여기서 진지하게 자문해보아야 합니다. 과연 대통령이 바뀌고 정권이 달라지면 집회 및 결사의 자유가 충분히 보장될까요? 김대중, 노무현 정부 시절에는 충분히 보장되던 권리들이 이명박, 박근혜 정부에 들어 갑자기 위협받고 있는 것인가요? 어떤 정치공동체에서 시민과 인간의 권리가 정치권력의 성격에 따라 다르게 보장된다면, 이는 결코 정상적인 정치 체제가 아닙니다. 극우파, 우파, 중도파, 좌파, 극좌파 중 누가 집권하더라도 기본적 권리는 동일한 수준으로 보장되어야 합니다. 흔히 '선진국'이라 불리는 나라들에서도 정치권력은 빈번히 교체되지만 그렇다고 인간과 시민의 권리가 급격히 후퇴했다는 이야기가 나온 적은 없을 겁니다.

유엔 특별 보고관의 보고서에서 가장 눈여겨보아야 할 것은 결코 현 정부에 대한 비판이 아닙니다. 여기서 중요한 것은 집회와 결사의 자유가 충분히 보장되는지 판단하기 위한 표준 척도가 무엇인지입니다. 특별 보고관이 언급한 것은 1966년 유엔 총회에서 채택되고 1976년 발효된 〈시민적 및 정치적 권리에 관한 국제 규약International Covenant on Civil and Political Rights, ICCPR〉입니다. (이 국제 규약의 내용을 아직 모르는 분들은 지금 바로 읽어보시기 바랍니다. 더불어 〈경제적·사회적 및 문화적 권리에 관한 국제 규약International Covenant on Economic, Social and Cultural Rights, ICESCR〉도 반드시 살펴보아야 하는 국제 규약입니다. 이 두 가지 국제 규약은 세 번째 강의에서 본격적으로 다룹니다.) 한국은 유엔 회원국으로서 이 규약을 준수해야 할 의무가 있으며, 이 규약에 따라 한국에서 시민권과 정치권이 충분히 보장되는지를 판단해야 합니다. 유엔 특별 보고관이 한국에서 집회와 시위의 자유가 심각하게 위협받고 있다고 평가한 것 역시 'ICCPR'를 기준으로 한 것입니다.

생소하게 느껴질지 모르지만 'ICCPR'가 정의하는 기초 개념 대부분은 대한민국 헌법 '제2장 국민의 권리와 의무'에서도 규정하고 있는 것들입니다. 특히 인간, 시민, 자유와 권리, 평등은 현대 민주주의 정치 체제의 토대를 이루는 가장 기초적 개념들입니다. 앞서 말한 미국의 동성 결혼 논쟁 역시 자유와 권리의 평등이라는 합의된 토대 위에서 결혼에 관련된 새로운 쟁점을 다루었죠. 하지만 한국의 경우 집회와 결사의 자유를 토론할 기초적인 토대와 합의된 기초 개념이 존재하지 않습니다. '권리의 주체인 시민은 누구인가?' '시민과 인간의 차이는 무엇인가?' '자유, 권리, 평등이란 무엇인가?' '정치적 권리란 무엇이며 집회 및 결사의 자유와 어떤 관계가 있는가?' 특정한 쟁점에 대한 사회적 논의를 시작하려면, 이런 기초적인 문제에 대한 이론적 작업이 사전에 충분히 이루어져야 하고, 그 과정을 통해 최소한의 사회적 합의가 이루어져야 합니다. 이런 사회적 논의를 위한 표준이 존재하지 않기에 한국에서는 어떤 이슈든 발생하면 무조건 정치 진영 간의 대립으로 수렴되곤 합니다. 집회와 결사의 자유가 보장되지 않은 책임을 현 정부에 묻는 진영과 그것을 방어하는 진영으로 갈라져 공방을 벌이는 것이죠. 그 두 진영이 공유해야 할 '집회 및 결사의 자유'라는 표준이 존재하지 않기 때문에 사회적 논의는 불가능하고 오로지 정치적 힘들 간의 충돌만 남습니다.

　우리 강의에서는 이런 상황을 '개념의 부재 및 정치언어의 과잉'이라 부르겠습니다. 사회적 표준이 존재하지 않아 합리적 토론이 불가능하고, 모든 사회적 쟁점이 정치언어를 이용한 힘의 투쟁으로 수렴되는 상황을 말합니다. 하지만 이 말은 결코 정치언어와 정치 투쟁을 배제하자는 것이 아닙니다. **정치 투쟁은 정치공동체의 존재 형식입니다. 정치 진영을 나누고 상대방을 정치적으로 공격하는 것이야말로 정치의 참된 모습입니다.** '개념의 부재 및 정치언어의 과잉'은 그런 싸움을 벌일 합의된 무대와 규칙이 존재하지 않는다는 말입니다. 규칙 없는 싸움은 결국 서로 죽고 죽이는 아비규환을 벗어날 수 없습니다. 일단 정치언어에 대해 자세히 설명하고 나서 이 주제로 돌아오겠습니다.

정치언어: '우리'와 '그들'을 나누는 도구

흔히 '정치적 수사'라는 말에는 부정적 뉘앙스가 따라다닙니다. '수사'는 레토릭rhetoric의 번역이지만 일상생활에서 그 본래 의미를 생각하는 경우는 별로 없습니다. 흔히 정치인이 알맹이 없는 듣기 좋은 말만 할 때 '그것은 정치적 수사에 불과하다'고 하죠. 이런 일상적 표현에 정치언어의 본성이 함축되어 있습니다. 앞서 설명했듯 수사법은 언어 요소 사이의 관계를 자유롭게 변화시키는 기술입니다. 정치적 수사는 정치적 목적에 따라 그 의미와 지시대상을 마음대로 조작할 수 있는 말입니다. 한때 정치권에 떠돌던 '새정치' 같은 말을 떠올릴 수 있겠죠. '새로운 정치'를 하겠다는데 누가 반대하겠습니까? 좋은 사람, 즐거운 인생, 새로운 도전, 희망찬 내일 따위에 반대할 수 없는 것과 마찬가지입니다. "제가 새정치를 실현하겠습니다"라는 문장의 기능은 "제가 희망찬 내일을 만들겠습니다"와 비슷합니다. 이런 말들은 분명한 내용 없이 긍정적 감정을 불러일으키므로, 애초에 합리적 판단에 따른 찬성과 반대의 대상이 아닙니다. 따라서 새정치는 실질적 내용을 가진 정치적 비전이 아니라 내용 없는 정치적 수사입니다. 여기서 그 기호의 가치를 폄하하려는 것은 결코 아닙니다. 오히려 새정치야말로 정치적 수사의 본래 기능에 충실한 그야말로 정치언어임을 보이려는 것입니다. **정치적 수사의 '내용 없음'은 흔히 부정적으로 평가되지만, 그것이야말로 정치언어의 본래 기능입니다.**

한 가지 사례를 더 살펴봅시다. 지난 몇 년간 한국 사회를 지배한 가장 강력한 말은 '경제'일 겁니다. 2016년 총선에서도 여야가 경제를 중심으로 격돌했죠. 그리고 2017년에도 대선을 비롯한 모든 정치적 사건에서 경제는 빠지지 않는 이슈입니다. 그럼 이 말의 정확한 의미는 도대체 무엇일까요? 경제학자들은 성장률, 수출액, 국내총생산GDP, 실업률과 같은 수치를 바탕으로 경제 상황을 판단합니다. 제대로 된 경제학 논문이라면 '경제 침체' 혹은 '경기 회복'이라는 개념을 쓸 때 의미의 혼동이 없도록 해야 할 것입니다. 그럼 정치권은 어떤가요? 모두가 경제를 말하지만 그것의 고정된 의미는 존재하지 않습니다. 그런데도 경제라는 말은 사람들의 행동에 영향력을 행사하죠. 이것은 기호 자체의 힘입니다. 누가 경제에 대해 말하면 그 내용이 무엇이든 '중요하다'는 인상을 줍니다. 이렇게 의미가 분명치 않으면서도 힘을 가진 말이 정치언어의 좋은 재료가 될 수 있습니다. ('경제'에 대해서는 세 번째 강의 후반에 자세히 다루겠습니다.)

정치인은 힘 있는 말을 둘러싸고 치열한 의미 투쟁을 벌입니다. 예컨대 박근혜 정부는 경제에 '규제 완화'를 결합합니다. '경제를 살리려면 규제를 완화해야 한다'는 것이죠. 반면 야당은 경제에 '민주화'를 붙입니다. 요컨대 '경제-규제 완화' '경제-민주화'라는 두 가지 의미계열 간의 경쟁입니다. 이 두 가지 의미계열에서 경제의 의미는 각각 다릅니다. 이 말은 다른 어떤 말과 결합하느냐에 따라 완전히 다른 의미를 지니게 됩니다. 규제 완화와 민주화라는 두 가지 말이 경제에 서로 다른 의미를 부여하는 것입니다. 하지만 중요한 것은 규제 완화와 민주화의 의미도 다른 말들과 결합함으로써 고정된다는 사실입니다. 결국, 박근혜 정부는 '경제-규제 완화-기업 회생-수출 증가-경제 성장……' 같은 의미계열을 구성합니다. 야당의 의미계열은 '경제-민주화-재벌 개혁-불평등 해소-더불어 잘살기……'라고 할 수 있습니다. 결국 의미 투쟁이란 경제라는 말을 두 가지 계열 중 어디에 삽입할 것인지를 두고 벌이는 싸움입니다. 대립하는 정치 진영은 각각 고유한 정치언어의 계열을 가지고 있고, 특정 국면에서 강력한 힘을 행사하는 말을 자신의 계열에 결합하려

노력합니다.

이런 의미계열을 구성할 때 어느 쪽이 더 합리적인지는 판단 가능합니다. 예컨대 규제 완화가 실제로 기업 회생의 방법인지 혹은 재벌 개혁이 과연 불평등을 해소할지는 경제학자들이 판단할 수 있습니다. 물론 그들 사이에서도 의견이 갈리겠지만 그 용어들을 경제학적 개념으로 정의하고 이론과 실정적 근거를 가지고 논쟁할 수 있습니다. 개념, 이론, 근거, 논리 등이 합리성을 구성하는 요소들입니다. 하지만 규제 완화나 재벌 개혁이 개념이 아닌 정치언어로 활용되는 경우, 말들 사이의 관계는 합리적이어야 할 때도 있고 그럴 필요가 없을 때도 있습니다. 만일 대학이나 연구소 같은 지식생산집단과 대중의 믿음 체계 사이에 활발한 교류가 있고, 이론적 작업이 대중의 판단에 직접적 영향을 끼치는 상황이라면 정치 공간에서도 말과 말을 결합할 때 합리성이 중요하겠죠. 반면 지식생산집단이 정치권력에 종속되어 있거나 그들이 생산한 이론적 작업이 대중의 믿음에 큰 영향을 끼치지 못한다면, 합리성은 정치적 의미 투쟁에서 크게 중요하지 않겠지요. 어떤 합리적 관계도 없는 두 단어를 일단 엮고서, 그 둘 사이에 연관이 있는 것처럼 만드는 다른 수단을 쓰면 되니까요. (이것이 '종북-동성애'라는 이해 불가능한 결합이 정치적 힘을 행사하는 이유입니다.) 하지만 합리성이 중요한 첫 번째 경우에도 정치언어의 의미계열을 구성하는 작업은 결코 합리성의 틀에 한정되지 않습니다. 이는 정치언어의 목적 때문입니다. 이 문제를 좀 더 자세히 살펴보겠습니다.

정치언어의 목적은 두 가지 차원으로 나누어볼 수 있습니다. **첫째, 정치언어를 이용해 한 덩어리로 움직이는 정치집단을 형성합니다. 이런 집단을 '정치블록political bloc'이라고 부르겠습니다. 둘째, 자신의 정치블록에 속하는 사람과 그렇지 않은 사람 사이에 '적대 전선antagonistic frontier'을 형성합니다.** 방금 말한 사례로 돌아갑시다. 야당은 경제학자의 연구를 기초로 삼아 불평등 해소가 '더불어 잘사는 사회'의 조건이며, 이를 위해 재벌 개혁이 필요하다는 것을 합리적으로 주장할 수 있습니다. 하지만 '재벌 개혁-불평등 해소-더불어 잘사는 사회'라는 의미계열을 구성하는 것은 단지 합리적인 경제 정책을 개발하기 위해서가 아닙니다. 의미계열의 최종 쓰임새는 결국 대중을 자신의 정치블록으로 끌어들이는 것입니다. 의미계열의 합리성이 유권자의 마음을 얻기 위한 필요조건일 때도 있지만, 충분조건은 결코 아닙니다. 모든 사람이 합리적이라고 인정하는 주장을 한다고 해서 자동으로 표를 얻는 것은 아니니까요. 그래서 야당이 대중을 하나의 정치블록으로 결집하려면 자신의 의미계열에 강력한 힘을 가진 이름, 예컨대 '경제민주화'를 붙여야 합니다. 경제민주화의 정확한 내용이 무엇인지는 아무도 모르지만 경제라는 말을 포함하기 때문에 대중의 의식에 영향력을 행사할 수 있습니다. 이런 방식으로 경제민주화를 지지하는 정치블록, 즉 '우리'가 구성되고 경제민주화에 반대하는 사람은 '그들'로 규정됩니다. 이때 '우리'와 '그들'을 나누는 경계선을 적대 전선이라고 부릅니다. 물론 적대 전선은 물리적 충돌이나 갈등의 형태로 드러나기도 하지만, 정치언어의 영역에서는 앞서 말한 두 가지 의미계열 사이의 분리를 의미합니다.

경제민주화 같이 강력한 힘을 가진 말을 정치언어로 활용하는 행위는 합리성의 범위를 자주 벗어납니다. 그런 말의 강력한 힘이 그 말의 내용이 비어 있거나 의미가 유동적이라는 사실에서 나오기 때문입니다. '재벌 개혁-불평등 해소-더불어 잘살기'가 이미 합리적으로 구성된 의미계열이라고 해도 그것에 경제민주화라는 의미 없는 이름을 붙이는 행위는 결코 합리적이지 않습니다. 경제민주화를 정의할 수 없다보니 누군가 '왜 그걸 경제민주화라고 부르느냐'고 물어도 합리적인 근거를 가지고 답할 수 없습니다. 사실 그 의미계열에 경제민주화라는 이름을 붙인 것은 대중의 마음을 움직여야 한다는 정치적 목적 때문이죠. 결국, 어떤 주장을 구성하는 의미계열이 합리적으로 구성되었다고 해도 그것을 정치적으로 활용하려면 합리성의 한계를 벗어나야 합니다.

'자유'라는 더 고전적인 주제를 생각해볼까요? 이 주제에 대한 수많은 이론이 있지만 '자유민주주의를 수호하기 위해 집회와 언론의 자유를 제한해야 한다'는 주장을 정당화할 이론은 없습니다. 한국 사회에 자주 등장하는 이런 주장은 자유의 기본 의미를 부정하는 비합리적인 억지입니다. 그러나 이때 자유는 매우 효과적인 정치언어로 기능하고 있습니다. 그 말의 기본 기능은 자유민주주의에 동의하는 사람들을 하나의 정치블록으로 결집하는 것입니다. 이때 '동의'라는 행위에서 합리적 요소와 비합리적 요소를 구별하는 것은 무의미합니다. 자유민주주의라는 말에는 현대사 전체가 응축되어 있습니다. 냉전 이데올로기, 전쟁에 대한 공포, 개발독재 시대에 대한 향수, 북한에 대한 증오·공포·우월감 모두 담겨 있습니다. 사람들이 그 말에 반응하는 다양한 방식을 합리성/비합리성으로 구별하는 것은 불가능합니다. 이유가 무엇이든 자유민주주의라는 말에 긍정적 반응을 보이는 거대한 대중이 존재하고, 그들이 형성한 '우리'는 그 말에 부정적 반응을 보이는 이들을 '그들'로 규정합니다. 결국 '자유민주주의-애국-반북'과 '자유민주주의 반대-좌파-종북'이라는 두 가지 의미계열 사이에 적대 전선이 형성됩니다.

　이제 지금까지 설명한 정치언어의 특성을 정리하겠습니다.
　첫째, 어떤 말이 정치언어로 사용될 때 그 힘은 말 자체에서 나옵니다. 경제나 새정치 따위의 말이 실제로 어떤 내용을 담고 있는지는 중요하지 않습니다. 둘째, 어떤 말을 정치언어로 사용하기 위해서는 그 말을 기존의 의미에서 분리해 다른 의미와 결합할 수 있도록 만들어야 합니다. 결국 가장 강력한 정치언어는 모든 의미로부터 해방되어 아무것도 지시하지 않는 빈 껍데기 같은 말입니다. 말의 의미가 빈곤할수록 그 정치적 힘이 더 풍부해지기 때문입니다.[4] 셋째, 정치언어의 최종 목적은 정치블록과 적대 전선을 형성하는 것입니다. '우리'를 구성함으로써 '그들'과 대립하는 정치 구도를 만드는 것이죠. 흔히 정치세력 간 적대성을 정치의 나쁜 측면이라고 바라보는 경우가 많은데, 정치세력

간의 이러한 적대성이야말로 정치의 본질입니다.

정치언어의 기능이 흔히 '프레임 전쟁'이라고 부르는 것과 비슷하다는 생각이 들 수 있습니다. "이번 선거의 프레임을 안보로 잡을 것인가, 경제로 잡을 것인가?"라고 말할 때처럼요. 물론 이렇게 이해해도 크게 어긋나지는 않지만, 프레임 전쟁의 일상적 의미와 정치언어의 기능 사이에는 결정적인 차이가 있습니다. 흔히 프레임을 말할 때는 대중의 요구가 먼저 존재하고 어떤 프레임이 그런 요구를 잘 대변하는지를 생각합니다. 요컨대 대중과 프레임을 분리하는 것입니다. 이것이 대의민주주의를 이해하는 일반적인 방식이기도 하지요. **하지만 정치언어의 기능은 대중의 요구와 의식을 대의 혹은 대변represent하는 것이 아닙니다. 오히려 정치언어가 대중의 요구와 의식을 규정합니다.** 예를 들어 비정규직 노동자, 저임금 노동자, 청년 실업자의 요구는 고용 불평등 해소, 최저임금 인상, 실업 문제 등의 해결처럼 구체적입니다. 하지만 야당은 이것을 모두 경제민주화라는 하나의 이름으로 묶고, 다양한 성격의 집단을 '경제민주화를 요구하는 유권자'로 규정합니다. 그리고 "여러분의 요구는 경제민주화를 통해서만 해결될 수 있으니 저희를 지지해주십시오"라는 식으로 설득합니

---

4   이 설명은 라클라우Ernesto Laclau의 '떠다니는 기표floating signifier'와 '빈 기표empty signifier'를 염두에 둔 것입니다. 라클라우는 한 가지 기의signified에 고정되지 않고 여러 기의와 자유롭게 결합하는 기표를 '떠다니는 기표'라 부릅니다. 아무런 기의도 지시하지 않는 기표는 '빈 기표'라고 합니다. 빈 기표는 라클라우 정치 이론의 핵심 개념입니다. 이 두 가지 종류의 기표는 서로 다른 기능을 갖지만, 현실에서는 하나의 기표가 이 두 기능을 모두 수행하는 때가 많습니다(E. Laclau, *On Populist Reason*, Verso, 2005, pp.133-138).

다. 반면 안보를 정치언어로 사용하려는 정치세력은 다양한 사회적 요구를 '국가 안보'의 문제로 묶고, 그런 요구를 하는 대중을 '국가 안보를 걱정하는 국민들'로 규정합니다. 경제와 안보가 경쟁하는 상황을 프레임 전쟁이라 부를 수는 있지만, 그 전쟁의 목적은 이미 존재하는 대중의 요구를 대변하기 위한 것이 아닙니다. 이질적인 대중에게 자신이 원하는 이름을 붙임으로써 그들을 하나의 '정치적 주체'로 규정하기 위한 것입니다.

마지막으로 어떤 말이 효과적인 정치언어로 활용되는지를 잠깐 검토하겠습니다. 앞서 사례로 든 경제, 자유, 안보 등의 힘은 역사적으로 형성된 것입니다. 민주주의, 혁명, 평등, 질서 따위가 정치언어로 사용될 수 있는 힘도 그것들의 역사적 기원에서 나옵니다. 하지만 그와 달리 특정 정세에서 힘을 발휘하는 말도 있습니다. '청년'이 대표적입니다. 청년 실업과 불안정 노동이라는 문제가 심각해질수록 그것을 드러내기 위한 말 또는 문제 해결 역량을 집중시킬 정치언어가 필요한 것이죠. 그런데 왜 '청년 실업'과 '불안정 노동'이라는 말이 아니라 '청년'이 정치언어가 된 것일까요? 그저 세대 범주를 표현하는 말이 왜 노동 문제를 해결하기 위한 정치언어로 기능하는 것일까요? 이 물음에 답하기 위해 '개념의 부재, 정치언어의 과잉' 현상을 먼저 살펴보겠습니다.

개념의 부재, 정치언어의 과잉

지금까지 개념과 정치언어가 무엇인지, 어떤 기능을 수행하는지 함께 보았습니다. 그럼 이 두 가지 언어의 상호 관계는 어떨까요?

사회를 구성하는 다양한 영역 중에는 개념을 주로 써야 할 곳도 있고 정치언어를 써야 할 곳도 있습니다. 대학과 연구소를 비롯한 지식생산 기관은 이론과 개념을 다루는 곳입니다. 법률 역시 정치언어를 최대한 배제하고 개념으로만 구성되어야 합니다. 반면 의회는 정치언어의 공간입니다(정확히 말하면 정치언어와 개념을 매개하는 곳입니다). 인터넷과 언론 같이 여론이 형성되는 공간도 정치언어가 제힘을 발휘하는 곳이죠. 하지만 정치언어의 영역과 개념의 영역은 서로 분리되어 존재하는 것은 아닙니다. 개념은 사회적 논의의 표준을 제공하며, 정치언어는 그러한 표준을 적절한 범위에서 변형하고 조작하면서 정치적 목적을 수행합니다. 예컨대 '인민에 대한 인민의 지배'가 민주주의의 표준 개념 중 하나라면, '민주주의는 부자가 아닌 서민을 위한 정치이다' '민주주의는 우리 모두 더불어 잘사는 것이다' 등은 그 표준 개념에서 만들어진 정치언어입니다.

개념과 정치언어는 적절한 균형을 이루어야 합니다. 만일 정치언어의 공간이 축소되고 개념의 영역이 과도하게 확장되면 거대한 관료 기계 같은 사회가 탄생할 것입니다. 반대의 경우엔 고정된 체계가 없는 난장판이 벌어지겠지요. 지금 한국 사회가 그렇습니다. 사회적 표준은 허약한데 정치언어의 영역은 극단적으로 확장되어 있습니다.

'개념의 부재, 정치언어의 과잉'을 쉽게 설명하기 위해 일반적 사례 하나를 들어보겠습니다. 많은 사람이 '갈등'을 심각한 문제로 지적합니다. 한국의 사회 갈등은 세월호 진상 규명, 노동 개혁, 일본군 '위안부' 협상, 테러방지법, 최순실 게이트 따위의 '메인 이슈'를 중심으로 일어납니다. 언제나 한 가지 이슈가 있고, 사회 구성원들이 그것에 반응하는 방식은 양극으로 나뉩니다. 대립하는 두 극단은 현 정부에 대한 찬반 진영과 자주 일치하죠. 흔히 이러한 현상의 원인을 '이념 대립'이나 '소통의 부재'에서 찾지만 이것은 상당히 표면적인 접근입니다. 사회에는 다양한 이념을 가진 집단이 존재하고, 이들 사이에 갈등이 발생하는 것은 당연한 일입니다. 한국에서 갈등하는 집단끼리 소통이 안 되는 이유는 단지 노력이 부족해서가 아니라 소통을 위한 표준어가 부재하기 때문입니다. 우선, 각 집단 내부의 논의를 위한 표준이 없습니다. 이른바 '보수 우파'는 한국에서 가장 강력한 정치블록을 형성하고 있지만, 이들의 이념은 개념으로 표현되지 않습니다. 이들을 반대하는 정치블록 역시 반이명박, 반박근혜, 반새누리당 같은 정치언어를 중심으로 형성될 뿐 공동의 표준 개념을 가지고 있지는 않습니다. 다음으로, 대립하는 집단 사이의 토론과 논쟁을 가능케 하는 표준어가 없습니다. 자유, 민주주의, 안보, 경제 같은 기초 용어조차 각 집단별로 이해하는 의미가 전혀 다릅니다. **지금 상황은 마치 수천 개의 '한국어들'이 격돌하다가**

메인 이슈 하나가 터지면 찬성, 반대라는 두 줄로 정렬하는 꼴입니다. 집단과 집단, 개인과 개인이 제각기 다른 언어로 고함치는 상태에서 소통이 가능할 리 없겠죠. 방금 이야기한 두 가지 양상을 좀 더 자세히 살펴보겠습니다.

국가 안보는 한국 우파의 가장 기본적인 정체성입니다. 그럼 우파세력 안에는 '국가 안보'의 표준 개념이 존재할까요? 국가 안보의 개념은 '모든 종류의 위기와 위험으로부터 시민을 보호하는 것' 정도로 정의할 수 있을 것입니다. 하지만 우파를 중심으로 구성된 정치블록은 그 말의 의미를 '종북세력을 때려잡는 것' 혹은 '지도자를 중심으로 전 국민이 단결하는 것'이라고 이해합니다. 국가 안보의 개념적 정의는 거의 고려되지도 않습니다. 북한의 군사적 위협이 커지는 상황을 가정해봅시다. 이들이 진정으로 국가 안보를 강조하는 집단이라면, 국제정치학과 군사학적 관점에서 가장 효과적인 외교 및 군사전략을 찾아야할 것입니다. 그다음, 자신의 전략을 시민들과 합의하기 위해 국가 안보를 정치언어로 활용할 수 있습니다. 하지만 지금 우파세력 내부에 국가 안보에 대한 개념적 이해는 존재하지 않습니다. 그 용어는 그들의 정치적 목적을 위해 사용되는 정치언어일 뿐입니다. 자기 정체성을 국가 안보에서 찾는 집단이 실제 안보 전략에서는 한없이 무능한 모습을 보이는 것은 이 때문입니다.

반대 진영의 상황도 크게 다르지 않습니다. 박근혜 정부와 대립하는 야권세력의 불분명한 정체성은 오랫동안 지적되어왔습니다. 그들은 통합과 결별을 반복하며 민주통합당, 민주당, 새정치연합, 새정치민주연합, 더불어민주당, 국민의당이라는 기억하기도 힘든 이름들을 남겼지만, 그들이 정확히 어떤 성격의 정치세력인지는 아무도 모릅니다. 그저 '새누리당과 박근혜 정부의 재집권을 막는다'는 정치 목표만 공유할 뿐이죠. 2016년 총선에서 김종인 대표가 이끄는 더불어민주당은 '경제 선거'를, 안철수 대표의 국민의당은 '제3당'을 주장했지만 유권자는 이 말들이 정치언어일 뿐이라는 걸 잘 알고 있습니다. 더불어민주당은 경제민주화에 관한 충분한 이론적 설명을 제공한 적이 없고, 안철수 대표의 제3당은 그 구상이 무엇인지 알기 힘듭니다. 그들의 공약은 대선을 위한 정치언어의 향연일 뿐 정당의 자기 정체성을 규정할 개념적 설명은 부재합니다. 야당과 지지자를 묶어주는 것은 여전히 반박근혜 혹은 반새누리당입니다. 개념으로 구성된 공통의 정치 이념은 존재하지 않습니다.

각 정치세력의 내부 정체성을 규정하는 개념도 없는데, 대립하는 세력 사이의 대화를 가능케 할 표준 개념이 있을 수 없겠죠. 이념적 지향을 불문하고 현대 민주주의 정치 체제를 긍정하는 사람 대부분이 '개인의 자유'를 근본 가치로 인정합니다. 대한민국 헌법도 "자유민주적 기본질서를 더욱 확고히"할 것을 밝히고 있죠. 갈등 없는 사회는 없지만, 시민들이 서로 대화하며 갈등의 해법을 찾아가는 사회가 세상에 존재하는 건 개인의 자유라는 합의된 가치가 있기 때문일 겁니다. 앞서 살펴본 미국의 동성 결혼 허용 과정이 그렇지요. 한국 사회에서도 대립하는 세력 사이의 대화가 가능하려면 자유에 대한 최소한의 보편적 합의가 필요합니다. 이 말은 결코 사회 전체가 자유를 단일하게 이해해야 한다는 말이 아닙니다. 자유에 대한 이론은 수없이 많습니다. 자유주의, 자유지상주의, 공동체주의, 마르크스주의 등은 제각기 다른 방식으로 자유 개념을 정의합니다. 그렇다고 이들 사이의 대화가 불가능한 것은 아닙니다. 오히려 다양한 입장 사이의 대화와 논쟁이 자유의 의미를 풍부하게 만들어왔습니다. 각 입장이 자유에 대한 고유한 개념을 가지고 있으므로 상호 간의 차이와 공통점도 분명히 드러납니다. 이를 바탕으로 최소 합의에 이를 수 있고, 다시 그 위에서 이견에 대한 논쟁을 계속할 수 있습니다.

그렇게 확립된 최소 합의 중 하나가 언론의 자유와 정치적 의사 표현의 자유입니다. 하지만 한국의 우파 정치권력은 '자유민주주의의 가치를 수호한다'면서도 언론과 결사의 자유를 제한합니다. 이것은 자유의 억압을 자유라고 말하는 형용모순입니다. 또한 이는 헌법 정신을 정면으로 부정하는 행위이지만 시민 상당수가 그 심각성을 인식하지 못합니다. 또 다른 최소 합의는 '개인의 자유와 권리는 평등하며, 그 누구도 차별받지 않는다'는 원칙입니다. 하지만 야당 정치인 중에도 성소수자에 대한 차별을 지지하는 경우가 흔합니다. 동성 결혼이나 성소수자 정책에 대해 찬반이 나뉘는 것은 당연한 일이지만, 어떤 경우에도 차별이 허용될 수는 없습니다. 이 역시 헌법이 보장한 '시민과 인간의 평등'을 정면으로 부정하는 행위이기 때문입니다. 자유와 평등 개념만이 문제가 아니죠. 헌법에 명시된 권리, 의무, 인류공영, 안전, 민주공화국, 주권, 국민, 정당, 민족, 민족문화, 행복을 추구할 권리, 기본적 인권, 인간의 존엄성 중 사회적 논의에 필요한 수준으로 널리 합의된 개념이 몇 개나 있을까요? 각각 정도는 다르겠지만 자유의 경우와 크게 다르지 않습니다. 헌법의 기초 개념조차 표준으로 자리 잡지 않은 상황에서 대립하는 세력 사이의 소통을 기대하기는 무리입니다.

이러한 문제는 한국 정당정치의 한계를 규정하는 핵심 요인이기도 합니다. 정당은 다양한 방식으로 정의되지만, 개념과 정치언어를 매개하는 것은 정당의 중요한 기능 중 하나입니다. 언뜻 정당정치는 정치언어의 공간인 것처럼 보입니다. 앞서 정치언어의 사례로 든 것도 대부분 정당정치와 관련이 있죠. 하지만 정당정치는 엄밀한 합리성의 공간이기도 합니다. 먼저 정당의 내적 이념과 정책은 정치언어가 아닌 합리적 개념으로 구성되어야 합니다. 다음으로, 정당이 만들어내는 법률과 제도 역시 합리적 개념의 구성물입니다. 정당의 기본 목표가 유권자의 광범위한 지지를 모아 자신의 이념을 국가의 법과 제도로 실현하는 것인 한, 정당의 출발점과 도착점 모두 개념입니다. 단, 그러한 목표를 실현하기 위한 중간 과정은 반드시 정치언어에 의해 수행됩니다. '유권자의 광범위한 지지'란 합리적 개념이 아니라 효과적인 정치언어를 통해 얻어지는 것이니까요. 요컨대 정당정치에서도 개념이 표준의 역할을 하고, 그러한 표준이 다양한 방식으로 변화하며 정치언어로 활용됩니다. 문제는 한국 정당정치는 개념적 표준 없이 정치언어만으로 유지된다는 사실입니다. 정당의 이념도 없고, 법률로 실현시킬 정책도 없습니다. 오로지 유권자의 지지를 얻기 위한 정치언어만 넘쳐납니다. (정당정치에 대한 좀 더 상세한 분석은 두 번째 강의 중반에 자세히 다루겠습니다.)

마지막으로, '개념의 부재, 정치언어의 과잉'이 재생산되는 메커니즘을 살펴보겠습니다. 개념언어가 사회적 논의의 표준으로 기능하는 것은, 말과 의미의 관계가 고정되어 있어서 외부의 힘이 개입할 여지가 별로 없기 때문입니다. 마찬가지로 개인의 자유라는 개념이 사회적 표준으로 자리 잡고 있다면, 정치권력이 자유의 의미를 멋대로 조작할 수 없을 겁니다. 이런 경우 자유라는 개념은 부당한 권력에 맞서 싸우는 시민의 무기가 될 수 있습니다. 하지만 개인의 자유가 사회적 논의의 표준으로 기능하지 못하는 한국 사회에서는 권위주의 정치권력이 자유를 정치언어로 활용해 개인의 자유를 억압하는 역설적 상황이 발생합니다. 자유라는 정치언어가, 자유의 개념이 사회적 논의의 표준으로 자리 잡는 것을 방해하는 것입니다. 이것이 한국의 '자유민주주의'가 작동하는 방식이죠. 개념의 부재는 정치권력의 작동 영역을 극대화하고, 그렇게 확장된 정치권력이 다시 개념의 회복을 가로막는 것입니다.

한국 사회에서 유독 자주 생산되는 신조어도 이런 관점에서 분석할 수 있습니다. 요즘엔 거의 모든 종류의 부당한 권력관계를 통칭해 '갑을관계'라 부릅니다. 하지만 그것은 '중소기업과 대기업 사이의 불공정 거래관계' '위계관계에 따른 성차별과 성폭력' '서비스직 노동자들에 대한 차별과 모욕' '노동과 자본'

'정규직 노동과 비정규직 노동 사이의 갈등' 같은 정확한 개념으로 표현되어야 합니다. 개별 경우에 따라 작동하는 권력과 부당함의 종류가 모두 다르고, 그에 따라 당연히 해법도 달라져야 하기 때문입니다. 그 모두가 갑을관계라는 모호한 이름으로 불리는 순간, 현실에서 해결해야 할 과제가 아니라 단지 조롱과 풍자의 대상이 되어버립니다. 마찬가지로, '노동 착취' 혹은 '인턴 제도의 악용'이라는 개념으로 표현되어야 할 문제가 '열정페이'라는 이름과 함께 가치중립적 사회 현상으로 인식됩니다.

부당한 권력관계에 의해 고통받는 약자의 처지를 드러내려면 정확한 개념이 필요합니다. 개념 대신 갑을관계나 열정페이 같은 모호한 신조어들이 지배적 언어로 사용되는 것은, 약자의 고통과 부당한 권력이 직접 드러나는 것을 꺼리는 강자의 권력이 작동하기 때문입니다. 약자는 자신의 처지를 있는 그대로 표현할 언어마저 빼앗기는 것이죠. 그러나 갑을관계가 전적으로 강자의 권력에 의해 지배되는 말은 아닙니다. 애초에 그런 말이 등장한 것은 부당한 상황을 드러내려는 약자의 저항이 있었기 때문입니다. **즉 사회의 한쪽에는 불공정하고 불평등한 권력관계를 드러내려는 집단이 있고, 다른 쪽에는 그들의 목소리를 잠재우려는 집단이 있습니다. 이 둘의 갈등은 적절한 타협점을 찾게 되는데, 그것이 바로 갑을관계, 열정페이 같은 신조어들입니다.** 그렇지만 이런 말들이 약자의 처지를 정확히 설명하는 개념이 아니라는 사실은 분명합니다. 약자의 무기가 되어줄 개념이 사회적 논의의 표준으로 자리 잡지 못한 채 정치언어의 수준에서만 강자와 약자의 의미 투쟁이 지속되는 것입니다.

몇 년 전 만화 〈미생〉의 주인공 '장그래'의 이름이 사용된 방식도 비슷한 사례로 들 수 있습니다. 〈미생〉이 다루는 문제를 사회적으로 해결하려면 '청년 비정규직 노동자'라는 개념이 필요합니다. 그러나 한국에서 노동자라는 개념이 아직도 표준으로 자리 잡지 못했기에, 장그래라는 가상의 인물이 청년 비정규직 노동자라는 개념을 대신하게 됩니다. '노동자와 자본의 관계'를 '갑을관계'가 대신하는 것과 같은 맥락입니다. 장그래는 개념이 아니라 사람 이름이므로, 정치언어로 자유롭게 활용될 수 있습니다. 그래서 박근혜 정부는 비정규직 고용 기간을 4년으로 늘리는 '비정규직 종합대책'에 '장그래법'이라는 이름을 붙였습니다. 장그래는 비정규직 노동자의 현실을 폭로하려는 사람에 의해 창조되었지만, 그의 이름 자체는 고정된 의미를 지니지 않으므로 결국에는 비정규직을 양산할 친기업 정책의 이름으로도 쓰일 수 있는 것입니다. 이렇게 장그래를 청년 비정규직 노동자의 상징으로 쓰려는 진영과 비정규직 종합대책의 선전 도구로 사용하려는 진영 사이에 의미 투쟁이 벌어집니다.

연애, 결혼, 출산을 포기했다는 의미의 신조어 '삼포세대'의 등장 배경도 다르지 않습니다. 이 말이 지칭하는 집단의 고통을 정확히 표현하는 것은 실업, 불안정 노동, 비정규직, 저임금, 주거 빈곤 따위의 개념들입니다. 만일 이런 개념들이 사회적 표준으로 자리 잡았고, 사회 구성원이 그런 개념을 통해 문제의 심각성을 인식한다면, 굳이 삼포세대 같은 신조어가 필요하지는 않을 것입니다. 실업이나 불안정 노동이 개념으로 사용되는 동시에 정치언어로도 활용될 수 있을 테니까요. 하지만 한국 사회에서 불안정 노동이란 말은 약자의 고통을 전달하는 기능을 결코 수행하지 못합니다. 불안정 노동에 시달리는 당사자도 그 말로 자신의 경험을 표현하지 않고, 안정된 삶을 누리는 사람에겐 그냥 '남의 사정'일 뿐입니다. 결국, 사회 구성원 전체가 공감할 수 있는 삼포세대 같은 말이 필요하게 됩니다. 하지만 생각해봅시다. 좋은 직장을 얻은 후 연애하고 결혼해 아이를 낳아 키우는 것이 가장 행복한 삶이라는 생각은 전통적인 중산층 남성의 가치관입니다. 지금 20대 불안정 노동자에게 가장 큰 고통이 무엇이냐고 물었을 때 '연애, 결혼, 출산을 포기한 것'이라고 대답할 사람이 얼마나 될까요? 또, 결혼해서 아이를 낳는 것이 인생의 가장 중요한 목표라고 생각하는 20대는 과연 몇이나 될까요? 요컨대 삼포세대는 불안정 노동자의 언어가 아니라 전통적 가치관을 지닌 집단에게 그들의 고통을 호소하기 위해 만들어진 정치언어입니다. 그 배경에는 권력의 비대칭성이 자리 잡고 있습니다. **약자는 강자에게 자신의 고통을 전달하기 위해, 자신의 처지를 정확히 표현하는 개념이 아닌 강자의 경험이 반영된 정치언어를 사용할 수밖에 없는 것입니다.**

'혐오': 정치언어의 극단

이번 강의 초반에 설명했듯이, 개념언어와 정치언어는 서로 다른 두 가지 언어가 아니라 같은 언어를 사용하는 두 가지 상반된 방식입니다. 하나는 말과 의미의 관계를 고정하는 경향이고 다른 하나는 그런 고정성을 파괴하면서 말과 의미의 관계를 끊임없이 변화시키는 경향입니다. 두 번째 경향을 정치언어라 부른 것은 정치적 힘을 행사하기 위해 말과 의미의 관계를 조작하기 때문입니다. 이제 사전 강의를 마무리하면서 언어 사용의 이런 상반된 경향이 가장 격렬하게 충돌하는 사례 하나를 분석하겠습니다. 바로 인터넷에서 탄생한 '혐오'라는 말입니다.

그동안 혐오에 관한 논쟁은 과도하다 싶을 정도로 많았습니다. 하지만 우리가 제기하려는 문제는 그런 논쟁과 별 상관이 없습니다. 여기서 중요한 것은 사람들이 혐오라고 부르는 사회적 현상이 아니라 혐오라는 말과 의미 사이의 관계입니다. 한국의 웹 사용자라면 거의 예외 없이 그 말을 알고 있을 것입니다. 여러분은 혐오라는 말로 무엇을 떠올리시나요? 그 말이 지시하는 것과 지시하지 않는 것은 무엇인가요? 이번에도 혐오라는 말의 사용법이 개념언어인지 정치언어인지 먼저 따져봐야 합니다.

대부분의 말은 개념언어로 사용될 수도, 정치언어로 사용될 수도 있습니다. 앞서 이야기했듯이 경제민주화는 정의하기에 따라 경제적, 법적 개념으로 쓸 수도 있고, 혹은 정치언어로 활용할 수도 있습니다. 혐오도 마찬가지입니다. 누구든지 자신의 말이나 글에서 개념 정의를 분명히 밝힌다면 '혐오'는 개념언어가 됩니다. 그런 개념 정의를 위해 'hate speech'나 'misogyny' 같은 서구 개념을 참고할 수 있을 것입니다. 'hate speech'는 이미 여러 나라에서 법률적, 이론적 개념으로 사용되고 있으며, '증오발언' '혐오발언' '차별발언' 등으로 번역 가능합니다. 반면 'misogyny'는 흔히 '여성혐오'의 원어로 이해되는데, 그 말을 개념적으로 정의한 서구어 문헌이 풍부하지는 않습니다. 또한 워낙 다양한 현상을 지시하는 말이라 다소 모호할 때가 있습니다. 그러나 엄밀하지 않다고 해도 'misogyny'는 개념으로 쓰입니다. ('개념이 엄밀한가 아니면 모호한가?'라는 질문은 그 개념의 가치를 평가하는 기준이 될 수 있지만, 의미가 모호하다고 해서 개념이 아닌 것은 아닙니다. 말과 의미의 관계를 고정하는 경향을 가지고 있다면 얼마든지 더 분명한 의미를 부여해서 엄밀하게 정의할 수 있기 때문입니다. 개념언어와 정치언어의 차이를 의미의 엄밀함과 모호함이라는 차이와 혼동하면 안 됩니다.)

그래서 한국어 '혐오'를 서구어 개념 'hate speech'나 'misogyny'의 번역어로 정의할 수도 있고, 아예 새로운 의미를 부여할 수도 있습니다. 예컨대 누군가 혐오를 '소수자에 대한 모든 종류의 적대적 심리 상태와 행위 방식'으로 정의한다면, 다소 모호하긴 하겠지만 어쨌든 개념언어로 사용할 수 있을 것입니다. 중요한 것은 혐오를 어떻게 정의하든 그것이 개념이라면 최소한의 고정된 의미 요소를 가지고 있어야 한다는 점입니다. 방금 살펴본 혐오의 정의에서는 적어도 '소수자' '적대적' '심리 상태와 행위 방식' 등이 고정된 요소로 남아 있어야 합니다. 만일

'소수자'라는 요소를 버리고 관련 대상을 임의의 사물로 넓혀서 '어떤 사물에 대한 모든 종류의 적대적 심리 상태와 행동 방식'이 라고 정의하면, 혐오의 개념 자체가 달라집니다. 이 경우 바퀴벌 레도 혐오의 대상에 들어갈 테니까요. 마찬가지로 '심리 상태와 행위 방식'을 '사회구조'로 대체해서 '소수자에 대한 모든 종류의 적대적 사회구조'라고 정의해도 다른 개념이 됩니다. 이때 혐오 는 사람의 태도나 성향이 아니라 사회구조를 설명하는 개념으로 재정의됩니다. 아주 극단적으로 '무엇인가를 미워하는 마음'이 라고 정의해도 고정된 요소는 존재합니다. 혐오의 대상이 되는 '무엇'이 존재해야 하고, 그것에 대한 '마음'을 가져야 하며, 그 마 음은 '미워함'이라는 특성을 보여야 하겠죠.

의미의 고정 요소는 한 개념을 다른 개념들과 구분해줍니 다. 앞서 제안한 형식에 따라 '여성혐오란 여성에 대한 모든 종류 의 적대적 심리 상태와 행위 방식'이라고 해봅시다. 이제 '여성' '적대적' '심리 상태와 행위 방식'이 여성혐오라는 개념의 고정 요소가 될 것입니다. 이런 고정 요소들이 '여성혐오'를 '성차별' '성폭력' '여성에 대한 공격' 같은 개념들과 서로 연결하는 동시 에 구별해줍니다. 예를 들어 여성 일반에 대한 증오심을 품고 있 는 상태를 두고 여성을 공격했다고 할 수는 없겠지만, 여성혐오 라고 할 수는 있습니다. 또한 여성의 투표권을 인정하지 않는 정 치 제도를 두고 여성을 차별한다고 말할 수는 있어도, 여성혐오 라 규정하기는 힘들 것입니다. 물론 그런 제도를 지지하는 사람 들이 여성을 혐오한다고 할 수는 있겠지만, 여성혐오에 관한 앞의 정의를 유지하는 한 정치 제도가 여성을 혐오한다고 할 수는 없습니다. 제도는 '심리 상태와 행위 방식'의 주체가 될 수 없으니까요.

지금까지 혐오를 개념언어로 사용하는 경우에 대해 다소 장황하게 설명했습니다. 하지만 지금 한국에서 혐오라는 말은 이와는 다소 무관한 방식으로 사용되고 있습니다. 현실에서 혐오는 오로지 정치언어로만 사용되고 있는 것입니다. 우선 여성혐오를 통해 혐오라는 말의 탄생 과정과 작동 방식을 살펴보겠습니다. 지금 여성혐오는 여성에 대한 차별, 폭력, 공격을 비롯해 사회구조의 형태로 존재하는 성차별과 성 불평등까지 모두 의미하는 말로 사용되고 있습니다. 만일 누군가 인터넷 커뮤니티와 SNS에서 사용되는 여성혐오의 정의를 찾으려고 한다면, 그는 이 작업이 밑 빠진 독에 물 붓기라는 것을 곧 깨닫게 될 겁니다. 고정된 의미 요소 몇 개를 찾아서 여성혐오라는 말의 범위를 규정해도 거기서 빠져나오는 수많은 예외가 곧바로 나타나기 때문입니다. 따라서 여성혐오를 둘러싸고 인터넷에서 벌어지는 논쟁을 향해 '여성혐오의 정의는 무엇인가?'라고 묻는 것은 무의미합니다. 이런 질문은 개념언어에 한해서만 유효하기 때문입니다. 한국의 온라인 공간에서 여성혐오라는 말이 작동하는 방식을 이해하려면 개념언어가 아니라 정치언어의 관점에서 접근해야 합니다. 정치언어의 일반적 작동방식에 대한 앞의 설명은 이 경우에도 적용됩니다. 좀 더 정확히 말하자면, 여성혐오야말로 가장 전형적인 정치언어의 사례라 할 수 있습니다.

앞서 정치언어의 기능은 '우리'라는 정치블록을 형성하고 우리의 정치블록과 그들의 정치블록 사이에 적대 전선을 긋는 것이라고 했습니다. 이때 결정적 문제는 '우리'라는 하나의 블록을 만들어줄 집단적 정체성을 찾는 것입니다. 해결해야 할 사회적 문제와 사람들의 요구는 항상 다양하므로 '우리'라는 정체성을 규정하는 단일한 공통성 같은 것은 애초에 존재하지 않습니다. 예컨대 한국 사회에서 여성에 대한 차별과 폭력은 거의 모든 곳에서 발견되지만, 그 구체적 양상과 피해자의 경험은 가지각색입니다. 이들 모두를 하나의 정치블록으로 묶어줄 '차별과 폭력에 고통받는 우리'라는 단일한 정체성은 결코 저절로 형성되지 않습니다. 누군가는 '여성'이 그런 정체성으로 기능한다고 생각하겠지만 결국은 '무엇이 우리의 정체성을 규정하는가?'라는 질문을 다시 '무엇이 여성의 정체성을 규정하는가?'라는 질문으로 대체하게 될 뿐입니다. 결국 성폭력, 성차별, 성 불평등, 여성에 대한 공격과 적대적 태도 따위의 문제가 매우 다양한 양상으로 존재하는 상황에서 고통받는 사람 모두를 묶어 하나의 정체성을 부여할 '무엇'이 필요하게 됩니다. 그 '무엇'이란 그 자체로는 개별적인 것이지만 다른 모든 것을 묶는 보편적 이름과 상징으로 기능할 수 있어야 합니다. '강남역 여성 살인 범죄'가 그 한 가지 사례입니다. 그것 자체는 개별적 사건이지만 '여성혐오로 고통받는 모든 여성'이라는 집단적 정체성을 구성하는 보편적 상징으로 기능합니다.

여기서 개별적 문제나 사건을 지칭하는 특수한 이름이 보편적 이름과 상징으로 변형되는 과정에 주목할 필요가 있습니다. 즉 '강남역 10번 출구'처럼 특수한 대상을 지시하는 말이 어떻게 보편적 의미를 획득할 수 있는지가 문제입니다. 결론적으로 말하자면, 이런 특수성의 보편화를 가능케 하는 것이 바로 정치언어입니다. 어떤 말을 정치언어로 사용하려면 그 말이 지닌 특수한 의미를 버리고 보편성을 지시할 수 있는 '비어 있는 말'로 만들어야 합니다. 말과 의미의 관계가 유동적이어야만 한 가지 말에 다양한 의미들을 결합할 수 있고, 아예 아무런 의미도 지시하지 않는 비어 있는 말을 만들어 보편성을 지시할 수 있습니다.

여성혐오가 정치언어로 작동하는 방식도 크게 다르지 않습니다. 한국 사회에는 성폭력, 성차별, 성 불평등, 증오 범죄 같은 개념으로 규정할 수 있는 사회적 현상들이 있습니다. 개념언어로 사용되는 한 이것들은 서로 구별됩니다. 예컨대 성폭력처벌법에서 사용하는 성폭력이라는 법적 개념은 성차별이나 성 불평등이라는 개념과 구분됩니다. 하지만 인터넷 공간에서 여성혐오라는 말은 이런 개념들이 지시하는 모든 의미를 포괄합니다. 방금 이야기한 '강남역 10번 출구'처럼 여성혐오라는 정치언어 역시 서로 다른 의미들에 결합하거나, 그런 의미 모두를 묶어주는 비어 있는 말로 작동합니다. 여성혐오라는 말의 부정적 성격이 이런 작동을 더욱 쉽게 만듭니다. 원리적으로는 모든 말이 정치언어로 사용될 수 있지만 현실적으로는 '~임'보다 '~이 아님'을 의미하는 단어가 비어 있는 말로 쓰기에 더 적절하기 때문입니다. 즉 '우리 여성들'이나 '우리 페미니스트들'도 정치블록을 형성할 수 있는 말이지만, 현실 정치에서는 '여성혐오에 반대하는 우리' 같은 부정성을 표현하는 말이 더욱 효과적이고 강력하게 작동합니다. (방금 설명한 것이 특수한 요구를 지시하는 '실정적positive 기표'가 '빈 기표'로 변형되는 과정입니다. 빈 기표란 '무엇임'이 아니라 '무엇이 아님'을 지시함으로써 보편적인 것을 구성합니다. 두 번째 강의 마지막에서 소수자의 정치전략을 다루며 이 과정을 이론적으로 설명하겠습니다.)

여기서 중요한 것은 성폭력이나 성차별도 그런 비어 있는 말이 될 수 있었다는 사실입니다. 모든 말은 개념언어와 정치언어 모두로 사용될 수 있기 때문입니다. 결국, 왜 다른 말이 아니라 여성혐오가 정치언어로 선택되었느냐는 것이 관건입니다. 한국 인터넷의 독특한 언어적 환경에서 그 이유를 찾을 수 있습니다.

한국의 인터넷은 말과 의미의 관계를 무한히 변화시키는 독특한 언어 공간입니다. 각종 인터넷 커뮤니티, SNS, 포털 댓글에서 생산되는 언어는 말과 의미 사이의 고정적 관계를 끊임없이 파괴하는 경향이 있습니다. 인터넷은 기존 언어의 기호와 의미 체계를 뒤틀고 변형하는 수많은 신조어를 쏟아냅니다. 많은 분이 '아햏햏'이라는 말을 기억하고 계실 겁니다.[5] 이것이 한국 인터넷 언어의 가장 극단적인 형태를 보여줍니다. 아무런 의미도 없고, 의미 부여 자체를 거부하는 말이지만 어떤 효과를 발휘

---

5   이 말의 성차별적 기원과 인터넷 공간의 특징에 대해서는 다음을 참고하세요. 불평등과시민성연구소, 〈02. 청년, 혐오, 소통에 대한 페미니스트의 시선-권김현영〉, 《청년 정책·청년활동 쟁점 정리》, 서울시 청년허브, 2016, 72~73쪽.

한다는 사실은 명백합니다. 최근 논란의 중심에 있었던 주요 인터넷 커뮤니티 역시 그 이름 자체가 기존 언어 체계의 변형입니다(예컨대 '메르스 갤러리'와 '이갈리아의 딸들'을 조합해 만들어낸 '메갈리아'라는 신조어, 커뮤니티의 실제 정체성과 별 상관이 없는 '일간베스트 저장소'나 '오늘의 유머' 같은 이름들이 그렇습니다). 물론 이런 문화의 기원에는 디시인사이드가 있습니다. 그곳 사용자들은 외부인이 도저히 이해할 수 없는 새로운 어휘와 어투, 세계적으로 유례를 찾을 수 없는 독특한 문화적 변이를 생산해왔습니다. 이런 독특성의 사례를 나열하자면 끝도 없죠. 한국의 인터넷 커뮤니티에서 생산되는 기묘한 언어 사용법은 두 번째 강의에서 설명할 소수 언어의 가장 극단적인 형태 중 하나입니다.

이렇게 언어의 파괴와 창조가 끊임없이 일어나는 인터넷에서 개념언어를 거부하는 것은 당연한 일입니다. 정치언어와 달리 개념언어는 언어 사용의 규범을 전제합니다. 즉 '이 말은 이런 의미로 써야 한다'는 규범을 전제하지 않으면 개념언어는 성립할 수 없습니다. 그런데 인터넷 문화가 이런 규범을 받아들인다는 것은 자기 존재 근거를 파괴하는 것과 다름없습니다. 언어 자체를 놀이와 쾌락의 도구로 이용하는 곳에서 개념언어의 사용은 곧 쾌락의 부정과 억압인 것이죠. 따라서 개념의 정의를 엄밀히 따져 묻는 사람이 온라인 커뮤니티에서 배제되는 것은 당연한 일입니다. 진지하고 심각한 것, 규범적 가치 판단, 합리적이고 이론적 담론 구조 따위는 인터넷 문화에서 악덕으로 취급됩니다. (이런 악덕을 위해 마련된 신조어도 많죠. 흥미로운 것은 그런 신조어 모두가 자기부정적 구조를 가진다는 점입니다. 예컨대 '진지충' 따위의 말은 진지한 것과 진지하지 않은 것을 진지하게 구별하는 것조차 인정하지 않습니다. 즉 그 말을 쓰더라도 그 의미가 무엇인지 따지면 안 된다는 거죠.)

한국의 인터넷은 단지 '개념' 없는 공간이 아니라 개념을 적극적으로 거부하고 파괴하는 공간입니다. 이런 의미에서 인터넷 사용자들이 성차별, 성폭력이 아니라 여성혐오를 정치언어로 선택한 이유는 분명해 보입니다. 성폭력, 성차별, 불평등 따위는 설사 모호하더라도 개념언어로 사용되는 반면, 여성혐오는 한국에서 개념언어로 사용된 적이 없는 말입니다. 그것은 처음부터 아무런 고정적 의미 없이 태어난 신조어입니다. 이와 관련해서 우리는 서구어 'misogyny'가 한국어 '여성혐오'로 번역되면서 어떤 변형을 겪었는지 추적해볼 수도 있을 것입니다[6](물론 일본어로 쓰인 《女ぎらい ─ ニッポンのミソジニー》가 한국어 《여성 혐오를 혐오한다》로 번역된 과정을 거쳐야 하겠지요[7]). 하지만 이런 작업을 시도하더라도 여성혐오의 '원래 의미'를 찾는 것은 불가능합니다. 현재 통용되는 여성혐오는 'misogyny'를 번역한 개념언어가 아니라 인터넷에서 태어난 수많은 신조어 중 하나입니다. 그 말이 참조해야 할 원래 의미 따위는 없습니다.

여성혐오가 인터넷 신조어로 등장해 정치언어로 활용되었

---

6   'misogyny'가 '여성혐오'로 번역되면서 발생한 여러 효과에 대해서는 다음 칼럼을 참고하세요. 정희진, 〈혐오는 대칭적이지 않다〉, 경향신문, 2016년 6월 12일.

7   우에노 지즈코, 《여성 혐오를 혐오한다》, 나일등 옮김, 은행나무, 2012.
上野 千鶴子, 《女ぎらい ─ ニッポンのミソジニー》, 紀伊國屋書店, 2010.

다는 사실은 그 말이 겪은 '예상치 못한 변형 과정'을 설명해줍니다. 만일 여성혐오가 개념으로 정의되었다면 '여성'과 '혐오'는 분리되기 힘듭니다. 두 단어를 붙여 하나의 개념으로 사용하는 한 혐오에는 '여성에 대한 혐오'라는 의미가 함축되어 있고 여성에는 '혐오의 대상으로서 여성'이 함축되어 있기 때문입니다. 여기서 혐오만 따로 떼어내서 사용하려면 여성혐오와 구별되는 혐오의 개념 정의를 따로 해주어야 합니다. 반면 여성혐오를 자유로운 조작이 가능한 정치언어로 사용하는 경우, 혐오만 따로 떼어내 '남성혐오' 따위의 신조어를 창조하는 것도 충분히 가능합니다. 고정된 의미가 없다보니 단어 자체의 구성도 변형될 수 있는 것입니다. 이렇게 혐오가 독자적 정치언어로 등장하자, 인터넷에서 생산되는 온갖 종류의 적대감과 반감을 모두 혐오라고 부를 수 있게 됩니다. 여성혐오, 남성혐오, 소수자혐오, 정치혐오, 지역혐오 등등 무수한 '-혐오'가 탄생했죠.

　그런 언어 사용 공간에서 '남성혐오는 무엇인가?' '남성혐오란 과연 가능한가?' 같은 질문을 던져봐야 소용없습니다. 이런 질문을 합리적으로 토론하려면 혐오, 여성혐오, 남성혐오라는 개념을 매우 정교하게 정의하고, 그에 기초한 대화를 해야 하기 때문입니다. 하지만 이런 말들은 고정된 의미를 전달하기 위한 개념이 아니라 각기 다른 '우리'를 구성하기 위한 정치언어로 활용되고 있습니다. 여성혐오와 남성혐오를 개념적으로 비교하는 것 자체가 불가능합니다. 여성혐오라는 정치언어로 자기 블록을 구성하려는 쪽이 있고, 그에 맞서 남성혐오라는 정치언어로 또 다른 블록을 구성하려는 쪽이 있을 뿐입니다. 물론 정치적 효과만 놓고 보면 첫 번째 정치블록이 강화될수록 현실의 성차별과 불평등이 완화될 가능성이 높고, 두 번째가 강화되면 반대의 결과가 발생할 가능성이 높습니다. 이런 기준을 적용해본다면 여성혐오를 활용하는 블록이 '더 정당하다'고 평가할 수 있겠죠. 하지만 그 정당성은 합리적 대화를 통해 얻어지는 게 아니라 오로지 자기 블록의 힘으로 상대 블록을 압도함으로써 획득되는 것입니다. 예컨대 '한국 남자들의 여성혐오가 심각하다'는 주장에 대해, 누군가 한국에서 남자로 살기 얼마나 힘든지 하소연하며 '남성혐오가 더 심각하다'라고 답하는 장면을 떠올려봅시다. 이렇게 의사소통이 불가능한 상황은 결코 혐오라는 말을 둘러싼 '오해'에서 비롯하는 게 아닙니다. 그 장면은 두 정치블록 사이에 형성된 적대 전선을 있는 그대로 보여줍니다. 지금 인터넷 공간에서 이런 갈등을 해소할 수 있는 유일한 방법은 한쪽이 다른 한쪽을 밀어내고 자신의 진지陣地를 구축하는 것뿐입니다. 이처럼 인터넷 공간은 어떤 합리적 토론도 허용하지 않은 채 정치언어와 정치언어가 서로 공격하고 투쟁하는 전쟁터가 되어버렸습니다.

'개념의 부재, 정치언어의 과잉'이라는 한국 사회의 상황을 다양한 측면에서 분석할 수 있겠지만, 지금 그 상황을 악화시키는 첫 번째 요인은 단연 인터넷 언어입니다. 물론 반합리성과 반지성주의가 인터넷을 지배하는 것이 한국에서만 나타나는 현상은 아닙니다. 많은 사람이 유럽과 미국을 휩쓸고 있는 포퓰리즘의 발생지 중 하나로 인터넷을 지목합니다. 하지만 이들 지역에서는 제도화된 합리성과 개념으로 구성된 표준 체계가 인터넷에서 생산되는 반지성주의와 대결하는 반면, 한국에서는 인터넷 언어가 제도와 체계를 압도합니다. 이러한 한국적 특징이 어디에서 유래했는지 단순히 설명하기는 힘듭니다. 개념언어가 허약하다는 사실에는 근대 역사 전체가 응축되어 있기 때문입니다. 그 과정을 이해하려면 광범위한 철학적, 인류학적, 언어학적 연구와 분석이 필요합니다. 어쨌든 지금은 정치언어의 범람을 제어하고 개념언어로 이루어진 사회적 표준을 구성하기 위해 인터넷이라는 개념파괴적 공간을 적절히 다룰 방법을 찾아야 한다는 사실만 기억하도록 합시다.

*

앞으로 살펴볼 '청년' '소수자' '시민'이라는 세 가지 주제는 '개념의 부재, 정치언어의 과잉'을 해결하기 위한 세 과정에 대응합니다. 첫 번째 강의에서는 '청년'이 개념이 아니라 정치언어임을 밝히고, 청년이라는 정치언어가 청년을 배제하는 역설적 상황을 분석합니다. 두 번째 강의에서는 소수자 개념을 이용해 한국의 사회적 약자를 분석하며 '개념의 부재'를 더 깊이 다루겠습니다. 세 번째 강의는 시민성을 사회적 표준으로 제안하기 위한 것입니다. 지금 한국 사회에 가장 시급히 필요한 표준 개념이 '시민의 평등한 권리'이기 때문입니다.

누구를
위한
'청년'
인가?

'청년'은 어느새 쉽게 쓰기 곤란한 말이 되었습니다. 말의 의미를 곱씹어보는 사람이라면 '도대체 청년이란 누구인가?'를 자문하지 않을 수 없습니다. 만일 주저 없이 청년을 이야기하는 사람이 있다면, 그는 십중팔구 청년을 둘러싼 복잡한 문제들을 깊이 고민해보지 않았을 겁니다. 다시 사전 강의에서 설명한 말과 의미 사이의 관계로 돌아가보죠. 청년이라는 말이 지시하는 의미는 무엇일까요? 한국 사회에서 청년은 고정된 의미를 지닌 개념으로 사용되는 것일까요, 의미가 유동적인 정치언어로 사용되는 것일까요?

먼저 청년의 고정된 의미가 존재하는지 살펴보겠습니다. 일상언어에서 청년의 첫 번째 의미는 '나이가 젊은 사람'이겠지요. 어떤 속성을 지닌 사람을 지칭하는 말이다보니 자연스레 그 속성을 공유하는 집단을 부르는 이름으로 발전합니다. 그래서 청년은 나이가 젊은 사람들의 집단을 부르는 이름이 됩니다. 그럼 정확히 몇 살부터 몇 살까지가 청년일까요? 이 질문은 흔히 제기되지만 그리 중요하게 생각되지는 않습니다. 하지만 정확한 나이 구간은 청년이 개념인지 정치언어인지를 판별하기 위한 핵심 기준 중 하나입니다. 그 말이 특정 사회집단을 지시하는 개념이기 위해서는 나이 구간을 분명히 정의해야 합니다. 현행 사회 제도와 기구, 법률은 청년을 어떻게 정의하고 있을까요?

최근 화제가 된 성남시 청년배당의 수혜자는 만 19~24세입니다. 서울시 청년수당은 만 19~29세를 대상으로 합니다. 헌데 24~29세 인구가 수백만 명이니, 두 가지 나이 구간 모두 청년의 정의로 받아들이기는 어렵습니다. 한편에서는 '30대는 청년 아니냐'는 반론도 나올 수 있겠죠. 시민사회단체와 정당은 어떤지 볼까요? 청년 노동조합 '청년유니온'의 조합원은 "만 15세부터 39세까지의 비정규직, 정규직, 구직 중인 노동자"로 구성됩니다. 성남시 청년배당, 서울시 청년수당과 달리 청년유니온 조합원은 10대 후반과 30대도 포함합니다. 정당의 규정은 완전히 다릅니다. 만 45세 이하를 청년으로 간주하는 더불어민주당은 자주 웃음거리가 되곤 합니다. 이쯤 되면 도대체 청년의 정체가 무엇인지 묻지 않을 수 없습니다.

청년에 관한 대표적 법률은 '청년고용촉진특별법'입니다. 이 법의 제2조는 "청년이란 취업을 원하는 사람으로서 대통령령으로 정하는 나이에 해당하는 사람을 말한다"고 규정합니다(여기서 청년이란 특정 나이대 전체가 아니라 구직 의사를 가진 사람을 의미한다는 것에 주목해야 합니다). 현재 시행령은 그 나이대를 "15세 이상 29세 이하인 사람"으로 규정합니다. 그런데 예외적으로 30대 초반을 청년에 포함하는 경우도 있습니다. 바로 청년할당제입니다. 같은 법 제5조 제1항은 공공기관과 지방공기업이 청년 미취업자를 정원의 3퍼센트 이상 고용하도록 규정하고 있는데, 이것을 청년할당제라 부릅니다. 방금 말했듯 시행령은 청년을 15~29세로 정하는데, 유독 청년할당제만 15~34세로 다르게 규정합니다. 같은 시행령 안에 청년에 대한 두 가지 정의가 들어 있는 것입니다.[1]

이런 예외 규정이 들어간 과정은 다소 희극적입니다. 최초 시행령이 청년을 15~29세로 정의하자, 청년할당제에서 배제된 30대 구직자들이 집단적으로 반발하고 나선 겁니다. 결국 시행령을 개정해 청년할당제의 대상만 15~34세로 확대하는 예외 규정을 집어넣었습니다. 그러자 이번에는 35세 이상 미취업자들이 다시 반발하고 나섰죠. 이들은 청년할당제의 위헌 소지를 제기하며 헌법 소원을 청구했습니다. 결과적으로는 합헌 결정이 나왔지만 위헌 의견이 합헌 의견보다 많았습니다. 청년할당제를 위헌이라고 생각한 헌법재판관이 더 많았지만 정족수인 3분의

---

1   청년고용촉진특별법 시행령 제2조(청년의 나이)는 다음과 같습니다. "〈청년고용촉진특별 법〉(이하 '법'이라 한다) 제2조 제1호에서 '대통령령으로 정하는 나이에 해당하는 사람'이 란 15세 이상 29세 이하인 사람을 말한다. 다만, 법 제5조 제1항에 따라 〈공공기관의 운영 에 관한 법률〉에 따른 공공기관과 〈지방공기업법〉에 따른 지방공기업이 청년 미취업자를 고용하는 경우에는 15세 이상 34세 이하인 사람을 말한다." (2013.10.30. 개정)

2를 넘지 못해 합헌 결정이 내려진 드문 사례입니다. 이 판결에 대해서는 아래에서 더 자세히 검토하겠습니다.

청년할당제를 둘러싼 이런 웃지 못할 논쟁은 청년이라는 말을 둘러싼 쟁점을 고스란히 보여줍니다. 청년의 나이 규정이 매우 임의적이라 때에 따라 제멋대로 조정할 수 있다는 것이죠. 물론 20~30대를 크게 벗어나지 않는다고 생각할 수도 있겠습니다. 하지만 한국의 연령별 인구 분포는 한 살 구간에 최소 60만 명이 들어갑니다. 따라서 방금 살펴본 19~24세, 19~29세, 15~29세, 15~34세는 완전히 다른 나이 구간들입니다. 청년을 일관성 있는 정책 개념이라고 보기 어려운 겁니다. 나이 구간의 이런 자의성은 청년을 둘러싼 여러 가지 문제들 중 하나일 뿐입니다.

그럼 미디어에서 말하는 청년은 개념인가요, 정치언어인가요? 여러분은 청년이라는 말을 듣고 어떤 이미지가 떠오르나요? 대학을 졸업한 뒤 취업을 준비하며 고시원에 사는 사람? 혹은 편의점 아르바이트로 힘겹게 등록금을 마련하는 대학생? 새롭고 참신한 정치를 만들어갈 청년 유권자? 흙수저와 헬조선 놀이에 빠진 네티즌? 청년이라는 한 가지 말은 이렇게 다양한 이미지를 만들어냅니다. 각각의 이미지는 완전히 다르지만 청년이라는 같은 이름으로 불리면서 '청년-실업-고시원-아르바이트-대학생-야당 지지층-진보-흙수저-헬조선……'이라는 이미지의 연쇄를 만들어냅니다. 이게 미디어를 통해 생산되는 청년의 전형적 이미지입니다. 이런 이미지와 일치하는 실제 대상은 존재하지 않습니다. 그것은 말과 의미 사이의 관계를 조작해 만들어 낸 일종의 환상입니다. 하지만 단순한 허구가 아니라 실재하는 환상으로서 정치적 효과를 발휘합니다. 그리고 실제 나이집단을 대표하는 이미지로 작동하죠. 미디어가 생산하는 청년의 이미지는 정치언어의 극단이라고 할 수 있습니다.

이제 청년의 의미를 정교하게 분석하기 위해 사전 강의에서 다룬 개념과 정치언어의 구별로 돌아가 다음 두 가지 질문을 던져봅시다. '청년은 정책 개념으로 사용될 수 있는가?' '청년은 어떤 논리에 의해 정치언어로 사용되는가?'

1. '청년'은 개념이 아니다

사전 강의에서 어떤 말을 개념으로 사용할 때는 그 말과 의미 사이의 관계가 고정되어야 한다고 했습니다. 법과 제도, 정책은 대표적으로 개념이 사용되는 사회 영역입니다. 그럼 사회 정책이 청년이라는 용어를 쓸 때, 이 말은 개념으로 사용되는 것일까요? 얼마 전부터 이슈가 된 '청년 정책'을 한번 살펴보겠습니다. 정책의 구체적 내용보다 청년이라는 말이 사용되는 방식에 집중해 주세요.

중앙정부에서 청년 정책 일반을 규정한 법률은 없습니다. 대부분 지방 자치 법규에서 다루고 있지요. 대표적인 것이 '서울특별시 청년 기본조례'(이하 '청년 기본조례')입니다. 여기서 청년과 청년 정책은 다음과 같이 정의됩니다.

1. 이 조례에서 "청년"의 범위는 '청년고용촉진특별법'(이하 "법"이라 한다) 및 동법 시행령, 그 밖의 관계 법령의 규정에 따른다.
2. "청년 정책"이란 청년의 정치·경제·사회·문화 등 모든 분야에서의 참여 확대, 권익 증진, 청년 발전을 목적으로 하는 정책을 말한다.

'청년고용촉진특별법'이 '취업을 원하는 사람'을 위한 고용 정책을 규정한 법률인데 반해, '청년 기본조례'는 고용 정책이 아니라 특정 나이대 인구집단을 위한 법률입니다. 그 하위 내용으로 주거, 고용, 문화, 자기 계발, 권리 보호를 포함합니다. 여기서 뭔가 이상하다는 생각이 들지 않나요? 왜 다른 기준이 아니라 나이 기준으로 구별된 집단을 위한 법이 따로 존재해야 할까요? 같은 논리라면 '어린이 기본조례' '청소년 기본조례' '중장년 기본조례' '노년 기본조례' 등을 만들고, 각각의 하위 내용으로 주거, 고용, 생활안정, 문화 등을 포함해야 할 것입니다. (이런 문제 제기를 하는 것은 '왜 청년만 특별 취급받으려 하느냐'는 '훈계'를 늘어놓기 위함이 아니라 청년 정책이 한 나이대를 특수한 사회집단으로 간주한다는 사실에 주목하기 위해서입니다. 거기에 한국 사회가 청년이란 말을 이해하는 방식 전체가 함축되어 있습니다.)

청년 정책에 대한 이런 문제 제기는 생소하지 않지만, 막상 그런 정책의 필요성을 정면으로 반박하는 사람은 별로 없습니다. '요즘 청년은 참 살기 힘들다'는 인식이 일반적이기 때문입니다. 청년 정책의 정당성 역시 청년세대의 사회경제적 상황이 고통스럽다는 인식에 기초합니다. 요컨대 '불쌍한 청년'이라는 이미지가 청년 정책과 청년에 대한 일반적 인식을 지배합니다. 그런데 정말로 특정 나이대 집단이 다른 나이에 비해 '더' 고통스러운 처지에 있을까요?

'불쌍한 청년'의 탄생: 청년은 경제적 약자인가

많은 사람이 지적하듯, 청년이 동질적인 집단이 아니라는 사실을 먼저 고려해야 합니다. 일단 '불쌍한 청년' 이미지의 핵심을 이루는 실업과 노동 조건의 관점에서 보면, 대학 졸업 직후 공무원 시험을 준비하고 있는 사람, 불안정 일자리를 전전하고 있는 고졸 10대 아르바이트생, 정규직 입사에 실패하고 인턴 생활을 반복하는 30대 초반 구직자 등이 모두 청년이라고 불립니다. 하지만 이들이 처한 사회경제적 상황은 제각기 다릅니다. 예컨대 산업 재해의 위험에 노출된 20대 파견 노동자의 상황은 공무원 시험을 준비하는 20대 취업 준비생이 아니라 비슷한 환경에서 일하는 50대 파견 노동자와 같은 범주에 묶여야 합니다. 주거 환경의 측면에서도 마찬가지입니다. 고시원에 사는 20대 취준생과 부모님의 안정된 주거지에서 생활하는 또 다른 20대 취준생을 똑같이 청년으로 묶는 것은 이상하죠. 나이대와 상관없이 비슷한 수준의 주거 빈곤층을 하나의 집단으로 보는 게 합리적입니다.

만일 청년이 살기 힘들다면, 그것은 15~29세라는 나이대가 아니라 그들이 놓인 사회경제적 조건 때문입니다. 청년 실업자의 고통은 그들이 청년이라는 사실이 아니라 실업자라는 사실에서 비롯하는 것이고, 청년 주거 빈곤층의 고통 역시 나이대가 아닌 주거 빈곤층이라는 사실에서 발생합니다. 즉, 고통의 원인은 다양한 사회경제적 불평등입니다. 그렇다면 인구집단을 나이대가 아니라 불평등의 원인이 되는 고용 및 노동 조건, 주거 조건, 소득과 자산 수준, 교육 수준, 거주지 등에 따라 분류하는 것이 타당하겠지요. '10대 고졸 불안정 여성 노동자'의 고통을 성별과 노동조건이 아닌 청년이라는 나이에서 찾으려 한다면 그의 처지에 대한 심각한 오해가 발생할 것입니다.

'살기 힘든 청년'이라는 인식은 우연적 사실들을 필연적 관계로 묶는 오류에 기초하고 있습니다. 예컨대 15~29세 연령층에는 불안정 저임금 노동에 시달리는 사람들이 있습니다. 불안정한 주거 환경에 사는 사람들도 있겠지요. 비싼 대학 등록금에 고통받는 대학생이나 학자금 대출에 허덕이는 대학 졸업자도 있습니다. 어떤 사람은 이런 악조건을 모두 가졌을 것이고, 일부만 가진 사람이나 전혀 갖지 않은 사람도 있을 것입니다. 청년 구직자 중에는 강남 고층 아파트에 살며 부모의 안정된 주거 형태를 누리는 경우도 있고, 상당한 액수의 학자금 대출이 있지만 정규직 취업 후 문제없이 상환하는 사람도 있겠지요. 그러나 불쌍한 청년이라는 이미지는 이런 악조건 모두가 중첩된 집단을 가정하고, 그것이 청년 전체를 대표하도록 만듭니다. 여기서 '저임금-불안정 노동-실업-고시원 생활-학자금 대출-……'로 구성된 청년의 전형적 이미지가 탄생합니다. 물론 그런 사회경제적 악조건이 모두 집중된 집단이 실제로 존재합니다. 사회 보장이 매우 허약한 한국 사회에서 저소득계층은 주거, 문화, 교육, 자산 등 모든 측면에서 하위계층일 수밖에 없으니까요. **하지만 15~29세 중 이런 계층이 존재한다면, 그들의 정확한 이름은 '빈곤층'이나 '불안정 저임금 노동자'이지 '청년'이 아닙니다.**

청년의 이러한 전형적 이미지를 창조한 것은 《88만 원 세대》입니다.[2] 젊은 세대를 지칭하는 사회적 언어의 발명은 고전적 현상이죠. 그 세대만 갖는 특수한 경험이 있기 때문입니다. 1990년대 이후 한국 사회는 젊은 세대의 공통 경험을 주로 문화적 특성에서 발견하였습니다. 신세대, X세대, 디지털세대 등. 물론 《88만 원 세대》는 세대의 특성을 문화적 동질성이 아니라 열악한 경제 상황에서 찾았다는 점에서 이전 세대 규정과는 본질적으로 차이가 있습니다. 하지만 이 책에 대해서도 같은 질문을 던져야 합니다. 왜 88만 원이라는 임금 액수를 경제 조건이 아니라 세대에 결합한 것인가요? 그런 임금 수준이 여러 가지 사회경제적 조건을 결정한다면, 당연히 비슷한 수준의 소득을 버는 저임금 노동자를 하나의 계층으로 분류하고 그 계층을 다시 나이, 성별, 교육 수준, 지역, 직업 등에 따라 분류하는 것이 타당할 것입니다.

---

2   우석훈·박권일, 《88만 원 세대》, 레디앙, 2007.

요컨대 '88만 원 세대'는 정책적, 이론적 개념이 아니라 정치언어입니다. 특정 연령층을 정치적 주체로 조직하기 위한 전형적인 이름 붙이기죠. 만일 더 큰 정치적 효과를 발휘할 수 있다면 불안정 고용 상태에 있는 사람들을 '프레카리아트precariat'로 지칭하고, 《88만 원 세대》 대신 '프레카리아트의 등장'을 다루는 책을 쓸 수도 있었을 것입니다. 둘 중 하나를 선택하는 것은 이론적 타당성이 아니라 정치적 영향력입니다. 이 주제는 아래에서 본격적으로 다루겠습니다.

《88만 원 세대》에서 시작된 불쌍한 청년의 이미지가 광범위한 영향력을 행사하는 이유는 열악한 경제 상황에 놓인 집단이 20~30대라는 통계 구간에 집중되는 것처럼 보이기 때문입니다. 하지만 이것은 일종의 착시입니다. 무엇보다 나이 구간별 평균치 차이를 잘못 이해하는 경우가 많습니다. 청년 주거권운동 단체 '민달팽이유니온'이 작성에 참여한 보고서의 표를 한번 볼까요?[3] 전국 범위에서는 80대 이상 나이대, 서울에서는 20대 이하 나이대의 주거 빈곤 비율이 가장 높습니다. 이 데이터를 보고 '전국 범위에서는 노인과 청년집단이, 서울에서는 청년집단이 다른 나이대에 비해 나쁜 주거 환경에 살고 있다'고 해석하는 경우가 흔합니다. 하지만 나이대별 비율의 차이가 한 나이집단과 다른 나이집단 전체의 차이를 말해주는 것은 아닙니다. 즉, 서울에서 청년집단이 다른 나이집단보다 더 열악한 주거 환경에

---

3   최은영 외, 〈서울시 청년가구의 주거실태와 정책 연구〉, 민주정책연구원, 2014.

구분	전국	서울
15~19세	28.8	30.3
20~24세	24.8	27.6
25~29세	15.7	20.5
30~34세	9.9	14.1
35~39세	9.5	13.6
40~44세	10.2	15.1
45~49세	10.6	15.7
50~54세	10.4	14.4
55~59세	10.0	12.4
60~64세	10.1	11.0
65~69세	11.5	10.5
70~74세	14.3	10.7
75~79세	17.8	11.1
80~84세	21.5	11.8
85세 이상	25.4	12.7
전체	**11.8**	**14.4**

자료 : 통계청, 인구주택총조사, 2010.

사는 것이 아니라 열악한 주거 환경에 사는 비율이 청년집단에서 더 높은 것입니다. 당연히 40, 50대 주거 빈곤층보다 좋은 집에 사는 청년이나 노인도 많겠지요. 이 표는 한 나이집단과 다른 나이집단의 차이가 아니라 나이에 따른 주거 빈곤율 '추이'를 보여주는 것입니다. 그러니 노인, 청년을 40, 50대와 단순 비교하는 것은 별 의미가 없습니다. 오히려 청년 실업률 및 노인 빈곤율과 주거 빈곤율을 비교하면서 이들 사이의 연관 관계를 찾아내는 것이 더 유의미합니다. 주거 정책의 차원에서는 나이가 아니라 주거 상황에 따라 정책 대상을 설정하고, 그들을 다시 나이, 성별, 직업 등에 따라 분류하는 것이 합리적입니다.

실업률도 마찬가지입니다. 일반적으로 15~29세의 실업률이 다른 나이대에 비해 높은 이유는 그 구간이 노동시장에 최초 진입을 시도하는 나이대이기 때문입니다. 이런 특수성을 고려해 이들의 실업 문제를 청년 실업이라고 부르는 것이죠. 2016년 2월 20대 실업률이 12.5퍼센트이고, 50대 실업률은 2.6퍼센트입니다.[4] 두 집단의 실업률 차이는 양적 차이가 아니라 질적 차이입니다. 12.5퍼센트는 노동시장에 진입하려는 20대 집단이 어떤 어려움을 겪고 있는지 말해주는 수치죠. 이를 보고 20대 전체 집단이 50대 전체 집단보다 5배 높은 실업의 고통을 겪고 있다고 할 수 없습니다. 평균치를 가지고 한 나이대 전체와 다른 나이대 전체를 집단 대 집단으로 비교할 수 없다는 말입니다.

참고로, 비슷한 오류가 성별 평균치 비교에서도 자주 나타납니다. 예를 들어 남학생의 평균 수학 점수가 여학생의 평균 수학 점수를 웃도는 경향이 있는데, 이것을 두고 남성이 여성보다 수학을 잘한다고 해석하는 것이 전형적인 경우죠. 그래서 '여자가 남자보다 수학을 못한다'는 식의 편견이 탄생합니다. 하지만 이는 결코 남성이 여성보다 수학을 잘하는 것이 아니라 남성의 '평균 점수'가 여성의 '평균 점수'보다 높은 것입니다. 물론 성별에 따라 수학 점수 평균이 다르다는 사실은 여러 가지를 의미할 수 있습니다. 예전에는 '남성의 유전적 우월성'을 보여주는 증거로 사용되었지만 최근에는 오히려 사회의 성 불평등을 보여주는

---

4   성/연령별 실업률, 통계청, 2016.

지수로 이해됩니다. 여성에 대한 교육 차별이 평균 수학 점수의 차이를 만든다는 것이죠. 그러나 어떤 경우든 평균 점수의 차이가 '남성이 여성보다 수학을 잘한다'는 의미가 될 수는 없습니다. 남학생의 평균 수학 점수 이상을 획득하는 여학생도 매우 많으니까요. 이렇듯 성별 평균치의 차이가 무엇을 의미하는지는 다각도에서 분석해야 합니다.[5] 그렇지 않으면 온갖 오해와 편견의 원인이 됩니다.

설사 나이를 집단 분류의 기초 기준으로 삼을 수 있다 하더라도, 문제가 되는 경제 조건을 바꾸면 70, 80대 나이 구간의 경제 상황이 20, 30대보다 더 고통스럽다는 결론을 얻을 수도 있습니다. 예컨대 실업률을 근거로 '청년이 살기 힘들다'고 주장하는 사람에게 누군가는 자살률이나 빈곤율 통계를 보여주며 '노인의 삶이 더 고통스럽다'고 반박할 수 있다는 말입니다. 어떤 수치를 고통의 기준으로 삼을 것이냐는 매우 자의적인 판단이므로, 청년의 실업률과 노인의 자살률을 서로 비교하는 것은 무의미한 일이죠. 다른 나이대에 비해 청년이나 노인의 삶이 더 고통스럽다고 말할 근거는 통계적 사실에서 발견되지 않습니다.

최근에 유행한 금수저, 흙수저라는 신조어는 기존의 세대 구별을 정면으로 부정합니다. **금수저와 흙수저의 차이는 세대 간 차이가 아니라 동일 세대 내에서 일어나는 불평등한 부의 상속에**

---

5   OECD, The ABC of Gender Equality in Education: Aptitude, Behaviour, Confidence, PISA, OECD Publishing(http://dx.doi.org/10.1787/9789264229945-en) Chapter 3. Girls' Lack of Self-Confidence.

서 발생합니다. 금수저 청년과 흙수저 청년 사이의 문제이지, 청년과 기성세대 사이의 문제가 아니라는 말입니다. 청년이라는 세대 범주가 거의 모든 사회적 논의를 지배하는 시점에 이런 신조어가 등장한 것은 의미심장합니다. 한국의 하위계층은 자신의 문제가 세대 간 불평등이 아니라 재산 불평등이라는 사실을 분명히 인식하고 있다는 말이니까요. 그런데 언론은 다시 청년과 흙수저를 결합해 '흙수저 청년'이라고 부릅니다. 이는 재산 불평등을 다시 세대 간 차이로 환원하려는 시도입니다. 도대체 왜 사회의 일반적 인식은 계급이나 경제적 불평등의 문제를 세대의 문제로 바꾸려는 것일까요? 이것은 정치적 문제입니다. 이번 강의 중간부터 이 문제를 본격적으로 다루겠습니다.

왜 하필 '청년'인가?: 청년 정책의 인위성

위의 논의를 청년 정책으로 확대해볼까요? '청년 기본조례'는 제6조에서 청년 정책의 내용을 다음과 같이 규정합니다.

2. 청년 정책에 관한 주요 사항
   가. 청년의 정치·경제·사회·문화 등 모든 분야에서의 참여
      확대
   나. 청년의 능력 등의 개발
   다. 청년의 고용 확대 및 일자리 질 향상

라. 청년의 주거 안정 및 주거 수준 향상

마. 청년의 부채 경감

바. 청년의 생활 안정

사. 청년 문화의 활성화

아. 청년의 권리 보호

자. 그 밖에 필요하다고 인정되는 정책 분야

이 조항은 청년집단이 몇 가지 일반적 특징을 공유한다는 것을 전제합니다. 예컨대 15~29세는 생애주기에 따라 노동시장에 처음 진입하는 나이집단이고, 고등교육의 대상이기도 하죠. 또 가족으로부터 독립해 처음으로 자신의 주거 공간을 찾는 집단입니다. 이런 일반적 특징을 몇 가지 분야로 분류한 것이 청년 정책의 내용입니다. 언뜻 보면 일리 있는 분류법입니다. 하지만 청년에게 '고용 확대 및 일자리 질 향상'이 필요한 이유는 그 사람이 청년이라는 사실이 아니라 구직자 혹은 노동자라는 사실에 있지 않을까요? 마찬가지로 '부채 경감'이 필요한 이유도 청년이라는 나이가 아니라 '부채가 있다'는 데 있습니다. 청년과 구직 상태, 청년과 부채 사이에는 필연적 관계가 없습니다. 15~29세 모두 실업자나 채무자는 아닙니다. 그렇다면 청년 정책을 만들고 그 아래에 고용 및 일자리 정책, 주거 정책, 문화 정책 등을 배치하는 것이 아니라 이런 정책들을 상위 범주로 두고 그 아래에 세분된 정책 대상을 두는 편이 합리적이지 않을까요? 예컨대 고등학교 졸업 후 편의점에서 일하는 19세 노동자는 청년 정책의 대상이 아니라 고용 정책 대상 중 10대 불안정 노동자로 분류되는 게 타당할 것입니다.

이해를 돕기 위해 2015년 제정된 '주거기본법'을 잠깐 살펴봅시다. 주거기본법 제1조는 "이 법은 주거복지 등 주거 정책의 수립·추진 등에 관한 사항을 정하고 주거권을 보장함으로써 국민의 주거 안정과 주거 수준의 향상에 이바지하는 것을 목적으로 한다"고 밝힙니다. 그다음 소득 수준과 생애주기에 따른 주택 공급과 주거비 지원의 필요성, 장애인과 고령자 같은 주거 약자의 안전하고 편리한 주거 생활 보장 등을 규정합니다. 고시원 생활자에 대해 별도의 주거실태조사를 할 수 있다는 조항도 있습니다. 요컨대 전체 시민 대상의 '주거기본법'이 있고, 그 내부에 특정 집단을 대상으로 삼는 구체적 정책들이 포괄되는 것입니다. 이 법은 흔히 '청년 주거 문제'라고 부르는 것을 '고시원 등 주택이 아닌 곳에 거주하는 사람' '주거약자' '신혼부부' 따위의 구체적 개념으로 세분화합니다.

많은 이들이 청년 정책의 핵심으로 생각하는 실업 문제도 마찬가지입니다. 위에서 말했듯, 이 문제를 해결하기 위해 가장 먼저 던져야 하는 질문은 다음과 같은 것들입니다. 청년 실업은 청년 문제인가요, 실업 문제인가요? 그것은 청년 정책의 대상인가요, 고용과 노동 정책의 대상인가요? 이는 당연히 고용, 노동 정책이 해결해야 할 실업 문제입니다. 신규 일자리 수의 부족, 소수의 안정적 일자리와 다수의 불안정 일자리로 양극화된 고용 불평등은 청년 실업의 주원인으로 꼽힙니다. 이런 문제는 경제,

고용 및 노동 정책	노동시장에 최초 진입을 준비하는 구직자, 불안정 저임금 노동자, 니트(NEET, 교육, 고용, 직업 훈련 중 어디에도 속하지 않는 집단) 등의 고용 및 노동 조건
주거 정책	1인 가구를 위한 주택 공급, 주거 빈곤 해소 등.
부채 경감 및 신용 회복 정책	학자금 대출에 의한 부채 문제와 신용 하락 해결

고용, 노동 정책의 영역에 속하므로 전체 노동시장을 개혁해야 해결될 수 있습니다. 청년 실업을 말하는 사람은 많지만 실제로 해결되는 것은 없는 이유가 여기 있습니다. 그것을 전체 노동시장의 차원에서 생각하지 않고 청년 정책이라는 특수 영역의 문제로 축소하기 때문입니다. 이것이 곧 살펴볼 '청년 범주에 의한 청년의 배제'라는 효과입니다.

흔히 청년 문제라 부르는 것을 정책 분야에 따라 나열하면 위의 〈표 2〉와 같습니다.[6] 이 표의 오른쪽 열에 나열된 문제들이 특정 집단에 집중될 가능성은 큽니다. 주거 빈곤과 부채 문제는 실업 및 불안정 노동과 밀접하게 연관되기 때문입니다. 그래서 오른쪽 열의 문제가 집중된 집단을 왼쪽 열에 나열된 여러 분야로 쪼개지 않고 하나의 집단으로 파악하는 것이 정책의 실효성을 높일 수 있습니다. 하지만 그들을 '하나의 집단'으로 묶을 수

---

6   다음 보고서를 참고하세요. 신윤정·권지웅·정준영 외, 〈서울시 청년 정책의 효과성 제고를 위한 대상 분석 연구〉, 서울시 청년허브, 2015.

있다면, 이때 공통성을 제공하는 것은 나이대가 아니라 유사한 사회경제적 조건일 것입니다. 그러므로 오른쪽 열의 문제들을 모두 청년이라는 상위 범주로 묶고 그다음 고용 및 노동, 주거, 부채 등의 하위 범주로 분류하는 방법은 정책 원리에 어긋날 뿐 아니라 정책 대상도 구체적으로 파악할 수 없는 인위적인 조작입니다. 그와 반대로 고용 및 노동, 주거, 부채 등이 정책의 일차 범주가 되어야 합니다. 만일 다양한 문제가 집중되는 집단이 있다면, 예컨대 실업자와 불안정 노동자에게 주거 빈곤과 부채 문제가 집중된다면, 그런 집단은 청년이 아니라 실업자 혹은 불안정 노동자로 규정되어야 합니다.

청년 정책을 상위 범주로 설정하면 기존의 정책 분류 및 제도와 충돌하는 문제도 발생합니다. 예를 들어 청년 실업 문제를 두고 고용 정책과 청년 정책이 서로 경쟁하는 것입니다. 이것은 단순한 이론적, 논리적 충돌이 아닙니다. 청년 정책이 독자적 범주로 제도화되면 담당 행정 조직과 논의 기구가 신설됩니다. (서울시는 '서울혁신기획관' 산하에 '청년정책담당관'을 따로 두었습니다.) 하지만 청년 정책이 다루는 실업 문제는 기존의 고용 및 노동 관련 조직의 업무와 중복됩니다. 제도, 정책, 행정 조직의 내적 논리에 따르면 실업 문제는 고용 정책으로 분류되고 해당 부서에서 담당해야 합니다. 결국 청년 실업 문제를 두고 여러 조직이 협력하면서 동시에 경쟁해야 하는 역설적 상황이 발생합니다. 청년 정책의 인위성이 행정 조직 사이의 실제적 갈등과 경쟁을 초래하게 되는 것이죠. 이것은 한 가지 사례일 뿐입니다. 정책은 복잡한 행정조직 체계와 그에 소속된 인력, 경제적 자원, 법과 제도, 기술 지식으로 이루어진 집합입니다. 이렇게 복잡하고 다층적인 구조 내에서 합리적이고 일관성 있는 개념과 범주를 사용하지 않으면, 정책 기획과 시행은 혼란에 빠집니다.

그렇다면 결국 청년 정책이라는 분류를 해소하는 것이 정책의 내적 일관성을 유지하고 그것을 효과적으로 시행하는 데 도움이 되지 않을까요? 도대체 무엇 때문에 이런 문제를 감수하면서 청년 정책을 유지하는 것일까요? 이 물음의 답은 제도나 정책 수준이 아니라 정치 수준에서 찾아야 합니다. 청년 범주가 청년 정책에서 발생하는 제도적 곤란함을 상쇄시킬 정도의 정치적 이익을 가져다주기 때문입니다. 여기서 정치적 이익이라고 말한 것의 의미는 아래에서 자세히 살펴보겠습니다.

지금까지의 논의를 한마디로 요약하면, 특정 나이대의 인구집단을 위한 정책은 합리성을 가질 수 없습니다. 그럼 다른 나라의 경우는 어떨까요? 여러 지방정부가 청년 정책을 준비하면서 해외 정책에 대한 관심도 높아졌습니다. 예컨대 가장 대표적인 청년 정책 중 하나인 서울시 '청년활동지원사업'의 원형은 프랑스에서 찾을 수 있습니다. 프랑스의 청년보장Garantie Jeunes 제도가 '다양한 사회참여 활동을 하는 청년에게 매달 50만 원의 수당을 지급한다'는 서울시의 아이디어에 영감을 주었죠. 프랑스에서 청년이란 16~25세 집단을 말합니다. 하지만 유의할 것은 이게 나이 범주가 아니라는 사실입니다. **청년이란 교육 과정을 마치고 노동시장에 진입할 준비를 하고 있는 사람을 말합니다. 즉, 교**

육이라는 사회 시스템에서 벗어나 고용이라는 새로운 사회 시스템에 진입하려는 사람이 청년입니다. 청년보장은 이러한 청년 중 니트NEET, not in education, employment or training라는 열악한 조건에 처한 사람을 지원하기 위한 프로그램입니다.

　프랑스에서 청년보장을 실행하는 것은 미시옹 로칼이라는 지역 센터입니다. 전국 각지에 설치된 450여 개의 센터에는 1만 3,000명의 직원이 일하고 있습니다. 이들은 개별 인터뷰와 집단 활동을 통해 청년 구직자가 고용과 직업 훈련에 진입할 수 있도록 안내해줍니다. 이런 과정을 '동반accompagnement'이라고 부릅니다. 이 기관은 1982년에 처음 설립되었는데, 정식 명칭은 '청년의 직업 및 사회 진입을 위한 미시옹 로칼Missions locales pour l'insertion professionnelle et sociale des jeunes'입니다. 기관의 이름 자체가 청년을 '직업 및 사회 진입을 준비하는 사람'으로 정의하고 있습니다. 문제는 실제 정책에서 이런 사람을 분류할 기준을 찾는 것인데, 그게 바로 16~25세라는 연령 구간입니다. 많은 사람들이 이 마지막 단계만 보고 프랑스에도 특정 나이대 대상의 청년 정책이 있다고 생각합니다. 하지만 청년보장과 미시옹 로칼 활동을 규정하는 것은 노동법이고, 총 책임자도 노동부 장관입니다. 관련 기관과 제도 모두 고용과 노동에 관련되어 있습니다. **요컨대 프랑스의 청년보장은 청년 정책이 아니라 고용 정책입니다.** 16~25세라는 연령대는 고용 정책의 대상을 분류하기 위한 하나의 기준일 뿐입니다.[7]

　청년을 이렇게 고용 정책 개념으로 정의하면 정책적 합리성이 훼손될 일이 없습니다. 누군가 '왜 16~25세라는 특정한 집단을 위해 청년보장을 시행해야 하느냐'고 물으면, '교육 과정에 있는 학생에게는 학생을 위한 정책이 필요하고 노동자에게는 노동 정책이 필요하듯이 노동시장 진입을 준비하는 사람에게는 그에 맞는 정책이 필요하다'고 답할 수 있죠. 이렇게 기존 고용 정책과 노동 정책을 확장하거나 발전시키는 방식으로 청년을 위한 조치를 마련할 수 있고, 다른 제도 및 기관과 함께 일관성 있는 체계를 구성해나갈 수 있습니다. 프랑스 청년보장은 고립된 특수 정책이 아니라 프랑스의 거대한 사회 정책 체계의 한 부분으로서 존재합니다.

　프랑스의 사례에 비추어 볼 때, 한국의 청년 정책을 합리적으로 구성할 방법은 크게 세 가지가 있는 것으로 보입니다. 첫째, 청년 정책이라는 범주 자체를 버리고 다양한 사회경제적 문제를 고용 정책, 노동 정책, 교육 정책, 문화 정책, 주거 정책, 기업 정책 같은 기존 범주에 따라 다루는 것입니다. 하지만 이미 청년 정책 자체가 법률로 규정되어 있고 관련 자원이 투입된 상태에서 그것을 완전히 버리는 것은 현실적으로 어려워 보입니다.

　둘째, 청년 정책을 분명한 정책 범주로 재정의하는 것입니다. 즉, 특정 나이대를 위한 정책이 아니라 '교육을 마치고 노동시장에 진입하려는 사람을 위한 노동 정책' '기존 교육 과정을 마

7　'6장 프랑스 청년보장 제도 현황과 사례 검토', 김종진 외, 〈해외 사례 분석 통한 청년 정책 연구: 서울형 청년보장 제도 개선방향 해법 모색〉, 서울시 혁신기획관 청년정책담당관, 2017.

치고 2차 직업교육이 필요한 사람을 위한 평생교육 정책' '사회 진입을 준비하는 후기 청소년을 위한 부처 간 협력 정책' 등으로 규정할 수 있습니다. 하지만 지금 한국의 청년 정책은 경계가 워낙 모호해서 매우 다양한 종류의 부문들이 들어와 있습니다. 청년 정책을 위해 투입된 자원도 온갖 영역으로 지출됩니다. 이런 상황에서 청년 정책을 이 중 하나로 정의하게 되면, 그런 정의에서 제외되는 부문이 자원 배분에서도 제외되는 결과가 나타날 수 있습니다. 예를 들어 청년 정책을 고용 정책이라고 규정하면 '청년 단체'라는 이름으로 활동하면서 청년 정책의 혜택을 받는 집단 중 상당수가 지방정부 지원에서 배제될 수 있겠죠.

셋째, 청년 정책을 정책 범주가 아니라 제도와 제도를 연결해주는 유연한 매개체 같은 형태로 바꾸는 것입니다. 현실적으로는 '청년 공간' 같은 방식이 가능하리라 생각됩니다. 노동시장 진입을 위한 구직 지원 서비스, 구직자를 위한 주거·보건·생활 안정 서비스, 창업 지원 서비스 등을 하나의 청년 공간에서 제공하는 것입니다. 이런 서비스는 각각 고용 정책, 주거 정책, 보건 정책, 복지 정책, 기업 정책 등에 속하지만, 정책 대상이 서로 겹치므로 하나의 공간에 모아놓는 게 더 효율적일 수 있습니다.

이런 방법들을 참고한다면, 청년 정책을 정책 범주에서 사실상 제외하면서도 실제로는 지금과 유사한 청년 정책을 계속 시행하는 것이 불가능하지 않을 것입니다.

청년할당제 논란: 청년의 역설적 지위

그동안 청년에 관한 사회적 논의에서 거의 다루어지지 않은 문제가 하나 있습니다. 청년의 법적 지위입니다. 이 문제가 제기되지 않았다는 사실은 매우 중요합니다. 청년의 문제를 해결해 주겠다며 그 이름을 활용한 사람은 많았지만, 정작 문제 해결을 위한 법과 제도적 장치를 충분히 고려하지는 않았음을 보여주기 때문입니다. 청년의 법적 지위를 검토하기 위해 청년할당제 헌법소원 사건을 살펴보겠습니다.

'청년고용촉진특별법'에 규정된 청년할당제는 공공기관과 지방 공기업이 매년 정원의 3퍼센트 이상씩 15~34세 미취업자를 고용하도록 의무화하고 있습니다. 35세 이상 구직자 몇 명은 이 제도가 헌법에 보장된 평등권과 직업 선택의 자유를 침해한다며 위헌 확인 소송을 제기했습니다. 그러나 2014년 8월 헌법재판소는 청년할당제에 합헌 판결을 내렸습니다. 위헌 의견이 다수였지만 정족수 3분의 2를 넘지 못해 합헌 결정이 내려진 사례입니다. 위헌 의견을 먼저 읽어봅시다.

5인 재판관의 위헌 의견 요지

1. 청년할당제는 헌법과 이를 정점으로 형성된 우리 전체 법 체계와 모순된다. 헌법은 모든 영역에서 불합리한 차별을 금지하고 있고, 고용 정책 기본법, 고용상 연령차별 금지법, 국가인권위원회법은 고용 영역에서 연령차별을 금지하고 있다. 고용 영역에

서의 연령차별 금지는 헌법을 정점으로 하는 우리 법 체계 내에서 정립된 기본 질서이자 보편적인 국제 규범이다.

2. 청년할당제는 청년 실업을 완화하는 데 근본적인 대책이 되지 못한다. 최근 지속되고 있는 청년 실업 문제는 노동시장의 구조적인 문제에 그 근본 원인이 있으므로 이를 해소하기 위해서는 청년층을 위한 적정한 일자리를 창출하는 것이다. 그런데 청년할당제는 일자리 창출 없이 한정된 일자리 일부를 청년층으로 채우도록 하는 대증對症적인 처방에 불과하다.

3. 청년할당제는 장애인고용할당제도나 여성할당제도와 같이 역사적으로 차별을 받아왔기 때문에 특별한 보호가 필요한 장애인이나 여성과 같은 사회적 약자들에게 과거의 차별로 인한 불이익을 시정하고 이를 보상해주기 위한 적극적 평등 실현 조치가 아니다. 이 사건 청년할당제는 헌법적으로 정당화되는 정책수단으로 볼 수 없다.

4. 공공기관은 준국가기관의 성격을 가지기 때문에 소속 직원을 채용함에 있어서 특별한 사정이 없는 한 능력주의에 입각하여 일반 국민에게 공정한 취업기회를 보장하여야 한다. 가사 청년할당제를 도입할 수밖에 없는 사정이 있다고 하더라도 채용 정원의 일정 비율을 청년층으로 채우도록 하는 경성硬性고용할당제를 강제할 것이 아니라 재정 지원 등으로 정원 외 채용을 유도함으로써 추가 고용을 창출하는 연성軟性고용할당제를 도입하는 것이 다른 연령층의 피해를 줄일 수 있는 방법이다. 이 사건 청년할당제는 피해를 최소화하는 수단이라고 볼 수 없다.

5. 이처럼 청년할당제가 정작 청년 실업 해소에는 기여한다고 볼 수 없는 반면, 다른 연령층의 공공기관 취업 선택의 자유에 대한 제한은 매우 크다고 할 것인바, 법익 균형성의 원칙에도 부합하지 않는다. 이 사건 청년할당제는 35세 이상 연령층의 공공기관 취업의 자유 및 평등권을 침해하여 헌법에 위반된다.[8]

　여기서 주목해야 할 것은 3번입니다. 청년은 여성이나 장애인 같은 사회적 약자로 볼 수 없다는 의견입니다. '역사적으로 차별받아온 사회적 약자'란 도대체 어떤 사람일까요?

　현대 민주주의 정치공동체의 모든 구성원은 시민이라는 동등한 법적 지위를 보장받습니다. 그렇지만 인종, 출신지, 성별, 신체 특징, 성 정체성, 종교 등에 의해 차별받는 집단이 존재합니다. 과거에는 그들을 시민 지위에서 배제하는 명시적 법률이 존재하기도 했죠. 20세기 시민권운동의 첫 번째 목표는 그런 부당한 법률을 폐지하는 것이었습니다. 그러나 법적 차별이 사라진 뒤에도 현실의 차별은 계속됩니다. 여성은 여성이라는 이유로, 장애인은 그의 신체적 특징 때문에 차별의 대상이 됩니다. 이들에게도 평등한 시민의 지위(시민성)가 보장되어야 하지만 현실의 차별은 여전합니다. 장애인고용할당제도나 여성할당제도는 그런 차별을 완화해 평등한 권리를 보장하기 위한 제도적 장치입

8　〈헌재 2014.8.28. 2013헌마553 청년고용촉진특별법 제5조 제1항 등 위헌소원〉 결정문에서 발췌(웹사이트: http://www.ccourt.go.kr/cckhome/kor/info/precedent/selectRealmPrecedentInfo.do?searchClassSeq=457).

니다. 이런 제도의 목표는 여성과 장애인에게 '특권' 혹은 '특혜'를 주기 위함이 아니라 자원 배분의 최소치를 규정해 권리의 평등을 실현하려는 것입니다(이 문제는 세 번째 강의 후반에 다룹니다). 결국 청년할당제의 쟁점은 청년을 여성이나 장애인 같은 사회적 약자로 간주할 수 있느냐는 것입니다. 앞서 인용한 위헌 의견은 그럴 수 없다는 것이죠. 청년이 '15세 이상 34세 이하'라는 연령 특징 때문에 차별받는다고 볼 수 없기 때문입니다. 반면 청년할당제 합헌 의견은 다음과 같습니다.

4인 재판관의 합헌 의견 요지

1. 이 사건 청년할당제는 최근 지속되고 있는 청년 실업 문제를 해소하고 지속적인 경제 성장과 사회 안정을 위하여 도입한 것으로 그 입법 목적이 정당하다. 아울러 청년할당제는 청년 실업을 완화하는 데 다소나마 기여한다고 할 것이므로 입법 목적 달성에 적합한 수단이다.

2. 국회와 정부는 청년 실업 해소를 위해 많은 노력을 해왔다. 그러나 청년 실업률은 오히려 증가하였다. 이에 국회와 정부는 공공부문에서나마 청년고용을 늘리기 위해 불가피하게 이 사건 청년할당제를 도입한 것이다. 청년할당제는 모든 공공기관에 일률적으로 강제되는 것이 아니라 일정 규모 이상의 기관에만 적용되고, 전문적인 자격이나 능력이 맞는 사람을 채용해야 하는 경우 등 상당한 예외를 두고 있으며, 더욱이 3년간 한시적으로만 시행하도록 하여 혜택을 받지 못하는 연령층에 대한 불이익을 최

소화하고 있는바, 피해 최소성 원칙에 위배된다고 볼 수 없다.

3. 청년할당제가 추구하는 청년 실업 해소를 통한 지속적인 경제
    성장과 사회 안정은 매우 중요한 공익이며 청년할당제는 위와
    같은 공익을 달성하는 데 기여하는 반면, 청년할당제가 시행되
    더라도 현실적으로 35세 이상 지원자들이 공공기관 취업기회에
    서 불이익을 받을 가능성은 크다고 볼 수 없어 법익 균형성 원칙
    에도 위반된다고 볼 수 없다. 이 사건 청년할당제도는 청구들의
    평등권, 공공기관 취업의 자유를 침해하여 헌법에 위반된다고
    볼 수 없다.[9]

　　합헌 의견은 청년 실업의 심각성을 지적하고, 청년할당제
가 평등권과 직업 선택의 자유를 침해하지 않는다고 주장할 뿐
15~34세 연령층이 사회적 약자인지 판단하지는 않습니다. 합헌
의견을 수용한다고 해도 청년할당제가 장애인고용할당제나 여
성할당제와 비슷한 성격의 제도라고 말하기 힘듭니다. 어떤 경
우에도 청년을 여성, 장애인 같은 사회적 약자라고 볼 수 없다는
것입니다.
　　법률은 특정 나이대를 청년이라 정의하고 그들을 대상으로
한 제도를 규정할 수 있습니다. 다른 나이대를 노인이나 어린이
로 정의하고 그들을 위한 제도를 만들 수도 있습니다. 이런 의미
에서 특정 나이대는 다른 나이대와 구별되는 '특수한 집단'입니

9　　위 결정문에서 발췌.

다. '청년고용촉진특별법'을 제정해 15~29세 나이대를 위한 맞춤형 정책을 시행하는 것은 문제가 없습니다. 하지만 그런 나이대의 특수성은 여성과 장애인 같은 사회적 약자의 특수성과는 다릅니다. 여성은 단지 남성과 다른 성을 가졌다는 이유로, 장애인은 장애를 가졌다는 이유로 차별받는 집단입니다. 같은 맥락에서 어떤 나이집단이 그런 나이를 가졌다는 이유로 차별받는다면, 그들의 평등한 지위를 보장하기 위한 적극적 조치가 필요할 것입니다. **하지만 청년할당제는 청년이라는 이유로 차별받는 집단을 위한 제도가 아니라 청년 실업이라는 특수한 종류의 실업 문제를 해결하려는 조치입니다.**

청년 문제 해결을 주장하는 사람은 자기도 모르게 청년을 사회적 약자의 위치에 옮겨놓습니다. 그러나 청년이 차별받는 집단임을 설명할 합리적 근거가 없으므로, 청년이 얼마나 불쌍한지 구구절절 늘어놓는 것 말고는 방법이 없습니다. 한편 청년에 속하지 않는 사람들은 청년 정책을 일종의 '특혜'로 인식합니다. 그래서 "요즘 청년들"로 시작하는 훈계를 늘어놓기 일쑤죠. 이렇게 합리성이 결여된 논의는 결국 감정의 충돌로 이어질 수밖에 없습니다. 결국 정책의 일관성과 타당성을 검토할 공간은 사라지고, 정치언어의 잔치만 벌어집니다.

지금까지 청년이라는 세대 범주를 비판적으로 검토했습니다. 핵심 내용을 요약하면 다음과 같습니다. 첫째, 청년을 개념으로 사용할 유일한 방법은 특정 나이집단으로 정의하는 것입니다. 현행 법률은 15~29세를 청년이라 정의합니다. 하지만 굳이 나이 경계가 15세와 29세이어야 할 필연성은 없습니다. 둘째, 특정 나이집단이 다른 나이집단보다 더 고통스러운 처지에 있다고 주장할 근거도 없습니다. 셋째, 사회경제적 불평등으로 고통받는 집단이 있다면 문제가 되는 사회경제적 조건에 따라 분류해야지, 나이에 따라 분류할 이유가 없습니다. 넷째, 청년은 역사적으로 차별받아온 사회적 약자가 아닙니다. 따라서 청년을 특정 나이집단을 지시하는 개념으로 정의할 수는 있으나 그런 개념으로 지금 한국의 사회경제적 문제를 다루는 것은 다소 인위적입니다.

그렇다면 결국 '청년'은 정책에 혼란만 주는, 불필요하고 폐기되어야 하는 말일까요? 아닙니다. 그 말의 정당성과 힘은 이론과 개념의 수준이 아니라 정치언어적 사용에서 나옵니다. 이제 본격적으로 청년이라는 말이 쓰이는 실제 이유와 그것의 정치적 의미를 분석하겠습니다.

2. 정치는 왜 '청년'을 좋아할까

앞서 살펴보았듯이 '청년'은 사회 현실을 정확히 인식하기 위한 이론적 개념이 아닙니다. 사회 정책이 청년 범주를 사용하는 것도 정책상 필요하기 때문이 아닙니다. 그것은 오히려 정책의 일관성과 합리성을 훼손할 우려가 있습니다. 그럼 도대체 무엇 때문에 각종 미디어가 청년에 대한 보도를 쏟아내고, 정치인들은 청년을 위한 정책을 시행하겠다고 약속하는 걸까요? 왜 여러 지방자치단체는 청년 정책을 제도화하기 위해 노력하는 것일까요?

그 답은 정책과 이론이 아니라 정치적 수준에 있습니다. 정책의 합리성을 훼손할 위험에도 불구하고, 청년이라는 두 음절 단어의 강력한 정치적 힘이 그것을 이론적 인식 개념으로 사용할 동기를 부여하는 것입니다. 특정 나이대의 인구집단이나 인생의 한 시기를 의미하는 단어가 어떻게 이런 정치적 힘을 얻게

된 것일까요?

주어진 정치 상황에서 강력한 영향력을 가진 정치언어를 알고 싶다면 정치인들의 말을 들어보면 됩니다. 현실 정치의 리더는 강력한 힘을 가진 말을 선택하고, 그런 선택에 의해 그 말의 힘은 더 강화됩니다. 최근 몇 년간 주요 정치적 갈등에서 가장 많이 등장한 말이 청년입니다. 선거 때면 예외 없이 모든 정당이 '청년을 위한 정치'를 외치고, 정부가 어떤 정책을 밀어붙일 때도, 심지어 야당이 그 정책에 반대할 때도 모두 '청년을 위해서'라고 말합니다. 최근 몇 차례의 선거에서 '청년'이 쓰인 맥락을 보면 도대체 이 말의 의미를 종잡을 수 없을 정도입니다.

물론 갈수록 악화되는 청년 실업이 이런 현상의 중요한 배경일 것입니다. 하지만 현실 상황을 표현하기 위해 '청년'과 '실업' 중 어느 쪽을 선택하느냐는 전적으로 정치적 문제입니다. 현실의 문제를 정확히 반영하는 개념은 실업이지만 정작 대중은 현실을 표상하기 위해 '청년'을 선택했습니다. 그 이유는 무엇일까요? 왜 각 정당은 '비정규직 노동자를 위해' 혹은 '실업자를 위해'가 아니라 '청년을 위해'라고 외치는 걸까요? 언급했듯이 정치언어로 쓰기 가장 좋은 것은 고정된 의미를 갖지 않아서 아무 의미에나 결합할 수 있는 말입니다. 그리고 그 의미 없는 말 자체가 사람들에게 힘을 행사할 수 있어야 합니다.

이런 측면에서 보면 '실업자'나 '불안정 노동자' 대신 '청년'이 선택된 이유가 분명해집니다. 청년의 경우 고정된 의미라고는 '나이가 젊다'는 게 거의 유일하고, 이마저도 자유롭게 조작할 수 있기 때문이죠. 중년이나 노년층도 "마음은 청년이다" 라고 말하곤 하니까요. 청년을 개념적으로 정의하려고 해도 'X세 이상 Y세 이하' 같은 나이 구간 말고 다른 의미를 결합하기는 힘듭니다. 그렇지만 이 말은 많은 사람의 감정에 무엇인가를 호소합니다. 아무런 의미를 지시하지 않으면서도 가장 보편적으로 쓰이는 말입니다. 이렇게 이상적인 정치언어가 또 있을까요? 이제 이 정치언어의 기원과 작동 방식을 상세히 알아보겠습니다.

'청년'의 정치, 역사, 문화적 기원

청년이라는 말이 획득한 정치적 영향력을 이해하기 위해 다음의 세 가지 질문을 던져보겠습니다. '왜 성별, 계급, 학벌, 지역 같은 다른 범주가 아니라 세대 범주가 지배적 영향력을 행사하는가?' '왜 사람들은 다른 세대가 아니라 20, 30대에게 집중하는가?' '왜 다양한 사회경제적 불평등을 그 자체가 아니라 청년이라는 이름을 빌려 표상하는가?' 합리성의 관점에서 보면 세대 범주를 다른 범주보다 우선할 이유가 없고, 다른 나이대에 비해 20, 30대를 특별하게 취급해야 할 이유도 없으며, 사회경제적 불평등은 그 자체로 다루어야지 청년이란 이름으로 불려서는 안 됩니다. 요컨대, 지금 한국 사회에서 청년이라는 말이 발휘하는 영향력은 합리적으로 설명 불가능합니다. 방금 말한 세 가지 질문을 하나씩 검토해봅시다.

첫 번째로, 왜 다른 범주가 아니라 세대 범주가 지배적 영향력을 행사하는 것일까요? 일상생활에서 '우리'와 '그들'을 구별하는 방식은 인식과 행위의 토대를 구성합니다. 예컨대 '식당에서 일하는 50대 여성 노동자'와 '대학에 다니는 20대 초반 여성'이 있다고 합시다. '편의점에서 일하는 고졸 20대 여성 노동자'가 '우리'라고 생각할 사람은 둘 중 어느 쪽일까요? 당사자는 각기 다른 대답을 할 수 있겠지만, 사회의 지배적 인식은 20대 대학생과 20대 노동자를 함께 묶을 가능성이 큽니다. '노동자'보다 '20대'라는 공통성이 훨씬 강력한 인상을 남기기 때문이죠. 왜 한국인은 경제적 동질성보다 나이의 동질성에 더 강하게 반응하는 것일까요? 그 원인을 한두 가지로 설명할 수는 없습니다. 다양한 가설을 제시할 수 있겠지만, 1987년 민주화운동과 1997년 IMF 사태에 의해 분리된 세대집단들 사이의 극단적인 이질감이 한 가지 이유인지도 모릅니다. 특히 1970~1980년대에 고도성장기를 경험한 세대와 1997년 이후 시작된 사회적 불안정성을 경험한 세대 사이에 '우리'라는 인식을 위한 공통 경험이나 동질감은 거의 존재하지 않습니다. 한국 사회의 세대 간 차이에 대한 문화적 접근은 그동안 잔뜩 쏟아져 나왔으니 이 주제에 대해 더 자세히 다루지는 않겠습니다.

세대 범주가 한국 사회를 지배하는 가족주의에 잘 어울린다는 점도 생각해볼 수 있습니다. 한국은 '국가=민족=가족'이라는 원리가 지배하는 사회입니다. 국가란 평등한 시민의 정치공동체가 아니라 혈통 중심의 민족공동체이고, 이것의 기본 형태는 가족입니다(이 주제는 세 번째 강의 끝에서 자세히 다루겠습니다). 이런 가족 공동체를 유지하는 기본 질서 중 하나가 나이에 따른 위계관계 죠. 그래서 사회 구성원은 평등한 시민으로서 다른 구성원과 관계 맺는 것이 아니라 '아버지와 어머니' '아버지와 자식' '오빠와 동생' '형과 아우' 따위의 가부장 가족 형식에 종속됩니다. 한국 사회에서는 학교, 회사, 지역공동체, 정당, 국가 모두 '가족적 분위기'를 지향하죠. '어버이 같은 선생님' '아버지 같은 사장님' '동네 형과 동생' 등. 이런 가족주의적 공동체의 내부 집단을 구별하는 가장 자연스러운 논리가 나이와 세대입니다.

사회경제적 기준에 따른 구별이 집단 간 적대성을 내포할 수 있는 것과 달리, 나이와 세대에 따른 구별은 '부모와 자식' '형과 동생'같이 적대성을 인정하지 않는 사회적 관계를 형성합니다. 최근 세대 갈등을 말하는 사람이 많은데, 서로 충돌하는 청년과 기성세대의 관계는 적대적 사회집단 간 갈등이 아닙니다. **'부모와 자식'이라는 불평등한 구도 속에서 청년은 '반항' 혹은 '불평'하고 기성세대는 그들을 달래거나 혼내는 것이죠. 청년세대의 문제 제기가 대부분 기성세대의 '훈계'로 귀결되는 것은 우연이 아닙니다.** 요컨대, 한국 사회를 지배하는 가족주의는 세대 범주의 강력한 영향력을 이해하기 위한 주요한 역사적, 문화적 배경입니다.

두 번째로, 왜 다른 나이대가 아니라 20, 30대일까요? 이 물음의 가장 직접적인 답은 정당정치와 선거에서 찾을 수 있습니다. 한 정당의 존재 근거는 정치적 이념과 가치입니다. 이론적 개념으로 구성된 이념과 가치가 정당의 정체성을 유지하는 핵심이고, 그것을 토대로 사회 전체가 추구해야 할 전망과 구체적인 정책을 유권자에게 제시하는 것이죠. 한국 정당정치가 제 기능을 못하는 가장 근본적인 이유는 바로 이러한 정치 이념이 부재하기 때문입니다. 군사독재 정권의 직접적 계승자라 할 수 있는 우파권력은 일관된 정치 이념이 아니라 이미 장악한 수많은 국가 장치를 통해 자신을 재생산합니다. 한편 야권세력은 오랫동안 '반이명박' '반박근혜' '반새누리당'만 되뇌었습니다. 그랬던 그들이 지난 몇 차례 선거에서 유일하게 활용할 수 있었던 것이 세대전략이었습니다. 2012년 대선이 대표적입니다. 문재인 후보를 지지한 48퍼센트의 유권자는 지난 어떤 대선보다 가장 강력한 결집력을 보여주었는데, 그 원동력은 무엇보다 변화에 대한 갈망, 즉 이명박 정부와 다른 정치권력이 필요하다는 절박한 요구였습니다. 그러나 야당의 정치 이념과 가치는 여전히 공백 상태였고, 결국 야권 지지자는 정치블록 형성을 위한 대체재를 모색하게 됩니다. 첫째는 민족주의와 반독재 민주주의라는 1980년대 가치로 회귀하는 것입니다. 당시 유행하던 '친일파 이명박'과 '독재자의 딸 박근혜'라는 이미지가 야권 지지자의 의식 상태를 잘 보여줍니다. 둘째는 20, 30대 유권자를 동질적인 청년으로 규정하고, '당신은 청년이니 박근혜의 집권을 막아야 한다'며 야권 지지표를 요구하는 것입니다. 이 요구가 수용되지 않으면 '20대 개새끼'라는 응답이 돌아왔습니다.

2016년 20대 총선에서도 모든 정당이 청년을 이야기했지만,

과거에 비하면 그 강도는 현저히 줄었습니다. 당시 더불어민주당이 전면에 내세운 건 '경제'였습니다. 핵심 정치언어가 청년에서 경제로 변한 것은 주목할 만한 사건입니다. 청년이 선거 국면에서 활용되었던 방식과 20대 총선에서 나타난 변화에 대해서는 조금 후에 더 자세히 분석하겠습니다.

마지막으로, 왜 다양한 사회경제적 불평등을 그 자체가 아니라 청년이라는 이름을 빌려 표상하는 걸까요? 앞서도 강조했듯, 개념의 부재와 정치언어의 과잉이 그 직접적 이유입니다. 지금 청년 문제라고 부르는 사회경제적 불평등의 중심에는 실업과 저임금 불안정 노동이 있습니다. 불평등 문제를 다루기 위해서는 당연히 노동, 계급, 빈곤, 불평등 같은 개념이 필요하죠. 하지만 이런 개념들은 아직도 한국 사회의 논의 표준으로 자리 잡지 못한 채 '진보'라 불리는 특정 부문에 한정된 게 사실입니다. 이것은 물론 사회의 주류권력이 역사적으로 작동한 결과입니다. 그런 권력의 종류는 매우 다양합니다. 기업과 자본에 편향된 정치권력은 물론, 역사적으로 형성된 대중의 의식과 감정도 '노동'과 '계급'이라는 개념을 차단하는 힘으로 작동합니다. 사람들은 지금처럼 고통스러운 상황에서도 현실을 직접 표현하는 이론적 개념보다 '금수저' '흙수저' '헬조선' 같은 신조어를 선호하죠. 한국 사회에서 하위계층을 지시하는 개념이 주류 언어로 수용된 적은 거의 없습니다.

여기서 조금 의아한 생각이 들 수 있습니다. 청년이라는 말이 마치 권력집단에 의해 창조된 것처럼 들리기 때문입니다. 즉 주류권력이 하위계층의 상황을 있는 그대로 드러내는 것을 차단하기 위해 청년이라는 은폐 장치를 만들었다는 것이죠. 이런 이해가 완전히 틀린 것은 아니지만, 이는 정치언어의 두 가지 측면 중 하나만을 과장한 것입니다. 사전 강의에서 '갑을관계'는 강자와 약자의 충돌 속에서 형성된 일종의 타협 지점이라고 했습니다. 약자의 처지를 정확히 드러내는 개념이 일반적 정치언어로 사용될 수 없는 상황에서 그 역할을 대신할 신조어가 등장한다는 것입니다. **마찬가지로 실업과 저임금 불안정 노동으로 고통받는 하위계층의 목소리와 침묵을 강요하는 주류권력이 격렬히 부딪히다가 적당한 완충 지점으로 수렴하는데, 그 완충 지점이 다름 아닌 '청년'이라는 이름입니다.** 지금 유행하는 신조어들 — 금수저, 흙수저, 헬조선, 장그래, 열정페이, 삼포세대, 갑을관계 — 대부분이 청년이라는 이름의 완충 지점을 중심으로 배치됩니다. 그래서 이런 신조어들은 하위계층과 주류권력 모두의 언어로 사용되는 이중적 성격을 갖게 됩니다.

이러한 정치, 문화, 역사적 배경과 함께 청년에 대한 몇 가지 모호한 이해도 살펴볼 필요가 있습니다. 그런 모호성이 청년을 정치언어로 쓸 수 있는 유리한 조건을 제공하기 때문입니다.

첫째는 '청년'과 '세대'를 혼동하는 것입니다. 세대는 사회를 분석하기 위한 필수 개념이지만, 적용 대상에 따라 엄밀하게 정의된 경우에만 그렇습니다. 예컨대 인구 변동 예측에서 세대란 생물학적 나이를 말합니다. '민주화세대' 'IMF세대' 같은 표현에서 세대는 공통된 경험을 가진 사회집단을 의미하겠지요. 잘 알

1강. 누구를 위한 '청년'인가?

려져 있다시피, 세대 개념에 대해서는 헝가리 출신의 사회학자 만하임Karl Mannheim의 이론을 참조할 수 있을 겁니다.[10] 그런데 어떤 경우에도 청년과 세대는 다릅니다. 세대는 사회집단 간 차이의 한 종류를 지칭하는 개념이고, 그런 차이에 의해 구별된 여러 집단 중 하나를 지칭하는 말이 청년입니다. 국적이라는 차이에 따라 국적이 다른 집단들이 서로 구별되고, 그중 하나를 한국인이라고 부르는 경우와 같습니다.

흥미로운 사실은 세대와 청년을 구별하지 않는 사람이 많다는 것입니다(제가 청년이라는 기호에 대해 비판하면 '그래도 세대 담론은 한국 사회를 분석하기 위한 유효한 방법론 아니냐'는 반론을 제기하는 사람이 많았습니다). 이런 혼동은 세대와 청년 모두 개념이 아니라 같은 목적을 위한 정치언어로 사용되기 때문에 발생합니다. 최근 몇 년간 이른바 '세대 담론' 및 '청년 담론'은 특정 나이대 집단을 정치적으로 주체화하고, 그들에게 '투표하라' '짱돌을 들어라' '분노하라' 따위를 요구하기 위한 정치적 도구로 사용되어왔습니다. 세대 개념에 기초한 사회 분석 상당수가 오직 청년에 초점을 맞춥니다. '세대'는 사실상 '청년세대'의 줄임말처럼 기능해온 것이죠. 《88만 원 세대》가 그 시작이라고 할 수 있겠습니다. 선거를 전후해 수많은 언론이 쏟아내는 세대별 투표율과 지지 성향 분석 역시 청년 유권자가 보수 지지층을 넘어설 수 있느냐에 초점을 맞

---

10   K. Mannheim, "The Problem of Generations", ed. P. Kecskemeti, *Essays on the Sociology of Knowledge*, Routledge, 1952.

춥니다. 결국 다양한 형태의 '세대 담론'마저 청년이라는 정치언어에 집중합니다. 누군가 잘 정의된 세대 개념으로 한국 사회를 체계적으로 분석한다 해도, 많은 사람들이 "그래서 청년은?"이라고 묻겠지요.

둘째는 '청년'을 '청년기'와 혼동하는 것입니다. 청년은 특정 나이대에 속하는 사회집단의 이름입니다. '서울시 청년 기본 조례'는 15~29세 인구집단을 청년이라 부릅니다. 그런데 청년은 누구나 경험하는 인생의 한 시기를 지칭하는 이름이기도 합니다. 청년이라는 말이 광범위한 공감을 끌어내는 이유가 여기 있습니다. 세상에 그 말과 무관한 사람이 없으니까요. 우리 모두 청년이 될 예정이거나, 청년이거나, 청년이었습니다. 나의 청년 시절과 지금 사회집단으로 존재하는 청년 사이에는 아무런 논리적 연관이 없지만 정서적 고리는 분명히 존재합니다. 바로 이런 모호함이 역설적 효과를 발휘합니다. 실업과 불안정 노동으로 고통받는 특정 나이집단을 청년이라 부름으로써 모든 사람에게 그들의 고통을 호소할 정서적 유대를 형성할 수 있습니다. 하지만 동시에 기성세대가 "내가 젊었을 때는 말이야……"라고 훈계를 늘어놓을 가능성도 열리죠. 즉 그들의 청년기와 지금 존재하는 청년집단은 애초에 논리적 비교가 불가능한 두 가지 대상이지만, 단지 둘 다 청년으로 불린다는 사실 때문에 비교 가능하다는 착각이 발생하는 것입니다.

《아프니까 청춘이다》의 성공 요인 역시 청춘이라는 말의 다의성에 있다고 할 수 있습니다.[11] 청춘도 특정 나이대 집단과 인생의 특정 시기를 둘 다 의미합니다. 이 책의 저자는 먼저 실업과 불안정 노동으로 고통받는 사회집단에 청춘이라는 이름을 붙이고, 청춘의 의미를 '누구나 아픔을 경험하는 인생의 시기'로 정의합니다. 그리고 이로부터 실업과 불안정 노동이라는 사회경제적 문제를 '누구나 젊을 때 한번쯤 경험하는 일'로 결론 내립니다. 이렇게 다양한 의미를 지닌 말일수록 정치언어로 활용하기에 유리합니다.

'청년'을 둘러싼 의미 투쟁: 88만 원과 아픈 청춘

청년의 고정된 의미는 '나이가 젊다'는 것이 거의 유일합니다. 따라서 맥락과 목적에 따라 전혀 다른 의미를 결합할 수 있습니다. 하지만 그 말 자체의 힘은 매우 강력합니다. 정치언어의 이상적 조건을 갖추고 있는 것이죠. 청년이라는 정치언어가 탄생한 곳은 아마도 2007년 출간된 《88만 원 세대》일 겁니다. 이 책의 정치전략을 단계별로 요약하면 다음과 같습니다.

　　1) 저자들은 20대의 절대다수가 불안정 저임금 노동에 시달릴 것이며 이들의 평균 임금이 88만 원일 것이라고 예측합니다. 그리고 88만 원이란 소득 수준과 '세대'를 결합하죠. 하지만

11　　김난도, 《아프니까 청춘이다》, 쌤앤파커스, 2010.

이 결합은 이론적 합리성의 결과물이 아닙니다.[12] 만일 특정 나이대의 절대다수가 월 소득 88만 원을 받는다 해도 그들 사이에는 지역, 성별, 학벌, 직장 등 다양한 차이가 존재합니다. 그런 차이에도 불구하고 동일한 소득이 동질적인 하나의 집단을 형성한다면, 월 소득 88만 원을 받는 50대 노동자도 거기에 포함되어야 합니다. 88만 원을 저임금 불안정 노동의 문제가 아닌 세대의 문제로 제기한 것은 결국 이론적 필연성이 아니라 정치전략의 한 부분입니다.

2) 《88만 원 세대》의 정치전략이란 저임금 불안정 노동의 문제를 일부 집단의 문제가 아니라 20대 인구집단 전체의 문제로 제기하는 것입니다. 이론적 방법을 따른다면, 한 세대 전체를 비슷한 임금을 받는 하나의 사회집단으로 범주화하는 것은 불가능할 것입니다. 88만 원은 평균 수치일 뿐이므로 임금 수준이 더 세분되어야 하고, 직종과 노동 조건도 고려해야 하기 때문이죠. 똑같이 88만 원을 버는 20대라 해도 자영업자와 제조업 파견직 노동자의 삶은 전혀 다를 테니까요. 이 둘이 동질감을 느낄 요소도 별로 없습니다. 하지만 《88만 원 세대》는 이 모두를 하나의 세대집단으로 묶어버립니다. 이런 식으로 개별 집단의 특수한 문제로 간주되던 것이 '청년 전체의 문제'라는 일반성을 획득합니다. 이것이 《88만 원 세대》의 가장 뛰어난 성과죠. 그동안 '너

---

12   세대 내 불평등과 세대 간 불평등에 대한 연구로는 신광영 교수의 작업을 참고할 수 있습니다. 신광영, 《한국 사회 불평등 연구》, 후마니타스, 2013, 133~158쪽. 이 작업과 《88만 원 세대》를 비교해보면 이론적 연구와 정치적 기획 사이의 차이를 분명히 발견하게 됩니다.

의 문제' '그들의 문제'로 취급되던 것을 '나의 문제' '우리 모두의 문제'로 만들었으니까요. 이른바 '세대 담론'의 강점도 여기에 있습니다. 사회경제적 불평등에 의해 사회집단을 구별하면 현실에 대한 정확한 개념적 이해를 줄 수 있을지는 몰라도, 하위계층과 사회적 약자의 문제는 일반성을 획득하지 못한 채 그들의 문제로만 남습니다. 그들의 문제를 세대의 문제로 제기했을 때에야 비로소 해당 세대 전체의 문제로 인식될 수 있는 것이죠. 이것은 '헤게모니화hegemonizing'라 불리는 정치전략의 전형적인 사례입니다.

3) 마지막으로 이 책의 저자들은 "짱돌을 들어라"라고 외칩니다. 20대 인구집단 전체에 88만 원 세대라는 이름을 붙이고, '당신들은 88만 원 세대이니 저항해야 한다'고 요구하는 것입니다. 2015년에 출간된 장하성의 《왜 분노해야 하는가》의 결론도 크게 다르지 않죠. 이제 '정치적 행위 주체의 형성'이라는 책의 목적이 분명히 드러납니다. 앞의 두 단계 역시 이론적 분석이 아니라 이러한 정치적 목적을 향하고 있습니다.

흥미로운 점은 《88만 원 세대》가 '20대-88만 원 세대'라는 의미계열을 만들었지만, 대중은 이것을 '청년-88만 원 세대'라는 의미계열로 이해했다는 사실입니다. 애초에 이 책의 목적이 이론적 분석이 아니라 정치적 주체화였기에, '20대'라는 정확한 나이 개념보다 정치언어로 사용하기에 더 유리한 '청년'이 자연스럽게 결합한 것입니다. 결국, 이로부터 '청년은 실업과 저임금 불안정 노동으로 고통받는 세대'라는 전형적인 이미지가 탄생합니다. 이것을 다음과 같은 의미계열로 표현할 수 있습니다.

〈그림 1〉

실업, 저임금 불안정 노동 → 청년

방금 설명한 세 단계 중 핵심은 단연 두 번째입니다. 이 책의 저자들은 정치언어를 이용해 특수성을 일반성으로 전환하는 데 성공했습니다. 이러한 전환이야말로 최근 몇 년간 유행한 '세대 담론'과 '청년 담론'이 가진 힘의 원천입니다. 하지만 이런 일반화 과정이 또 다른 특수화를 동반한다는 사실에 주목해야 합니다. 예컨대 **저임금 불안정 노동자의 문제를 '청년세대 전체의 문제'로 일반화하는 과정은 그 문제를 '사회 전체의 문제가 아닌, 청년세대만의 문제'로 다시 특수화하는 과정이기도 합니다.** 일반성이란 상대적인 것입니다. 《88만 원 세대》의 성공 이후 실업과 불안정 노동은 '청년세대의 문제'라는 일반적 지위를 획득했지만, 사회적 보편성을 획득하는 수준까지는 나아가지 못했습니다. 오히려 '청년만의 문제'라는 또 다른 특수성이 강조되며 '기성세대가 청년들을 위해 무엇을 해주어야 하는가?'라는 시혜적 물음이 강화된 것이 사실입니다. 거기서 '불쌍한 청년의 호소'와 '꼰대의 훈계'라는 악순환이 시작됩니다. 특수성의 일반화가 또 다른 특수성으로 이어지는 이런 역설적 과정은 다음에 설명할 '청년에 의한 청년의 배제'라는 현상의 핵심 메커니즘입니다.

한편 《88만 원 세대》의 성과를 정반대의 방향으로 뒤집은 것이 김난도의 《아프니까 청춘이다》입니다. 이 두 책을 비교해보면 청년을 둘러싼 의미 투쟁의 기본 양상이 드러납니다. '88만 원 세대'라는 말은 〈그림 1〉의 의미계열을 강화하는 역할을 수행합니다. 즉, 저임금 불안정 노동과 각종 사회경제적 불평등을 청년이라는 정치언어의 의미로 고정하려는 것입니다. 이러한 시도를 다음 도식으로 표현하겠습니다.

〈그림 2〉

실업, 저임금 불안정 노동 → 청년
└┈┈┈┈┈ 88만 원 세대 ←┈┈┈┈┘

청년이라는 기호를 활용하려는 사람은 〈그림 1〉에서 성립한 '고통스러운 청년'이라는 이미지를 부정할 수 없습니다. 바로 그 이미지에서 '청년'의 힘이 나오기 때문입니다. 하지만 《아프니까 청춘이다》는 거기에 마법 같은 의미 조작을 해서 〈그림 3〉의 계열을 만들어 냅니다.

〈그림 1〉의 청년은 특정 나이대의 사회집단입니다. 물론 청년이라는 말에 실업과 불안정 노동이라는 사회경제적 조건을 결합한 것은 정치적 의미 조작이지만, 그 말은 여전히 사회집단을 지칭합니다. 하지만 김난도는 아예 그 사회집단에 청춘이라는 새로운 이름을 붙입니다. 청년을 청춘이라 고쳐 부를 수 있는 이

유는 앞서 설명했습니다. 청년이 인생의 한 시기를 의미하기도 하니까요. 결국 청춘이라는 새로운 이름을 얻은 집단에게 실업과 불안정 노동 같은 사회경제적 조건은 '성장에 동반되는 필연적 고통' 따위로 취급됩니다. 이렇게 《아프니까 청춘이다》는 일종의 종교적 내러티브로 귀결됩니다. '네가 지금 겪고 있는 고통은 성장을 위한 필연적 시련이며, 네가 어른이 되면 그 시련에 보답이 주어질 것'이라는 거죠. 천국에 도달할 그날을 위해 현세의 고통을 참고 견디라는 선지자의 말과 비슷하지 않나요?

〈그림 3〉

실업, 저임금 불안정 노동 → 청년 ┈┈┈→ 청춘 → 성장의 고통

하지만 여기서 중요한 것은 〈그림 2〉가 옳고 〈그림 3〉이 그른 게 아니라는 점입니다. 이 두 가지 의미계열은 서로 다른 수사적 표현일 뿐 옳고 그름의 대상도 아니고 어느 쪽이 더 타당한지도 말할 수 없습니다. 그 둘의 가치는 윤리성이나 합리성이 아니라 다음 두 가지 요소로 구별됩니다. 첫째, 의미계열이 추구하는 정치적 목적입니다. 〈그림 2〉는 특정 나이대 집단을 정치적 주체로 만들어 현실의 사회경제적 불평등을 해결하려는 정치전략이라 할 수 있습니다. '88만 원'은 청년이라는 정치적 주체와 불평등 문제 사이의 연관을 강화하는 수사적 장치입니다. 반면 〈그림 3〉에 내포된 정치적 목적은 청년과 현실의 사회경제적 불

평등을 분리하는 것입니다. 이것이 청춘이라는 말의 신비한 기능입니다. 이런 의미계열에 포섭된 사람은 불평등을 해소할 정치적 주체가 되는 길이 아니라 '청춘의 일시적 아픔을 이겨내고 어른으로 성장하는 길'을 선택하겠죠. 여기서 《아프니까 청춘이다》의 저자가 실제로 이러한 정치적 효과를 의도했는지는 중요치 않습니다. 〈그림 3〉의 의미계열은 한 사람의 정치적 기획이 아니라 책의 생산과 유통 과정에서 자연스럽게 창조되는 것이기 때문입니다.

둘째, 의미 투쟁의 승패입니다. 사전 강의에서 말했듯, "내 마음은 호수와 같다"고 하든 "우리 집 고양이의 마음은 호수와 같다"고 하든 수사적 표현에서 중요한 것은 '그럴듯하게 보이느냐'입니다. 즉 정치언어로 구성된 수사적 장치는 대중에게 그럴듯하게 보이기 위해 서로 경쟁합니다. 이것을 의미 투쟁이라고 불렀죠. 위의 두 가지 의미계열은 청년이라는 말을 자신의 계열에 포함하기 위해 투쟁합니다. 그럼 어느 쪽이 더 그럴듯하게 보였을까요? 당연히 《아프니까 청춘이다》입니다. 판매 부수에서 《88만 원 세대》가 비교 대상이 될 수 없을 정도니까요. 정치적 목적을 은폐하고 있는 〈그림 3〉이 의미 투쟁에서 승리한 것은 역설적이지만 당연합니다. 흔히 비정치적으로 보이는 정치언어가 더 큰 정치적 영향력을 행사하기 마련이니까요.

청년이라는 한 가지 말에 이렇게 이질적인 의미 조작들이 가능한 것은 그 말의 정치언어적 특성 때문입니다. 〈그림 1〉의 기본 계열은 '청년'의 활용 범위를 무한히 확대했습니다. 이제

"청년이 가장 힘든 세대니까……"라는 구절 다음에 별별 문장을 다 가져다 붙일 수 있습니다. "청년이 가장 힘든 세대니까, 기성세대는 청년을 위해 힘써야 한다" "…… 청년에겐 멘토가 필요해" "…… 청년은 그렇게 살면 안 돼" "…… 청년은 우리 당을 지지해야 한다" "…… 청년은 우리 책을 사야 해" "…… 청년은 우리 회사 신용카드를 써야 해" "…… 청년은 원래 아픈 거야" "…… 청년은 진보적이어야 한다" "…… 청년은 눈높이를 낮춰야 한다" 등등. 이제 어떤 사회적 논의가 대중에게 영향력을 행사하려면 좋든 싫든 '청년'의 무한 순환 속에 뛰어들어야 하는 상황이 시작된 것입니다.

'청년' '불평등' '경제': 정치언어의 진보 혹은 퇴보

여기서 잠깐 전략에 관한 이야기를 해볼까 합니다. '전략strategy'은 군사 용어로 인류 역사에 처음 등장했습니다. 고대 그리스에서 'strategia'는 군대 지휘관이나 지도부를 의미하는 말이었지만, 시대가 지나며 '전쟁의 기술' 일반을 뜻하게 됩니다. 즉, 전쟁의 목적을 수행하기 위한 일련의 절차와 계획을 전략이라 부른 것이죠. 하지만 현대인은 '정치전략'이라는 말도 사용합니다. 정치적 목적을 실현하기 위한 일련의 계획과 방법을 정치전략이라고 부르죠. (정치전략에 대한 사유는 '정치적인 것' 자체에 대한 새로운 관점을 제공해주었습니다. 그런 면에서 마키아벨리 사상의 독창성은 처음으로 정치전략에 대한 체계적인 작업을 남겼다는 점에서도 찾을 수 있습니다.)

사전 강의에서 말한 정치블록과 적대 전선의 형성은 정치 전략의 핵심 요소입니다. '우리 편'을 강화해 '상대 편'을 압도하는 것이 정치적 목적을 달성하기 위한 기본 조건이기 때문입니다. 그것을 위한 수단이 바로 정치언어죠. 따라서 정치언어의 좋고 나쁨을 판단하는 첫 번째 기준은 실효성입니다. 정치블록과 적대 전선 형성을 위해 효과적으로 작동할 수 있느냐는 것이죠. 두 번째 기준은 '개념과 매개되는 정치언어인가'입니다. 개념어의 영역이 매우 허약한 반면 정치언어는 과잉 생산되는 한국에서, 개념적 논의와 정치언어 활용 사이의 균형이 중요하기 때문입니다. 실제 사례를 분석하며 이 두 가지 기준의 정확한 의미를 설명하겠습니다.

2012년 대선에서 야권세력이 활용한 정치언어는 '반박근혜'와 '청년'이었습니다. 그 이후 2016년까지 치러진 몇 차례 선거에서도 야권세력의 전략은 크게 변하지 않았죠. 선거의 최종 목표는 반새누리당 혹은 반박근혜로 제시되었고, 야권 연대만이 이것을 실현하기 위한 정당 수준의 전략이었습니다. 여기서 유권자 대상 전략은 '청년'으로 요약됩니다. 선거 때면 청년 유권자의 투표율이 뜨거운 관심사가 되죠. 많은 사람이 지적하듯 20, 30대 유권자의 투표율 상승이 어떤 세력에게 유리한지는 확실치 않습니다. 그런데도 야권세력이 청년 투표율에 신경 썼던 것은 《88만 원 세대》의 "짱돌을 들어라"나 《왜 분노해야 하는가》의 "분노하라" 같은 주문 말고는 다른 정치전략이 없었기 때문입니다. 만일 청년 유권자에게 투표 참여를 강조한 이유가 단지 '시민의 권리 행사'를 위해서라면 50, 60대 미투표자는 놔두고 20, 30대 미투표자만 문제로 취급할 이유가 없겠지요. 결국 청년에게 투표를 요구하는 것은 "당신이 가진 시민의 권리를 행사하라"가 아니라 "당신은 청년이니 투표소에 가서 야당을 찍으라"는 말을 하려는 것입니다(그러다 선거에서 지면 청년 유권자에게 분노를 퍼붓죠).

그럼 앞서 말한 첫 번째 기준(실효성)에 따라 청년이 과연 정치언어로서 효과적인지 검토해보겠습니다. 이 말이 강력한 정치언어인 것은 확실하지만, 선거전략에 적합한지는 확실치 않습니다. 결과만 보면 2016년 총선 이전에 야권이 선거에서 승리한 적은 거의 없으니까요. 게다가 당시 야권이 청년을 정치언어로 선택한 것은 효과적이어서가 아니라 그것 말고는 다른 수단이 없었기 때문으로 보입니다. 두 번째 기준(개념과의 매개)에 따르면, 청년은 결코 좋은 정치언어가 아닙니다. 이번 강의 앞부분에서 설명했듯, 청년이라는 말과 《88만 원 세대》가 창조한 불쌍한 청년이라는 이미지는 개념적으로 정의될 수 없기 때문입니다. 경제민주화와 비교해서 이야기해볼까요? 2012년 대선에서 박근혜 후보 캠프가 들고나온 경제민주화는 내용 없는 정치언어입니다. 하지만 이 말은 개념의 영역에서도 다룰 수 있습니다. 경제민주화에 대한 정교한 이론을 만들고 그것에 기초한 정치 이념을 구성할 수 있다는 말입니다. '청년'을 정치 이념으로 삼는 정당은 출현할 수 없지만, 경제민주화는 정당의 이념과 가치가 될 수 있습니다. 만일 그렇게 되면 경제민주화에 대한 개념적 정의가 사회적 표준의 역할을 수행하고, 그것을 중심으로 정치언어적 변용이 가능해지겠죠. 개념과 정치언어의 이상적 매개가 이루어지는 것입니다.

이런 의미에서 2016년 20대 총선의 결과는 의미심장합니다. 야권 연대는 실패했고, 청년에게 호소하지도 않았는데 야권이 선거에서 승리했으니까요. 김종인을 영입한 더불어민주당은 경제민주화를 가장 중요한 정치언어로 사용했습니다. 물론 청년이 사라진 것은 아닙니다. '청년-청년 실업-불평등 해소-경제민주화……'라는 의미계열을 포기한 적은 없으니까요. 하지만 이 의미계열에서 핵심은 '청년'이 아니라 '경제'입니다. 청년 비례가 폐지된 것도 우연이 아닙니다. 청년이 선거전략의 핵심일 때는 구색 맞추기를 위해서라도 청년 비례를 뽑아야 했지만, 이젠 그럴 필요가 없어진 것이죠. 그럼 청년에서 경제로 정치언어가 변화한 것을 어떻게 평가해야 할까요? 방금 말한 바에 따르면 긍정적으로 평가할 수 있습니다. 청년과 달리 경제민주화는 적어도 개념언어와 정치언어의 영역을 매개할 수 있으니까요. 특히 경제민주화와 함께 '불평등'이 정치언어의 의미계열을 구성한 것은 매우 중요합니다. 현실 사회의 문제를 정확히 표현하는 개념언어가 주류 정치언어로 등장한 거의 최초의 사건이죠. 이는 그동안 진보 정당만 해오던 일입니다.

그러나 이런 긍정적 평가는 일면적입니다. 경제민주화가 좋은 정치언어가 되기 위해서는 반드시 개념언어로 정의되어야 하고, 이를 바탕으로 정치 이념과 가치로 자리 잡아야 합니다. 하지만 김종인 대표에게 경제민주화는 '탈이념'의 다른 이름입니다. '무의미한 이념 논쟁에서 벗어나 경제 문제를 해결하겠다'는 것이 이른바 '경제 선거' 전략이었죠(여전히 야권을 지배하고 있는 이런 경제 담론에 대해서는 세 번째 강의 마지막에서 다시 분석하겠습니다). 정당의 내적 정체성을 규정하는 것은 정치 이념과 가치이며, 이것은 반드시 개념으로 구성되어야 합니다. 말과 의미가 고정된 언어만이 체계적인 정체성을 구성하기 때문입니다. 경제민주화를 주장하면서 정치 이념을 거부하는 것은 결국 그것을 내용 없는 정치언어로만 사용하겠다는 말입니다. 따라서 '경제민주화'가 '청년'을 대체한 것을 긍정적으로 볼 이유는 사라집니다. 두 가지 말 모두 개념적 기초 없는 정치언어이기 때문입니다.

경제민주화를 주장한 야권이 2016년 총선에서 승리한 것을 기쁘게만 볼 수 없는 이유도 여기 있습니다. 선거가 진행될수록 '민주화'는 사라지고 '경제'만 강조되는 경향이 나타났는데, 이것이 우파 정치세력이 주장해온 '경제 성장 담론'과 얼마나 구별되는 것인지 아직 불명확합니다. 혹은 그러한 구별이 불명확했기에 더불어민주당이 승리한 것 아니냐는 의문도 가질 수 있죠. 한국 사회에서 경제는 전통적으로 우파세력의 정치언어였다는 점을 감안하면, 더불어민주당이 '경제 선거'를 주장하며 승리한 것을 김종인 대표의 보수화 전략이 성공한 것으로 평가할 가능성도 있는 것입니다. 만일 경제민주화라는 정치언어가 야권의 보수화를 의미하고, 그것이 청년이라는 야권의 기존 언어를 대체한 것이 선거 승리의 한 가지 요인이라면, 정당정치의 장래는 결코 밝지 않습니다. 개념의 부재라는 문제는 오히려 악화되고, 혁신적 정치언어가 등장할 가능성은 줄어들겠죠. 결국 청년, 불평등, 경제민주화가 모두 등장했던 2016년 총선 결과가 정치언어의 진보인지 퇴보인지는 좀 더 두고봐야 합니다.

마지막으로 우파 정치세력이 청년을 활용하는 방식을 잠깐 검토하겠습니다. 한국 사회의 우파 권력집단은 정치언어의 달인들로 가득 차 있습니다. 이들은 사회집단을 지칭하는 어휘를 조작하는 데 매우 능숙합니다. 이들의 단골 정치언어가 바로 '국민'입니다. 모든 것을 의미하지만, 동시에 아무것도 의미하지 않는 말이죠. 정치 공간을 채우는 거의 모든 문장에 '국민'이 들어가지만, 이 말의 정확한 지시대상이 무엇인지는 아무도 모릅니다. 말과 의미 사이의 관계가 극단적으로 유동적인 사례죠. 한편 주류권력은 고정된 의미가 강한 말을 아예 다른 것으로 교체하기도 합니다. 예를 들어 '노동자'를 '근로자'로 바꾸고, '이주민'이란 개념을 '다문화'라는 수사적 표현으로 대체하는 것입니다. 이런 측면에서 보면, 청년이라는 말과 고통받는 청년이라는 이미지는 우파권력이 활용하기에 유용한 도구를 제공합니다.

2015년을 달군 임금피크제 논란을 기억하시나요? 당시 박근혜 정부가 임금피크제 도입의 필요성을 주장한 근거는 청년일자리 증가였죠. 많은 사람이 지적하듯 '청년 일자리를 위해 임금피크제를 도입해야 한다'는 주장은 전혀 타당하지 않습니다. 하지만 당시 여론조사에서 임금피크제에 찬성하는 비율은

60~70퍼센트에 달했습니다. 이후에도 박근혜 정부는 '청년을 위해 노동 개혁이 필요하다'는 주장을 반복했습니다. 그 이유는 다각적으로 분석해봐야겠지만, 어쨌든 박근혜 정부는 《88만 원 세대》가 창조한 고통받는 청년이라는 이미지에 임금피크제를 결합하는 데 어느 정도 성공했다고 말할 수 있습니다. 물론 이것이 정치 투쟁의 최종 승리를 의미하는 것은 아닙니다. 2016년 20대 총선 이후 박근혜 정부가 원하는 노동 개혁 입법은 더 어려워 졌으니까요. 하지만 '청년-임금피크제'라는 의미계열 자체가 해체되었지는 다른 문제입니다. '정규직 노동을 유연화해서 청년 일자리를 만들자'는 정치언어의 조작이 여전히 대중의 의식에 영향력을 발휘한다면, 지금은 아니더라도 언젠가 다른 정치세력에 의해 활용될 가능성이 항상 열려 있습니다. 청년이 이른바 '진보 개혁세력'의 정치언어였던 것은 사실이지만, 우파 정치권력도 원하면 언제든지 그 말을 자신의 정치언어로 삼을 수 있다는 것을 기억해야 합니다.

3. 부를수록 배제되는 이름, '청년'

개념과 정치언어는 서로 다른 두 가지 언어가 아니라 한 가지 언어의 두 사용법입니다. 자유, 평등, 민주주의 같은 말이 엄밀한 이론적 개념으로도 사용되고 정치언어로도 사용되는 것처럼 말입니다. 개념이 논의의 표준을 제공한다면, 정치언어는 그런 표준을 적절히 변형하며 정치블록과 적대 전선을 형성하기 위한 도구를 제공합니다. 지금까지 살펴본 바에 따르면, '청년'은 개념으로는 사용되기 어렵고 오로지 정치언어로만 사용될 수 있는 말입니다. 청년이 사회 정책의 개념으로 쓰이는 것도 정책 내부의 필요성 때문이 아니라 그 정책을 실현할 힘을 정치적 수준에서 끌어오기 위해서였죠. 결국, 그 말을 쓰면 정책의 사회적 합의는 수월해지지만 정책 자체의 일관성과 합리성은 훼손됩니다. 누군가는 이게 그렇게 심각한 문제냐고 말할지도 모르겠습니다. 청년이라는 기호를 이용해 필요한 정치적 효과를 얻을 수 있다면 정책의 합리성은 어느 정도 무시할 수 있지 않겠냐는 것이지요.

하지만 정치언어로만 사용될 수 있는 말을 개념으로 사용하게 되면 직접적인 역효과가 발생합니다. 합리적으로 구성된 개념들의 체계 내에 청년이라는 말이 들어갈 자리가 없기에, 매번 '부록'처럼 취급되는 것입니다. 청년은 특수 범주로서 기존 범주와 다른 별도의 자리를 만들어야만 존재할 수 있는 것이 됩니다. 이 경우 특수 범주란 배제와 소외의 다른 이름이죠. 결국 청년은 한국 사회의 온갖 골칫거리를 은폐하는 일종의 '잡동사니 창고'처럼 기능합니다. 이것이 청년을 말하는 사람은 많지만 현실에서 나아지는 것은 거의 없는 이유입니다. 언어의 과잉에 비해 실질적 변화는 너무 빈약한 것이죠. 실제 변화가 언어를 따라가지 못해서가 아니라 언어의 과잉이 실제 변화를 가로막기 때문입니다. '청년' 기호가 청년을 배제하는 이런 역설적 효과를 이해하기 위해 이제부터 언론, 정당정치, 사회 정책이 세대 범주를 활용하는 방식을 살펴보겠습니다.

'청년 특별기획': 청년이라는 이름의 잡동사니 상자

'청년'은 최근 몇 년간 언론의 단골 소재였습니다. 도대체 언론은 청년 아니었으면 뭘로 먹고살았을까 궁금할 정도죠. 2016년

초에도 여러 언론이 비슷하지만 조금씩 다른 청년 기획을 선보였습니다. 그런데 그런 언론 기사들을 보면 한 가지 공통점이 있습니다. 대부분 '특별기획'으로 묶는다는 것입니다. 왜 청년 문제는 항상 특별기획의 대상일까요? 이번 강의 앞부분의 이야기를 떠올려봅시다. 청년 실업과 청년 주거 빈곤은 청년 문제가 아니라 실업 문제와 주거 빈곤층의 문제입니다. '헬조선'이 드러낸 것은 청년의 절망감이 아니라 한국 사회 전체를 규정하는 사회경제적 불평등이죠. 마찬가지로 사용자와 고객의 '갑질'에 고통받는 청년 노동자의 처지도 청년 문제가 아니라 불안정 노동의 문제로 파악해야 합니다. 언론이 이 문제들을 다룰 때도 두 가지 접근법이 가능합니다. 첫째, 청년 문제로 접근하거나 둘째, 주거 빈곤, 사회경제적 불평등, 불안정 노동 등의 문제로 접근하는 것입니다. 물론 이 두 가지 방법이 적절히 조화되는 것이 좋겠죠. 독자들의 관심을 환기하고 사회적 논의를 촉발하는 데는 첫 번째 방법이 유리합니다. 실제 문제를 정확히 파악하고 실현 가능한 해결책을 모색하기 위해서는 두 번째 방법을 택해야 합니다. 하지만 언론은 청년 문제로 접근하는 방식에 너무 편향되어 있습니다.

대부분의 언론은 경제, 정치, 사회, 문화, 국제, 연예, 스포츠 같이 컨텐츠를 분류하기 위한 기본 범주를 가지고 있습니다. '청년'은 이런 기본 범주에 포함되지 않는 특수 범주입니다. 지금 언론은 의도적으로 그런 특별 범주를 만드는 전략을 취하고 있습니다. 예를 들면, 홈페이지 상단 메뉴를 경제, 정치, 사회, 문화, 국제, 연예, 스포츠, '청년 특별기획' 식으로 구성하는 것입니다.

혹은 '신년 특별기획' 따위에서 청년 문제를 다루기도 합니다. 하지만 이런 방식의 효과는 이중적입니다. 한편으로 청년이라는 정치언어의 힘을 빌려 독자의 주의를 끌 수 있지만, 다른 한편으로는 청년 문제를 원래 존재하던 표준 범주에서 배제하게 됩니다. 청년이라는 꼬리표가 붙은 콘텐츠는 비표준 범주 혹은 특수 범주에 들어가는데, 이것은 사실상 '비정상 범주'로 기능합니다. 결국, 청년 문제는 가끔 한번 신경 쓰면 되는 주제 혹은 특별한 노력을 기울여야만 미디어 컨텐츠로 생산되는 주제쯤으로 취급됩니다. 청년이라는 특수 범주가 오히려 청년 문제를 주류에서 배제하는 효과를 가져오는 것입니다.

정당의 각종 청년할당 역시 이런 논리에 기대고 있습니다. 2012년 19대 총선 당시 민주통합당의 청년 비례대표로 두 사람이 국회에 들어갔습니다. 그해 대선에서 문재인 후보 캠프는 청년위원회를 따로 꾸리기도 했죠. 새누리당도 혁신위원회 위원장에 청년을 포함했습니다. '청년 문제를 해결하기 위해 당직과 공직의 일정 비율을 청년 정치인으로 채운다'는 발상입니다. 일종의 청년 정치인 할당제라고 부를 수 있겠습니다. 하지만 청년 문제를 해결하기 위해 청년 정치인이 필요하다는 생각은 조금만 들여다봐도 이상하다는 것을 알 수 있습니다. 각 정당이 가장 심각하다고 평가하는 문제가 청년 실업과 불안정 노동인 것인데, 이것은 비례대표 초선 의원이 해결할 수 있는 게 아닙니다. 물론 나이가 젊은 청년 정치인이 자신의 목소리를 내면 도움은 되겠지만 그게 문제 해결의 결정적 요소는 아닙니다. 오히려 그 문제를 해결하려는 적극적 의지를 가진 실업, 노동 분야의 전문가와 정당 차원의 적극적 지원이 더 필요하죠. **"청년 문제는 청년 정치인이 해결해야 한다"는 말은 "청년 문제는 청년 정치인에게 맡겨놓고 당과 해당 분야 전문가는 손대지 않겠다"는 말과 별반 다르지 않습니다.** 이번에도 청년 문제는 청년 정치라는 이름의 특수 범주에 한정되며 정당의 기본 임무에서 배제되는 것입니다.

선거 때마다 청년 정치인 이미지가 만들어지는 과정에서도 비슷한 상황이 반복됩니다. 언론은 젊은 정치인에게 의례적으로 청년 정책에 관해 물어봅니다. 나이가 젊은 후보자 중에는 어떻게든 자신의 이미지를 청년 정치인으로 만들어보려는 사람도 있습니다. 하지만 '청년 정치인이 청년을 대변한다'는 것이 과연 타당한 주장인지 생각해볼 필요가 있습니다. 앞서 길게 설명했듯 '공동의 이해관계를 공유하는 청년 유권자'는 결코 정치적 대의 행위에 앞서 존재하지 않습니다. 오히려 청년이라는 정치언어에 의해 청년이라는 이름이 붙은 유권자집단이 태어나는 것이죠. 따라서 청년 정치인이 청년세대를 잘 대변할 수 있는지가 아니라 특정 선거 국면에서 청년을 정치언어로 사용하는 게 과연 효과적인지가 문제입니다.

설사 청년 유권자라는 집단이 그 이름에 앞서 존재한다고 해도, 청년 정치인이 청년 유권자를 대변해야 한다는 생각이 과연 대의민주주의 원리에 부합하는지도 생각해봐야 합니다. 나라마다 의회 정치가 발전해온 역사는 모두 다르고, 중앙정부의 의원이 누구를 대변해야 하는지에 대한 견해도 다양합니다. 예컨대 지역구 의원은 지역 유권자의 이해와 전체 유권자의 일반적 이해 사이에서 다양한 위치를 택할 수 있습니다. 노동운동 출신 의원이 노동자의 목소리를 먼저 대변하는 것은 당연한 일이죠. 하지만 정치인이라면 국가 차원에서 유권자 전체를 대변하는 역할도 함께 수행해야 합니다. 마찬가지로, 청년 정치인의 역할을 단지 청년의 목소리를 국회에 전달하는 것으로 본다면 그건 국회의원의 가장 기본 임무를 무시하는 것입니다. 19대 국회에서 청년비례로 선출된 김광진 의원은 국회 국방위원회에서 활발히 일했는데, 청년비례라는 이유로 그에게 국방 관련 문제가 아니라 청년 정책을 물어보는 것은 이상한 일입니다. 청년 정책은 청년 정치인이 아니라 관련 상임위원회 의원들에게 물어봐야지요.

20대 총선에서 청년 정치인이 사라졌다는 사실은 과거 총선의 청년 정치인 영입이 선거를 위한 '청년 특별기획'일 뿐이었다는 것을 보여줍니다. 결국 청년이란 있으면 좋지만 없어도 상관없는 것이죠. 그렇다고 청년 정치인이 사라진 상황을 비판하려는 것은 아닙니다. 청년 정치인이라는 존재가 청년 문제 해결의 필연적 조건은 아니기 때문입니다. 20대 총선에서 문제가 되는 것은 정치인의 생물학적 나이보다 시민의 정치적 권리입니다. 국회의원이 되기 위한 '스펙'은 높아져가는데 극소수의 시민만이 그런 조건을 충족시킵니다. 이렇게 선거권자와 피선거권자가 분리되고, 새로운 정치세력의 등장이 아예 불가능한 지경에 이르고 있습니다.

마지막으로 청년 정책의 경우를 살펴보겠습니다. 이 주제에 대해서는 앞서 여러 차례 이야기했으니 여기서는 결론만 정리하겠습니다. 우선 청년 정책은 실제 문제를 해결할 수 있는 정책 범주가 아닙니다. 청년 실업을 해결하려면 일자리의 양과 질이 대폭 개선되어야 하고, 소수의 안정된 일자리와 다수의 불안정 일자리로 양극화된 노동시장 문제가 해결되어야 합니다. 이것은 청년 정책이라는 범주에 담을 수 없는 과제입니다. 중앙정부의 경제 정책과 노동 정책 수준에서 국가 차원의 자원이 투입되어야만 해결책을 모색할 수 있습니다. 청년 주거 문제도 국가 차원의 부동산 정책이 개입하지 않는다면 절대 해결되지 않습니다. 이런 과제를 청년 정책이라는 특수 정책 범주에 분류하면 청년 문제를 위한 최소 자원과 정치적 효과는 얻을지 몰라도, 문제의 실제 해결에 필요한 조건은 결코 충족시킬 수 없을 것입니다.

그 다음으로, 청년 정책은 시혜적 복지 정책의 틀에서 벗어나기 어렵습니다. 예를 들어 빈곤은 특정 나이대의 문제가 아닙니다. 심각한 빈곤 상태는 전 연령층에 걸쳐 존재하기 때문이죠. 그렇다면 빈곤집단 전체를 사회 정책의 대상으로 놓고 그 안에서 나이대별 정책을 설계하는 게 맞습니다. 그런데 만약 전체 인구집단을 위한 빈곤 대책 없이 20대 빈곤층을 대상으로 한 정책을 따로 설계하고 그것을 청년 정책이라는 범주로 분류한다면, 시혜적 복지의 성격을 피할 수 없습니다. 즉 합리적 근거 없이 '특별히 신경 써주는 것'이 돼버립니다. 많은 복지 정책이 국가 재정을 이용한 '불우이웃 돕기'처럼 이해되는 것도 그런 맥락입니다. 사회 서비스에 접근할 권리 자체가 인정되지 않는 것입니다. 복지 정책 일반이 이러한데 합리적 이유 없이 특정 나이대 대상의 복지를 시행하면 이런 시혜적 성격은 더욱 강화될 것입니다. 정책 수혜자의 권리가 인정되지 않는 상황에서 사회 서비스를 받기 위해 '불쌍한 청년'으로 보여야 하는 악순환이 반복됩니다.

언론, 정당정치, 사회 정책이 함께 만든 청년 특별기획에서 '청년'은 마치 잡동사니에 붙이는 딱지처럼 취급됩니다. **골치 아픈 문제들에 청년이란 딱지를 붙이고, 잡동사니 상자에 몽땅 집어넣은 후 뚜껑을 덮어버리는 겁니다.** 실업, 저임금 불안정 노동, 주거 빈곤 모두 그런 식으로 다뤄집니다. 이런 문제를 사회적 표준에 따라 분류하는 것이 아니라 청년 문제라는 이름의 상자 속에 쏟아 넣으면 그만입니다. 심지어 명백하게 청년 딱지를 붙이기 힘든 문제도 이렇게 취급됩니다. '헬조선'과 '흙수저'는 한국 사회 전체의 극단적 불평등을 표현하는 말입니다. 그런데 이것을 '청년세대의 인터넷 문화'와 연결짓고, 다시 청년이라는 딱지를 붙여 잡동사니 상자에 넣어버립니다. 결국 심각한 사회경제적 불평등은 사회 전체가 아니라 특정 세대의 문제로 한정됩니다.

그 상자는 다시 청년이라는 이름이 붙은 관리자에게 맡겨집니다. 청년운동 단체, 청년 정치인, 청년에 관련된 행정 부서들, 청년 언론 등. 그들에게는 적당한 자원이 지원되지만 그걸 관리하는 일은 반드시 '혼자 알아서' 해야 합니다. 상자 안의 골칫덩어리를 꺼내 사회의 관심을 요구하면 '조언과 멘토링'이라는 이름의 훈계가 쏟아집니다. 모두가 청년을 염려하고 때로는 칭송

하지만, 잡동사니 상자는 한국 사회 한쪽에 치워진 채 청년만의
공간으로 남습니다.

물론 이런 잡동사니 상자의 기능은 이중적입니다. 만약 이
것마저 없다면 청년이라는 이름 아래 진행되는 다양한 사회 활
동과 사회 정책의 자리마저 사라지겠죠. 그래서 많은 사람이 청
년의 독자적 영역을 확보하기 위해 노력했습니다. 그 결과 사회
운동 영역에서는 다양한 형태의 청년 단체가 만들어졌습니다. 정
당에서는 공직과 당직의 일부를 청년에게 할당하려는 노력이 있
었고, 일부 지방정부는 청년 기본 조례를 만들었습니다. 서울시
는 청년을 위한 활동 공간을 만들고 청년보장 같은 정책을 위해
예산을 따로 편성하기도 합니다. 그러나 이런 전략이 '청년'이라
는 한계를 벗어나는 시도와 결합되지 않는다면, 결국 잡동사니
상자의 관리자만 행복할 것입니다. 정책 결정권자는 청년을 위해
노력한다고 선전할 수 있으니 좋고, 담당 공무원은 주어진 예산
으로 시키는 일만 하면 되니까 좋고, 청년 활동가는 청년 정책으
로 확보된 예산 중 일부를 지원받을 수 있으니 좋겠죠. 하지만 정
작 청년 실업자와 불안정 노동자의 고통은 계속될 것입니다.

그럼에도 불구하고 '청년': 정치전략의 가능성

지금까지 살펴본 바에 따르면 청년은 개념으로 사용될 수 없을
뿐 아니라 정치언어로 사용될 때마저 심각한 역효과를 발생시

킵니다. 누군가는 "그럼 청년 담론을 해체하자는 것이냐"고 반문할지도 모르겠습니다. 그러나 이 물음에 대한 답은 그럴 수 없고 그래서도 안 된다는 것입니다. 이유는 간단합니다. **정치언어는 정치 행위자 마음대로 선택하는 것이 아니기 때문입니다.** 정치언어로 사용하는 말은 스스로 힘을 발휘합니다. 이를테면 경제라는 말의 힘은 역사적으로 형성된 것입니다. 그 말 자체에 사회적 기억이 응축되어 있습니다. 정치적 행위자가 그 말에 원하는 의미를 접합할 수는 있지만 말의 힘을 인위적으로 폐기하는 것은 불가능합니다. 청년도 마찬가지입니다. 이 말은 지난 20년간 악화되어온 한국의 사회경제적 불평등을 상징합니다. 따라서 정치적 행위자의 지속적 노력이 청년이라는 말의 힘을 약화하거나 강화할 수는 있어도 어느 날 단번에 다른 정치언어로 대체하는 것은 불가능합니다.

앞서 사회 정책이 청년 불안정 노동을 해결하려면 청년 문제가 아니라 노동 문제로 규정해야 한다는 것을 이야기했습니다. 그럼 정당과 사회운동 단체 역시 그것을 청년이나 세대 문제로 제기하면 안되는 걸까요? 결코 그렇지 않습니다. 그동안 실업, 불안정 노동, 빈곤 등을 청년 문제로 제기한 이유는 정치적 힘을 얻기 위해서였습니다. 문제 해결을 주도할 정치세력이 허약한 상황에서 '노동'보다 강력한 정치언어인 '청년'을 선택할 수밖에 없었던 것입니다. 물론 실업과 불안정 노동은 고용 및 노동 정책의 대상이어야 하지만, 그런 정책을 추진할 정치적 힘을 확보하기 위해서는 '청년' 같은 정치언어가 필요합니다. 결국 '청년'은 양날의 칼입니다. 그 말을 사용할수록 실제로는 청년이 배제되는 역효과가 발생한다는 것을 알면서도 강력한 정치적 무기이기에 포기할 수 없습니다. 일종의 딜레마에 빠지는 것입니다.

청년이라는 말을 포기하지 않는 한, 이런 딜레마는 해결 불가능합니다. 이를 해결하기 위해서는 단기적, 장기적 차원 모두의 접근이 필요합니다. 단기적으로는 그 정치언어에서 발생하는 혼란과 역효과를 최소화하는 한편, 장기적으로는 문제 해결을 위한 새로운 정치언어와 사회적 논의 토대를 모색해야 합니다. 먼저 단기적 과제를 검토해보면, 여기에 필요한 것은 다름아닌 '정치전략적 관점'입니다. 앞서 정치전략이란 정치적 목적을 실현하기 위한 일련의 계획과 방법이라고 이야기했습니다. 이때 '일련의 계획과 방법'의 핵심 요소가 바로 정치언어입니다. **일단은 정치적 목적과 정치언어라는 정치전략의 두 가지 요소에 집중해보겠습니다.**

정치언어는 정치적 목적에 종속됩니다. 정치전략 자체가 정치적 목적의 달성을 위해 존재하는 것이기 때문입니다. 여기서 유의할 점은 정치적 목적을 엄밀히 정의된 개념으로 표현해야 한다는 것입니다. 정치전략이 향하는 최종 목표가 애매모호한 말로 정의되어서는 안 되겠죠. 따라서 가장 먼저 이런 질문을 던져야 합니다— 청년이란 정치언어를 이용해 실현하려는 정치적 목적은 무엇인가? 도대체 무엇을 위해 청년을 활용하는가?

(청년에 대한 일반적 관점과 정치전략적 관점이 여기서 구별됩니다. 만일 청년을 분석한 이번 강의 내용이 생소하게 느껴진다면 이러한 관점 차이 때문일 것입니

다.) 정치적 공간에서 청년을 말하는 모든 사람은 각자 정치적 목적을 갖고 있습니다. 박근혜 정부는 노동 개혁을 위해, 각 정당은 선거 승리를 위해 '청년'을 활용했습니다.

우리 강의에서 제안하는 정치적 목적은 '실업과 불안정 노동의 실질적 해결'입니다. 물론 이런 목적을 위해 청년을 정치언어로 활용하는 사람은 이미 많습니다. 하지만 전략적 관점을 가진 사람은 별로 없는데, 특히 '무엇을 위해' 청년을 말하는지 분명치 않은 경우가 다수입니다. **청년은 정치언어이지 결코 정치적 목적이 아닙니다.** 개념으로 사용될 수 없는 말이므로 정치적 목적을 표현할 수 없는 것이죠. 결국 청년을 정치언어로 사용할 때 발생하는 역효과를 최소화하려면 정치적 목적에서 청년이라는 말을 제거해야 합니다. 예를 들어 '평등한 인간의 권리'라는 말은 정치적 목적을 표현하는 개념으로도, 대중에 정치적 힘을 행사하는 정치언어로도 사용됩니다. 따라서 '평등한 인간의 권리 보장'이라는 목적을 위해 '평등한 인간의 권리'라는 정치언어를 활용할 수 있습니다. 반면 최근 사회운동 영역에서 '청년을 위해'를 활동 목적으로 밝힐 때가 있습니다. 그러나 청년은 개념이 아니므로 고정된 정치적 목적을 표현할 수 없고, '청년을 위한' 정치 전략 역시 불가능합니다. 청년은 정치언어로만 활용될 수 있습니다. 청년이 정치적 목적의 자리를 차지하게 되면 정치전략 전체의 방향이 흔들립니다. 따라서 '실업과 불안정 노동의 해결을 위해 청년을 정치언어로 활용하겠다'는 형식을 활용하는 정치전략이 필요합니다.

청년을 정치적 목적에서 제거하고 정치언어에 한정해도 여전히 문제는 남습니다. 정치적 목적과 정치언어가 달라진다는 것입니다. 즉 '실업과 불안정 노동의 해결'이라는 정치적 목적을 '청년'이라는 상이한 정치언어로 표현해야 하는 문제가 발생합니다. **이로 인해 정치적 주체 역시 정치언어와 정치적 목적 사이에서 분열됩니다.** 정치적 목적을 추구하는 주체는 '실업과 불안정 노동 문제를 해결하려는 사람'이지만, 정작 자신의 정체성을 청년으로 규정해야 하는 것입니다. 정치적 주체의 이런 분열은 현실에서 쉽게 발견됩니다. 불안정 노동자 조직인 '청년유니온'과 주거권운동 단체 '민달팽이유니온'이 노동운동과 주거권운동의 주체가 아니라 '청년 단체'라 불리는 것이 대표적입니다. 19대 국회 환경노동위원회와 국방위원회에서 활동한 장하나, 김광진 의원도 전문성을 가진 국회의원이 아니라 '청년 정치인'으로 인식됩니다. 청년을 정치언어로 사용하는 한, 이런 정체성의 분열은 불가피합니다. (방금 말한 '평등한 인간의 권리'처럼 개념을 정치언어로 사용하면 이런 문제가 발생하지 않습니다. 개념과 정치언어의 간격이 좁을수록 정치전략의 혼란은 줄어듭니다. 예컨대 사회주의자 샌더스Bernie Sanders는 사회주의의 실현을 위해 '사회주의'를 정치언어로 활용합니다. 정치적 목적, 정치적 주체, 정치언어 모두 사회주의로 표현되는 것이죠.) 이런 분열을 해소할 방법은 없습니다. 정치적 목적과 정치언어 사이에 적절한 자리를 찾아 균형을 유지하는 게 전부입니다. 이 문제를 해소하려고 애쓰는 것보다 차라리 청년이라는 정치언어의 효과적 활용에 집중하는 편이 낫습니다.

사전 강의에서 말했듯, 정치언어의 기능은 의미계열을 구성함으로써 정치블록과 적대 전선을 형성하는 것입니다. 간단히 말해 '그들'과 '우리'를 구별하고 '우리'의 힘을 키우는 데 사용됩니다. 《88만 원 세대》와 《아프니까 청춘이다》, 박근혜 정부와 각 정당들은 이미 의미 투쟁의 장에서 각자의 방식으로 '청년'을 활용하고 있습니다. 앞서 이들이 만든 다양한 형태의 의미계열을 분석했죠. 결국 문제는 '누가 더 잘하느냐'입니다. 그러나 세상에 '정치언어를 잘 활용하는 비법' 같은 것은 없습니다. 사전에 정해진 절차나 방법을 충실히 따라간다고 성공하는 게 아니라는 말입니다. 주어진 정세에서 어떤 말을 정치언어로 선택하고 어떤 의미계열을 만들지는 마키아벨리가 '여우의 교활함'이라 불렀던 자질에 의존합니다. 그것의 성공 여부는 포르투나fortuna의 영역에 속합니다. 청년이라는 정치언어를 성공적으로 활용하는 것은 여우의 교활함을 가지고 포르투나가 지배하는 세상을 헤쳐나가는 일입니다.[13]

여기서 정치언어는 정치적 기술이나 도구가 아니라는 점에 유의해야 합니다. 예컨대 여론 분석 전문가는 정교한 기술과 도

---

13 제18장 〈군주는 어디까지 약속을 지켜야 하는가〉, 니콜로 마키아벨리, 《군주론》, 강정인·김경희 옮김, 까치, 2008. 마키아벨리는 사자의 힘과 여우의 교활함을 비교합니다. 이런 비교의 기원은 고대 그리스까지 거슬러 올라갑니다. 고대 그리스인은 '아킬레우스의 힘bie'과 '오디세우스의 교활함mētis'을 비교합니다(L. Freedman, *Strategy: A History*, Oxford university press, 2013, p.23). 여우나 오디세우스가 상징하는 정치인의 자질은 동아시아권에도 생소하지 않습니다. 우리는 지금도 삼국지에 등장하는 제갈량의 능력을 정치인의 필수 자질로 간주하니까요. 포르투나에 대해서는 《군주론》의 〈용어 해설〉을 참고하세요 (189~192쪽).

구를 이용해 여론의 추이를 분석하고 예측합니다. 선거 컨설턴트는 득표를 위한 언어를 만들어내죠. 물론 이들의 활동은 정치전략의 중요한 부분을 차지합니다. 정치전략의 개념적 기원도 '정치의 기술art of politics'에 있으니까요. 하지만 도구와 기술이 정치전략 자체를 대체할 수는 없습니다. (최근 남용되는 '프레임'이란 말에서도 정치 기술의 활용이 정치적 행위를 대체할 수 있다는 믿음이 드러납니다.) 무엇보다도 기술과 도구의 관점에서는 위에서 분석한 정치적 주체의 문제를 다룰 수 없기 때문입니다. 선거 컨설턴트가 청년을 활용한 선거전략을 구상할 수는 있습니다. 이때 청년이라는 말과 그 말을 하는 사람은 분리됩니다. 도구와 도구 사용자가 떨어져 존재하는 것과 같습니다. 하지만 정치언어는 그것을 말하는 사람과 구별되지 않습니다. 청년을 정치언어로 활용한다는 것은 자신을 청년으로 규정한다는 말입니다. 만일 정치언어를 정치적 도구로 간주할 수 있다면, 그것은 사용자에게 일방적으로 이용당하는 도구가 아니라 그에게 정체성을 부여하는 도구입니다. 청년을 정치적 주체와 분리된 언어적 도구로 인식한다면 위에서 말한 정체성의 분열을 관리할 방법 역시 찾을 수 없을 것입니다.

공감은 어떻게 가능한가: '불쌍한 청년'에서 권리 주장으로

청년을 정치언어로 사용할 때 발생하는 딜레마를 정치전략 수준에서 적절히 관리하는 것은 단기적 처방입니다. 그 정치언어를 계속 사용하는 한 정치적 주체가 분열되는 것은 피할 수 없습니다. 사회적 차원에서는 청년의 불쌍함을 증명해야 하는 상황이 반복됩니다. 앞서 설명했듯 청년은 '불쌍한 청년' 이미지에서 태어난 정치언어입니다. 이 말의 기능은 실업, 불안정 노동, 빈곤의 고통을 강렬히 드러내는 것이었죠. 지금도 언론의 청년 특별 기획은 이들의 열악한 사회경제적 상황을 폭로하는 데 집중합니다. 하지만 지금 누군가 고통을 호소하면 여기저기서 '너만 힘드냐, 내가 더 힘들다'는 외침이 터져나옵니다. 타인의 침묵이 자신의 고통을 보상해주기라도 하는 것처럼 말입니다. 자신이 더 불쌍하다는 것을 인정받기 위한 투쟁, 불쌍함을 드러내기 위한 약자의 경쟁이 사회를 지배합니다. 청년을 계속 정치언어로 사용하려면 그런 경쟁에 뛰어들어 '내가 더 불쌍하다'고 외쳐야 하는 것입니다. 청년유니온의 '아프면 아프다고 소리질러라'는 《아프니까 청춘이다》에 대한 가장 현명한 응답이었지만, 한국 사회는 아프다고 소리 지르는 사람에게 '더 아픈 사람이 많으니 침묵하라'고 요구합니다.

청년이란 정치언어는 '공감의 논리'에 기초합니다. 열악한 사회경제적 상황을 드러내고, 그에 대한 공감을 일반화하는 것이 이 말의 목적이죠. 이상적 정치언어는 인간의 이성뿐 아니라 감정의 수준에서도 작동해야 합니다. 합리성과 공감 모두를 자기 논리로 수용해야 한다는 말입니다. 하지만 청년은 합리성 없는 공감의 언어, 즉 개념적 정의 없이 '불쌍한 청년' 이미지만 재생산하는 정치언어입니다. 그런 이미지에 공감하는 사람 못지 않게 '너만 힘드냐, 내가 더 힘들다'는 식으로 답하는 사람이 많습니다. 흔히 이 문제를 공감의 부재로 이해하고 공감의 회복을 해결 방법으로 제시합니다. 특히 세월호 참사 이후, 많은 사람이 사회적 공감의 필요성을 더욱 절실히 느끼고 있는 상황이죠. 그러나 과연 공감의 부재가 진짜 원인일까요? 모든 사람이 이른바 '공감 능력'을 갖추면, 고통받는 사람에게 침묵을 요구하는 비극이 사라질까요?

먼저 공감이 무엇인지 생각해봅시다. 사전적 의미는 '감정이나 느낌, 생각을 공유하는 것' 정도일 겁니다. 고통받는 사람을 보면 같이 아파하고, 슬픔이나 기쁨을 함께 나누는 게 공감이겠죠. 그런데 사실 감정은 개인의 가장 내밀한 경험입니다. 내가 타인의 감정을 공유한다는 건 그의 내적 경험을 이해하고 내 경험으로 받아들이는 것입니다. 이렇듯 각자의 개체성을 넘어 하나의 감정을 공유하는 상태가 공감인데, 이런 일이 정말 가능할까요? 예를 들어 내가 느끼는 신체적 고통을 타인이 이해하고 공감할 수 있을까요? 내가 가족을 잃은 슬픔으로 고통받을 때 혹은 원하던 바를 이뤄 한없이 기쁠 때, 타인이 나의 슬픔이나 기쁨을 함께 느낄 수 있을까요? 여기에는 여러 철학적 물음이 들어있습니다— 감정은 단지 개인의 심리 상태인가 아니면 집단의 상태인가? 타인의 내적 경험에 도달하거나 그것을 이해하는 것이 가능한가? 가능하다면 어떤 매개를 통해야 하는가? 매개를 통한 공감을 과연 진정한 공감이라 할 수 있는가? 내가 타인과 비슷한 경험을 했다면 그의 감정을 이해할 수 있는가? 타인의 내적 경험을 직접 파악하는 것도 가능한가? 이런 물음들을 고려하면서 공감에 대한 일반적 이해를 살펴보겠습니다.

우리는 흔히 나와 타인의 공통 경험이 공감을 가능케 한다고 믿습니다. 내가 타인과 비슷한 일을 겪었으니 그를 이해한다고 생각하는 겁니다. 고통스러운 경험일수록 더 그렇습니다. 가족 잃은 슬픔은 가족을 잃어본 사람만 이해한다고 하지요. 이것은 일종의 '매개적 공감'입니다. 나와 타인의 비슷한 경험을 매개로 삼아 타인의 내적 경험에 접근하는 방법이기 때문입니다. 이때 나는 타인의 감정에 직접 접촉하는 게 아니라 그의 경험과 비슷한 내 기억을 떠올립니다. 그리고 '내가 그때 이러한 감정을 느꼈으니 지금 그 사람도 그럴 것이다'라고 짐작하죠. 여기서 중요한 건, **내 머릿속에 떠오르는 게 타인의 감정이 아니라 나 자신의 경험과 기억이라는 사실입니다. 내가 바라보는 나 자신의 모습을 통해 타인의 감정을 그려보는 것입니다. 거울에 비친 내 모습을 보며 타인을 이해하려는 것과 마찬가지입니다. 이것은 내 경험을 매개로 삼아 타인과 공감하려는, 일종의 나르시시즘입니다.**

이처럼 비슷한 경험을 매개로 삼는 공감이 한국 사회의 일반적인 위로 방식입니다. 내가 힘겨운 일을 겪고 있을 때, 비슷한 경험을 가진 사람이 나를 이해하려고 노력한다는 사실 자체가 큰 위로가 되니까요. 적어도 내가 혼자가 아니라는 것을 알려줍니다. 하지만 이런 나르시시즘적 공감은 몇 가지 위험을 내포합니다.

첫째, 나와 타인의 감정을 매개하는 것은 여전히 나의 경험입니다. 따라서 내 경험이 매개의 기능을 잃으면 공감도 중단됩니다. 지난 세월호 참사 직후 많은 사람이 자신의 경험을 바탕으로 피해자의 고통을 이해했습니다. 대부분은 '피해자의 고통'에 대응하는 고유한 자기 기억을 가지므로, 그것을 통해 참사 피해자의 고통을 짐작하는 것입니다. 그런데 진상 규명을 둘러싼 피해자와 정부의 갈등이 시작되자 공감의 고리가 끊어지기 시작했습니다. 청와대로 행진하는 피해자의 모습이 사람들의 기억 속에 형성된 피해자의 이미지와 어긋났기 때문입니다. 결국 피해자는 사회적 공감을 얻기 위해 사람들이 생각하는 피해자의 일반적 이미지에 자신을 끼워맞춰야 하는 상황에 직면합니다. 이것이 바로 나르시시즘적 공감의 필연적 결과입니다. 타인의 고통이 나의 경험을 벗어나는 순간, 공감은 불가능해집니다.

둘째, 나의 경험을 바탕으로 타인의 내적 감정을 이해하는 것은 '내가 해봐서 아는데……'라는 논리로 이어지기 쉽습니다. 우리가 타인의 감정을 존중하는 것은 그것이 그의 고유한 내적 경험이기 때문입니다. 나의 경험이 아니고 내가 잘 아는 것이 아니기에 함부로 평가하고 개입해서는 안 됩니다. 그런데 나와 타인의 경험이 같고 내가 그의 고통을 잘 안다고 믿으면, 존중의 이유가 사라집니다. 산업화세대가 청년세대에게 훈계를 늘어놓는 이유는 그들이 실제로 어려운 시대를 살았기 때문입니다. 자신과 타인의 고통스러운 경험이 비슷하다고 믿고 타인의 감정에 쉽게 개입하는 것입니다. 앞서 말한 '너만 힘드냐, 내가 더 힘들다'는 논리도 여기서 나옵니다. 한국의 불안정 노동자 대부분이 비슷한 경험을 갖고 있습니다. 타인이 어떤 상황에서 살고 있는지 잘 알고 그런 고통을 자신도 겪는다고 믿죠. 충분히 공감하기에 타인과 내 고통이 다르지 않다고 생각합니다. 하지만 그런 만큼 그의 내적 경험에 대한 존중은 사라지게 됩니다. 고통받는 사람들의 상호 존중과 연대는 완전한 공감의 불가능성을 인정하는 것에서 출발합니다. 내가 이해했다고 믿는 그의 경험이 사실은 거울에 비친 나의 경험이라는 것을 깨닫고, 아무리 노력해도 서로를 완전히 파악하지 못한다는 사실을 인정할 때 오히려 타인을 이해하려는 노력을 계속할 수 있습니다.

셋째, 비슷한 경험이 공감의 조건이라는 것은 곧 경험을 공유하지 않는 사람 사이의 공감이 불가능하다는 말입니다. 소수자에 대한 차별과 폭력에 한국 사회가 반응하는 방식을 봅시다. 남성 상당수가 성폭력과 성차별로 인한 여성의 고통을 이해하지 못합니다. 타인의 고통을 이해하는 거의 유일한 방식이 자신의 비슷한 경험을 찾는 것인데, 폭력과 차별에 노출된 여성의 경험에 적용할 수 있는 자기 경험을 찾지 못하기 때문입니다. 결국 여성의 고통스러운 경험을 이해 불가능한 것으로 버려두거나 완전히 엉뚱한 자기 경험을 불러오게 됩니다. 성폭력 피해 여성을 '성폭력 피해자'가 아니라 '남성의 딸, 아내, 여자친구' 따위로 고쳐 부르는 것이 대표적인 사례죠. 피해자 여성의 고통을 남성의 경험에 연관 지을 방법이 이것밖에 없기 때문입니다. 여기서 나르시시즘적 공감의 위험이 분명히 드러납니다. 고통에 대한 사회적 공감을 얻기 위해 소수자가 다수자의 경험에 맞춰 자기 고통을 가공해야만 하는 것입니다.

　마지막으로, 공감의 대상에서 배제된 사람이 필연적으로 존재합니다. 공감의 필요성을 강조하는 사람은 많지만 세상 모든 인간이 공감의 대상에 포함되지는 않습니다. 공감의 범위는 대체로 한국 사회에 제한됩니다. 지금도 전 세계에서 무고한 사람이 죽어갑니다. 미국과 유럽에는 테러가 끊이지 않고, 시리아 난민의 희생은 계속됩니다. 아프리카에서는 무장집단이 민간인을 납치하거나 살해하고, 남아메리카의 많은 나라들이 국가와 범죄집단의 폭력에 고통받고 있습니다. 다른 나라들에서 일어나는 폭력과 죽음은 한국에서 외신 기사의 주제일 뿐 사회적 공감의 대상이 아닙니다. 그럼 이들의 죽음과 고통에 공감하지 않는 것도 '공감 능력'의 결핍일까요? 그렇게 생각하는 사람은 많지 않을 겁니다. 개인의 경험이 공감의 매개로 기능하는 한 공감의 대상은 비슷한 경험을 공유하는 집단, 흔히 '우리'라고 간주되는 집단에 한정되기 때문입니다. 하지만 이런 방식의 공감은 극단적 배제의 원리로도 작동할 수 있습니다. 자신과 여성의 공통 경험을 찾지 못한 남성이 차별받는 여성의 고통을 이해할 필요성을 느끼지 못하는 것도 마찬가지죠. 그에게 여성은 '우리'가 아닙니다. 또 박정희 시대의 경험에서 자기 정체성을 찾는 사람에게 공감의 대상은 세월호 참사 피해자가 아니라 '어린 나이에 부모를 잃고 국가 발전에 힘쓰는 박근혜 대통령'일 수 있습니다. 성소수자의 고통이 사회적 공감의 대상으로 고려되지 않는 것도 그들이 사회의 '일반적 경험'을 공유하는 '우리'로 인정받지 못하기 때문입니다.

지금까지 자기 경험을 매개로 이루어지는 나르시시즘적 공감의 한계와 위험을 살펴보았습니다. 그렇다면 다른 방식의 공감은 가능할까요? '진정한 공감'이란 어떤 것일까요? 아무런 매개 없이 타인의 내적 경험에 직접 도달한다면 그것이 가장 이상적인 공감이겠죠. 프랑스 철학자 베르그손Henri Bergson의 설명을 빌리자면, 이런 직접적 공감은 직관intuition입니다.[14] 하지만 실제 사회에서 직관과 공감에 도달하는 것은 극히 어렵습니다. 각자의 개체성이 흐려지고 나와 타인의 경계가 흐릿해질 정도의 강렬한 상황, 예컨대 나와 타인의 감정을 구별하지 못할 정도의 극심한 고통을 경험하거나, 개인이 아니라 집단이 감정과 심리 상태의 기본 단위가 되는 혁명적 상황 정도가 되어야 직접적 공감의 가능성을 상상할 수 있습니다. 어떤 경우든 직접적 공감을 공동체 운영의 일반 원리로 받아들이기는 어렵습니다. 결국 현실 사회에서 가능한 것은 매개적 공감입니다. 문제는 매개적이되 나르시시즘적이지 않은 공감 방식을 찾는 것입니다.

이제 공감의 문제를 다시 '청년'과 연결지어볼까요? 지금까지 논의한 바에 따르면 청년은 나르시시즘적 공감에 호소하는

---

14   베르그손은 공감을 철학 개념으로 다룬 대표적 철학자입니다. "이로부터 절대적인 것은 오로지 '직관'에서만 주어질 수 있다는 결론이 나온다. 반면 다른 모든 것들은 '분석'에 속한다. 우리는 여기서 직관을 공감sympathie이라 부를 것이다. 그러한 공감에 의해, 대상의 독특하고 표현 불가능한 것과 합일하기 위해 그 대상의 내부로 이동한다. 반면 분석은 그 대상을 이미 알려진 요소들, 즉 그 대상과 다른 대상들이 공통으로 가진 요소들로 환원하는 작용이다. 분석이란 사물을 그것 아닌 것을 이용해 표현하는 데서 성립한다." H. Bergson, *La pensée et le mouvant*, Presses Universitaires de France, 1934, p.181.

정치언어입니다. 사람들이 청년이라는 말로 이해하는 것은 실업과 불안정 노동으로 고통받는 집단의 실제 고통이 아니라 자기 기억 속에 존재하는 '불쌍한 청년' 이미지죠. 그 이미지에 호소하는 정치언어는 결국 나르시시즘적 공감의 위험과 한계를 극복하지 못합니다. 그렇다면 공감의 다른 매개는 존재하지 않는 걸까요?

이와 관련해서 개념의 다층적 기능을 살펴볼 필요가 있습니다. 흔히 개념을 이성과 합리성의 요소라 생각합니다. 하지만 개념은 내적 경험과 감정을 정확히 표현하는 도구이기도 합니다. 청년 실업자와 불안정 노동자의 고통을 '실업' '불안정' '노동'이라는 개념 없이 표현한다는 건 불가능하니까요. 누군가는 그들의 고통과 비슷한 자기 경험을 찾기 위해 '청년'이라는 말에 의존할 수 있습니다. 자신도 힘든 청년 시절을 겪었으니 그 경험을 통해 청년 실업과 불안정 노동의 고통을 이해하려는 것이죠. 그러나 실업, 불안정, 노동이라는 세 가지 개념이 없다면 그것은 여전히 나르시시즘적 공감일 뿐입니다. 관찰자의 경험에 의존하는 공감에서 벗어나려면 고통받는 당사자와 관찰자가 공동의 사회적 토대 위에 함께 서야 합니다. 그런 토대를 구성하는 것이 곧 표준 개념입니다.

사전 강의에서 개념의 부재와 정치언어의 과잉은 약자의 고통이 드러나는 것을 차단하기 위한 강자의 장치라고 했죠. 바꾸어 말하면, 개념은 약자의 고통을 정확히 표현하고 이해하기 위한 기본 도구입니다. 이를테면 한국 언론은 성폭력 사건을 보도할 때 유독 '완곡어법'을 자주 씁니다. 성폭력 피해자의 고통에 공감하고 대책을 모색하려면 '몹쓸 짓'이 아니라 '강간' '성폭행' 같은 정확한 개념을 사용해야 합니다. 마찬가지로 '언어적 성폭력' 대신 '저속한 표현' '막말' '말실수' 따위의 표현을 쓰는 것은 피해자의 고통을 은폐하는 행위입니다.

개념은 나르시시즘을 극복하고 타인의 고통에 참여할 매개이기도 합니다. 차별받는 사람이 있다면, 나에게 그와 비슷한 경험이 있든 없든 '인간의 존엄성과 평등한 권리'라는 개념을 매개로 그의 고통에 공감해야 합니다. 경험적 공감을 위한 추가 장치 없이 인간의 존엄성이 훼손된다는 사실 자체가 분노, 슬픔, 연대감의 이유가 되어야 합니다. 물론 정확한 개념을 쓴다고 해서 피해자의 고통을 충분히 이해할 수 있는 건 아닙니다. 개념은 고통을 이해하기에는 너무도 빈약한 수단입니다. 수천수만의 정확한 개념을 동원해도 개인의 내적 경험 중 극히 일부만을 파악할 수 있을 뿐이죠. 그렇지만 개념은 타인의 고통을 이해하기 위한 최소한의 조건입니다. 결국 개념 없는 공감은 불가능합니다. 개념을 비롯한 수많은 언어적 장치를 통해 고통스러운 이해의 과정을 거쳐야 그의 고통에 조금씩 접근할 수 있습니다.

따라서 청년 실업과 불안정 노동 문제에 대한 사회적 공감을 형성하려면 '불쌍한 청년' 이미지에서 벗어나야 합니다. 그 이미지에서 나오는 공감의 논리는 '내가 젊었을 때를 생각하니 지금 청년들의 처지가 안타깝다'는 것입니다. 이런 식의 공감은 약자에게 '불쌍함의 증명'을 요구하며 그들을 위한 사회적 조치를 '동정'과 '시혜'로 만들어버릴 뿐입니다. 문제 해결을 위한 사회적 공감은 실업, 불안정 노동 등의 개념을 바탕으로 형성되어야 합니다. 고통받는 집단은 청년이 아니라 '경제적 불안정으로 평등한 권리를 보장받지 못하는 시민'이기 때문입니다.

사회의 운영 원리는 '사회적 약자가 고통을 드러내면 동정과 시혜를 베푼다'가 아니라 '약자가 권리를 주장할 때 시민의 평등한 권리 보장을 위해 노력한다'가 되어야 합니다. 각자의 경험에 호소하는 공감의 논리를 넘어 표준 개념에 기초한 사회적 공감으로 이행해야 하는 것이죠. 세 번째 강의에서 시민성을 다루는 것은 이 때문입니다. 시민과 인간의 권리가 공감의 매개가 되려면, 표준 개념으로 자리 잡는 것이 가장 시급하기 때문입니다.

소수자
사회

이번 강의의 성격은 첫 번째, 세 번째 강의와 조금 다릅니다. 나머지 강의들에서는 한국 사회의 문제를 분석하고 그 해법을 모색한다면, 이번 강의의 목적은 그것을 위한 철학적, 이론적 토대를 마련하는 것입니다. 처음이나 마지막이 아니라 중간에 이런 내용을 배치한 것은 그런 토대가 '청년'과 '시민성'이라는 두 주제를 매개하기 때문입니다. 크게 세 가지 주제를 통해 이를 논의해보겠습니다.

첫째, 사전 강의에서 말한 '개념의 부재, 정치언어의 과잉'이라는 문제를 조금 더 정교하게 다룰 것입니다. 개념과 정치언어의 구분은 한국 사회의 현실을 쉽게 설명하기 위해 창안한 것입니다. 정교한 이론적 결과물이라기보다 편의상 만들어낸 인식 도구에 가깝습니다. 물론 그렇다 해도 이론적 배경은 갖고 있습니다. 하나는 그람시Antonio Gramsci에서 라클라우Ernesto Laclau로 이어지는 헤게모니 이론이고, 다른 하나는 프랑스 철학자 들뢰즈Gilles Deleuze와 과타리Félix Guattari의 소수자 개념입니다. 이들을 참조하며 개념의 부재라는 한국 사회의 문제와 정치언어의 기능을 정치철학적 관점에서 다시 설명하겠습니다.

둘째, '사회적 약자란 도대체 누구인가?'라는 물음을 다룹니다. 첫 번째 강의의 주제는 청년이라는 정치언어일 뿐 그 말이 향하는 사회집단에 대해 말하지는 않았습니다. '청년은 누구인가?'라는 질문이 아니라 '청년이라는 말의 기능이 무엇인가?'를 물었던 것입니다. 이런 질문은 정치언어를 활용하는 사람의 관점에서 제기됩니다. 이제 우리의 관점을 정치언어를 활용하는 사람이 아니라 '고통받는 사회적 약자'라 불리는 집단으로 이동해보겠습니다. 사회적 약자란 누구일까요? 그들을 파악할 분명한 범주 개념이 존재할까요? 첫 번째 강의에서 언급한 불안정 노동자, 빈곤층, 구직자 같은 경제적 조건으로 사회적 약자의 고통을 충분히 설명할 수 있을까요? 이런 물음들을 그람시의 '종속 계층' 개념, 들뢰즈와 과타리의 '소수자' 개념에 기초해 다루겠습니다.

셋째, '사회적 약자는 저항할 수 있는가?' 혹은 '사회적 약자는 어떻게 세상을 변화시키는가?'라는 질문의 답을 모색합니다. 많은 사람이 사회적 약자의 저항을 너무나 자연스러운 일로 간주하고, 그것이 실제로 일어나지 않는 상황을 이상하고 이해 불가능하게 여깁니다. 청년에게 분노와 짱돌을 요구하는 이들은 많지만 그것이 과연 가능한지, 가능하다면 어떻게 이루어지는지는 정작 탐구하지 않습니다. 그들의 기대와 달리 약자의 분노와 저항은 결코 자연스럽게 일어나지 않습니다. '사회적 약자의 정체성은 어떻게 규정할 수 있는가?' '그들은 사회를 변화시키기 위한 정치적 행위자가 될 수 있는가?' '약자의 정치적 행위가 실질적인 영향력을 발휘할 방법은 무엇인가?' 이런 물음에 답하기 위한 고통스러운 과정을 거친 후에야 비로소 저항과 변화의 가능성을 조금씩 말할 수 있습니다. 이번 강의에서는 이 문제를 '소수자의 정치전략'이라는 관점에서 검토하고, '다수화전략'과 '소수화전략'이라는 두 가지 방향을 제시합니다. 여기서 개념과 정치언어의 기능을 정치전략의 관점에서 재정의할 것입니다.

이번 강의에서 그람시, 라클라우, 들뢰즈와 과타리의 작업을 참조하는 이유는 단순한 지적 호기심 때문이 아닙니다. 방금 이야기한 세 가지 주제를 이론적으로 다루다보면 이들의 정치 이론을 반드시 만나게 됩니다. 그람시는 한국 사회에서 잊힌 이름이 되었지만, 그의 도움 없이 정치적 실천과 이론, 정치전략의 문제를 탐구하는 것은 불가능합니다. 정치적 실천에 관한 마키아벨리Niccolò Machiavelli, 클라우제비츠Carl von Clausewitz, 마르크스Karl Marx, 레닌V. I. Lenin의 사유 역시 그람시로 이어집니다. 라클라우는 그람시의 헤게모니 이론을 가장 정교하게 발전시킨 이론가입니다. 또한 들뢰즈와 과타리의 작업을 읽지 않고 다수자와 소수자의 문제를 다루기는 어렵습니다. 이번 강의의 핵심 주제인 '소수자' 역시 그들의 개념입니다.

한 가지 덧붙일 것은 이번 강의의 목적이 '근본 문제' 따위를 찾는 게 아니라는 사실입니다. 지금 한국 사회는 여러 가지 문제를 안고 있습니다. 종류와 형태가 너무 다양해서 일일이 나열하는 게 불가능할 정도입니다. 문제 없는 사회 영역이 없고, 고통받지 않는 집단이 없습니다. 그 뒤에 놓여 있는 한두 가지 근본 원인을 찾으려는 사람도 있습니다. 그래서 누군가는 '신자유주의'를, 다른 누군가는 '보수정권 10년'을 말하곤 합니다. '무능한 국가' '공감의 결여' 등을 꼽는 이들도 있죠. 어느새 사회 전체를 한두 가지 키워드로 요약하는 게 유행이 된 것 같습니다. 하지만 개념 하나로 한 사회의 문제를 총체적으로 파악하는 건 불가능합니다. 'ㅇㅇ시대' 혹은 'ㅇㅇ사회'를 이야기해도 단지 사실의 일부분을 설명할 수 있을 뿐입니다. 표현은 거창하지만 '소수자 사회'라는 규정 역시 한국 사회 전체를 설명하지는 못합니다. 단지 문제의 일부를 담은 새로운 개념과 이론 몇 가지를 제공합니다. 그럼에도 가치가 있다면, 그것을 통해 기존의 인식 도구로 파악하기 힘들었던 문제에 조금이나마 접근할 수 있다는 사실 때문입니다.

1. 소수자는 누구인가

어느 사회에나 힘없는 집단은 있습니다. 이들은 사회적 약자, 하층민, 배제된 집단, 피지배계급 같은 이름으로 불립니다. 부자가 사회적 약자인 경우는 거의 없으므로, 약자 대부분은 경제적으로 궁핍한 이들입니다. 하지만 그들의 열악한 처지가 모두 경제적 문제로 환원되지는 않습니다. 정규직으로 일하다 정리해고 당한 노동자는 소득의 감소 때문에 사회적 약자가 되는 것이 아니라 사회적 약자이기 때문에 해고당하고 경제적 어려움에 처합니다. 성별에 따른 임금 격차 문제도 여성이라는 성을 가졌다는 사실이 원인이고, 소득이 낮다는 것이 결과입니다. 가난하게 태어나면 '흙수저'로 살아갈 수밖에 없는 이유도 돈이 없다는 사실이 아니라 부자와 빈자에게 주어지는 기회가 다르다는 데 있습니다. 경제적 빈곤은 사회적 약자의 취약성을 구성하는 다양한 요소 중 하나일 뿐 그 모든 요소의 근본 원인이 아닙니다.

그러나 지금 한국에서는 많은 사람들이 약자란 돈이 없는 사람이며, 소득과 재산 수준이 높아지면 그들의 문제가 해결될 거라고 믿습니다. 경제적 불평등 해소를 첫 번째 사회적 과제로 제기하는 '진보적' 경제학자들 역시 이런 믿음을 공유합니다. 이들은 경제학적 관점에서 사회적 약자의 처지를 분석하고, 약자에게 경제적 불평등에 맞선 분노와 저항을 요구합니다. 동시에 고통받는 집단이 저항하지 않는 상황을 비정상적이라 규정합니다. 하지만 사회적 약자가 저항하지 못하는 것은 매우 '정상적인 상황'입니다. 그들이 쉽게 분노하고 저항한다면 결코 사회적 약자가 아니겠지요. 고통받으면서도 저항하지 못하는 사람의 상황을 이해하고 그들이 저항할 방법을 찾기 위해서는 경제 담론에서 벗어나 정치 이론과 실천의 장으로 이동해야 합니다.

이제 정치적 사유의 영역에서 '사회적 약자란 누구인가?'를 물을 필요가 있습니다. 우리의 관심은 그들이 얼마나 고통스러운 상황에 있는지 실증적 수치로 보여주는 게 아니라 사회적 약자라는 사실 자체가 의미하는 게 무엇인지, 그들은 왜 그런 상황에 있을 수밖에 없는지를 탐구하는 것입니다. 이를 위해서는 일단 사회를 구성하는 권력관계 속에서 약자를 파악하고, 그들이 사회를 바꿀 정치적 주체가 될 수 있는지 질문해야 합니다.

굳이 분류하자면 이런 주제는 정치철학이라 불리는 분야에 속하며, 이와 관련해 우리가 참조할 정치철학자는 그람시 그리고 들뢰즈와 과타리입니다. 일단 이들의 '종속계층' 및 '소수자'

개념을 각각 살펴본 뒤 두 개념 사이의 연관고리를 찾을 것입니다. 여기서는 한국 사회를 분석하기보다는 이들의 작업을 이론적으로 검토하는 데 집중하겠습니다.

종속계층과 헤게모니: 안토니오 그람시

'종속계층'은 이탈리아 혁명가이자 이론가인 그람시의 개념입니다. 그는 투옥된 11년 동안 서서히 죽어가면서도 스물아홉 권의 노트를 남겼습니다. 제2차 세계대전이 끝난 후 그 노트가《옥중수고》라는 이름으로 출판되었죠.[1] 감옥에서 쓰인 탓에 체계적인 작업이 되지는 못했지만 후세에게는 거대한 보물창고 같은 텍스트입니다. 20세기에 등장한 철학, 정치학, 역사학의 핵심 문제들에 접근하기 위한 개념과 이론의 실마리가 그 안에 산더미처럼 쌓여 있습니다.

    종속계층에 대한 이론 역시 그런 보물들 중 하나입니다. '종속계층'은 그람시가《옥중수고》에서 쓰는 'classi subalterne'

---

[1] 《옥중수고Quaderni del carcere》를 인용할 때는 'Q25, §5' 같은 형식을 따릅니다. 여기서 'Q'는 노트 번호, '§'는 절 번호입니다. 한국어로 출판된 《옥중수고》는 영문 선집 eds. & trans. Geoffrey N. Smith and Quintin Hoare, *Selections from the Prison Notebooks*, International Publishers, 1971.의 주요 부분을 번역한 것입니다(한국어판: 안토니오 그람시, 《그람시의 옥중수고 1: 정치편》《그람시의 옥중수고 2: 철학, 역사, 문화편》, 이상훈 옮김, 거름, 1999). 인용한 텍스트가 한국어 번역본에 포함된 경우 함께 표기하겠습니다. 또한 개념의 원어를 밝힐 경우 이탈리아어 개념을 크게 왜곡하지 않는 한 영어로 표기하겠습니다.

와 'gruppi subalterni'를 번역한 것입니다. 많은 분들이 이 개념을 이미 알고 계실 겁니다. 흔히 영어 발음 그대로 '서발턴'이라 쓰기도 하죠. 1980년대 영어권 학자들이 주도한 서발턴 연구 Subaltern Studies가 한국 사회에 수입되면서 서발턴이란 용어도 함께 소개되었습니다. 물론 그들의 연구 역시 그람시를 참조한 것입니다. 서발턴이 '하위' '종속' 등을 의미하기에 '하위계층'이나 '종속계층' 등으로 옮겨집니다. 우리 강의에서 종속계층으로 번역하는 것은 아래에서 들뢰즈, 과타리의 소수성 개념과 비교하기 위해서입니다.

종속계층은 《옥중수고》 전체를 관통하는 주제이지만 직접적인 개념 정의가 나타나는 곳은 사실 한두 군데뿐입니다. 일단 종속계층은 하나가 되지 못하는 사회집단으로 정의됩니다.[2] 하나의 집단으로 존재한 적이 없고, 직접 국가를 운영하는 집단이 될 수 없기 때문에 앞으로도 하나가 될 수 없는 계층입니다. 즉 국가와 시민사회의 유기적 관계 속에서 항상 조각난 상태로 있을 수밖에 없는 계층을 말합니다. 이들은 아직 자신의 힘과 가능성을 의식하지 못한 집단이며, 발전하기 위한 형태를 갖지 못해 초보적인 상태에 머물러 있는 집단입니다.[3] 그람시는 중세 이탈리아 역사를 언급하며 노예, 여성, 지배집단과 다른 종교나 문화

---

2   Q25, §5. 안토니오 그람시, 〈1장 역사적 문화의 문제-이탈리아 역사에 대한 수고〉, 《그람시의 옥중수고 2》.
3   Q13, §18. 안토니오 그람시, 〈1장 현대의 군주-'경제주의'의 약간의 이론적·실천적 측면〉, 《그람시의 옥중수고 1》.

를 가진 소수 민족race을 종속계층의 사례로 듭니다.[4]

그람시는 왜 종속계층이란 주제를 파고들었을까요? 다양한 측면에서 답할 수 있겠지만 일단 그가 수감 직전 작성한 〈남부 문제에 관한 몇 가지 주제〉(이하 〈남부 문제〉)를 참고해 말해보겠습니다.[5] 그는 이 논문에서 부르주아계급에 맞서 이탈리아 북부의 노동자와 남부의 농민이 어떻게 연대할 수 있을지를 고심합니다. 문제는 남부 지역사회의 상황입니다. 그람시는 1920년대 이탈리아 남부 사회가 크게 세 가지 사회계층, 즉 고정된 형태가 없는 거대한 농민집단, 프티부르주아 지식인계층, 거대 지주와 상층 지식인으로 이루어진다고 분석합니다. 이런 세 가지 계층이 하나의 농업 블록bloc을 형성합니다. 농민은 착취당하는 자신의 처지에 분노하며 들끓지만, 자기 열망과 요구를 표현하지 못하는 무력한 대중입니다. 여기서 농민은 경제적 조건에 의해 규정되는 계급이 아니라 무형의 대중mass이라는 점에 주목할 필요가 있습니다. 이런 농민을 남부의 경제 블록에 종속시키는 것이 이데올로기를 생산하는 지식인의 역할입니다.

하지만 그람시의 이런 분석을 '어리석은 농민 대중'과 '지배계급에 복무하는 위선적 지식인'이라는 단순 도식으로 파악해서는 곤란합니다. 충분히 교육받고 '계몽된' 대중 역시 억압적 정치체제에 자신을 종속시키는 광경을 종종 볼 수 있기 때문입니다.

---

4   Q25, §4.
5   〈Alcuni temi della questione meridionale〉(1926)

또한 성실한 지식인이 생산한 합리적 과학 이론 역시 그런 종속의 도구로 사용되곤 하죠. 문제는 흔히 생각하는 것보다 훨씬 복잡합니다. 이런 복잡한 문제를 다루기 위해 창안된 개념이 바로 '헤게모니hegemony'입니다[6](《남부 문제》가 유명한 것도 이 논문에 그람시의 헤게모니 개념이 처음 등장하기 때문입니다). 그람시는 북부 지역의 산업 노동자계급과 남부의 농민 대중 사이의 연대를 '헤게모니의 문제'로 규정합니다. 여기서 헤게모니란 노동자계급이 농민에게 행사하는 일종의 지배력, 강제가 아닌 '동의에 의한 지배'를 의미합니다. 이 용어는 러시아혁명기에 처음 등장합니다. 차르에 대항하기 위한 광범위한 연대 전선을 구성하고, 그 안에서 노동자 정당이 대중에게 헤게모니를 행사해야 한다는 것이죠. (이제 헤게모니는 일상에서도 자주 쓰는 말이 되었지만 그 외연은 매우 넓습니다. 당분간 '리더십'과 교환 가능한 개념으로 이해해도 큰 무리는 없습니다.)

그람시의 핵심 주장은 국가권력을 장악한 부르주아계급에 맞서 북부의 노동자계급이 남부 지역의 농민에게 헤게모니를 행사해야 한다는 것입니다. 이를 위해 역사적으로 형성된 남부 지역사회와 농민계급의 처지를 이해할 필요가 있습니다. 이것이 그가 〈남부 문제〉를 쓴 이유이기도 합니다. 물론 이 텍스트에 종속계층 개념이 직접 등장하지는 않지만,《옥중수고》에서 제기한 종속계층의 문제가 이탈리아 남부 농민을 포함하는 것은 분명합

---

6   헤게모니 개념의 기원과 발전에 대해서는 다음 논문을 참고하세요. P. Anderson, "The Antinomies of Antonio Gramsci", *New Left Review*, November-December 1976, pp.5-78.

니다. 두 텍스트 모두 하나의 이론적, 정치적 맥락 안에서 파악할 수 있습니다. 〈남부 문제〉에서 다룬 노동자와 농민 사이의 헤게모니적 관계는 《옥중수고》에서 정치 정당과 종속계층의 헤게모니적 관계로 일반화됩니다. 즉 공산주의 정당은 지배계급에 종속된 대중에게 헤게모니를 행사함으로써 혁명을 위한 정치적 힘을 형성해야 한다는 것입니다.

《옥중수고》에서 다루는 헤게모니와 종속계층의 문제를 분명히 이해하려면 그람시의 관점을 정통 마르크스주의와 비교해 보아야 합니다. 여기서 정통 마르크스주의라 부르는 것은 카우츠키Karl Kautsky의 이론입니다.[7] (잘 알려져 있다시피, 마르크스 본인은 정치에 대한 체계적 이론을 제시하지 않았습니다. 여기서 '정치'란 정치적 상부구조에 대한 분석이 아니라 노동자계급의 정치적 목적과 그것을 이루기 위한 정치전략을 말합니다. 물론 《루이 보나파르트의 브뤼메르 18일》(1852)을 비롯한 일부 저작에 풍부한 실마리가 담겨 있지만, 완결된 이론으로 정리되지는 않았죠.) 카우츠키의 텍스트에서 자본주의 체제에 종속된 피지배계급의 처지는 경제적 하부구조에 의해 규정됩니다. 노동자계급과 자본가계급의 본성은 고유한 '경제적 이해관계'에 따라 규정되며 정치경제적 상황에 따라 변하지 않습니다. 마찬가지로 농민, 프티부르주아, 빈민 같은 계층도 각각의 경제적 이해관계에 따라 기본 성격이 규정됩니다. 그래서 카우츠키의 이론을 '본질주의'라 평가하

---

7   K. Kautsky, "The Class Struggle(Erfurt Program)", 1888. https://www.marxists.org/archive/kautsky/1892/erfurt/index.htm

기도 합니다. 이런 이론 체계에서는 그람시처럼 복잡한 정치전략을 고민할 필요가 없습니다. 자본주의 사회에서 자본가계급을 제외한 모든 계층은 결국 노동자계급으로 단순화될 것이므로 모두가 노동자 정당의 지도를 받으면 되겠죠. 하지만 카우츠키의 전략은 결과적으로 실패했습니다. 서유럽에서 혁명은 일어나지 않았고, 20세기 초에는 노동자계급이 파편화되면서 이른바 '마르크스주의의 위기'가 일반화됩니다.[8]

　　반면《옥중수고》에서 사회집단의 성격을 결정하는 것은 경제적 조건이 아니라 역사적 과정입니다. 종속계층은 경제적으로 종속된 집단이지만 종속 상태와 그 구체적 양상은 역사적으로 형성됩니다. 어떤 본질적 특성을 가진 사회집단이 아니라 '종속이라는 역사적, 사회적 상태' 자체를 말하는 것이죠. 따라서 1920년대 이탈리아 남부 농민은 종속계층으로 규정되지만, 그렇다고 "농민 일반이 종속계층의 한 종류다"라고 말할 수는 없습니다. 이것이 그람시가 남부 지역사회의 형성을 역사적으로 분석하는 데 집중하는 이유입니다. 1920년대 이탈리아 중부 지역의 농민과 남부 지역의 농민은 고유한 역사적 과정을 거쳐 형성된 서로 다른 사회적 상태입니다. 이처럼 그람시가 경제적 하부구조가 아니라 역사에 주목하는 것은, 자본주의 사회의 구성 요소를 경제적 조건에 따라 자본가, 노동자, 농민, 빈민, 프티부르주아 등

8　　정통 마르크스주의에 대한 비판은 다음 책을 참고하세요. C. Mouffe and E. Laclau, *Hegemony and Socialist Strategy*, Verso, 1985, pp.19-29. (한국어판: 샹탈 무페·에르네스토 라클라우, 《헤게모니와 사회주의 전략》, 이승원 옮김, 후마니타스, 2012.)

으로 구별한들 실제 정치운동에는 별 소용이 없기 때문입니다. 자본가에게 착취당하는 임금 노동자라고 해도 자동으로 하나의 정치세력으로 결집하는 것은 아닙니다. 역사적 조건과 정세conjuncture에 따라 단결하거나 분열하는 것이죠.

그람시는 역사적으로 형성된 사회의 기본 단위를 '역사적 블록historical bloc'이라 부릅니다. 블록이란 구성 요소들로 분해되지 않는 하나의 덩어리를 말합니다.[9] 여러 색깔의 고무찰흙을 뭉쳐서 만든 덩어리 같은 것입니다. 어떤 색깔이 섞여 있는지는 알 수 있지만 그것들 사이에 분명한 경계를 그을 수도, 원래 상태로 깔끔하게 분리할 수도 없습니다(사전 강의에서 말한 정치블록도 이런 의미를 담고 있습니다). 방금 말했듯 그람시는 〈남부 문제〉에서 남부 지역사회를 '농업 블록'이라 부르는데, 이것이 《옥중수고》에서 '역사적 블록' 개념으로 발전합니다.

그람시는 역사적 블록을 두 가지 차원의 통일체로 정의합니다.[10] 첫 번째는 경제적 하부구조와 정치적, 이데올로기적 상부구조가 하나의 덩어리로 통일된 것이고, 두 번째는 서로 구별되거나 대립하는 사회집단들이 하나의 단위를 이룬 것입니다. 이탈리아 남부 지역사회라는 역사적 블록은 농업 경제와 정치적 상부구조의 통일체이고, 지주, 지식인, 농민이라는 대립하는 사

---

9   19세기 말에 블록bloc은 주로 비유법으로 쓰였지만, 20세기 초부터 이론적 개념으로 사용됩니다. 그람시의 블록 개념은 소렐Georges Sorel이 《폭력에 대한 성찰Réflexions sur la violence》에서 사용한 블록 개념의 영향을 받은 것으로 생각됩니다. G. Sorel, *Réflexions sur la violence*, 1908. (한국어판: 《폭력에 대한 성찰》, 이용재 옮김, 나남출판, 2007.)

10   Q13, §10. 〈1장 현대의 군주-독립된 학문으로서의 정치학〉, 《그람시의 옥중수고 1》.

회집단들이 뒤섞여 있는 하나의 단위입니다. 이런 이질적 요소들을 하나의 블록으로 뭉치는 힘이 바로 헤게모니입니다. 이런 헤게모니를 유지하는 것이 이데올로기의 기능입니다. 남부 지역 사회에서 지식인의 역할이 중요한 이유가 바로 여기에 있습니다. 경제적 하부구조에 따라 구별된 지배계급과 피지배계급 사이의 착취 관계가 영속적으로 유지되는 것은 아니므로, 역사적 과정에서 종속계층을 착취 관계에 지속적으로 붙잡아둘 매개가 필요합니다. 지식인이 생산하는 지배 이데올로기가 바로 그것이죠.

지금까지 설명한 내용을 바탕으로 종속계층과 헤게모니의 관계를 다음과 같이 정리할 수 있습니다. 첫째, 종속계층이란 자신의 힘으로 하나의 정치적 주체가 될 수 없는 집단입니다. 종속계층 개념은 정통 마르크스주의의 프롤레타리아 개념과 다릅니다(프롤레타리아는 억압받고 착취당하지만, 혁명의 주체가 될 계급으로 이해됩니다). 둘째, 종속계층은 역사적 블록에 종속됩니다. 이것은 그 블록을 구성하는 경제 구조와 이데올로기에 종속된다는 말입니다. 셋째, 역사적 블록을 유지하고 종속계층을 그것에 붙잡아두는 힘은 지배집단의 헤게모니입니다. 종속계층을 저항하는 정치적 주체로 만들기 위해서는 지배 이데올로기와 다른 저항 이데올로기를 구성하고 지배 헤게모니에 맞서는 저항 헤게모니를 구축해야 합니다. 그람시가 남부 농민 대중에 대한 북부 노동자의 헤게모니를 문제로 제기한 이유가 여기 있습니다. 《옥중수고》에서 저항 헤게모니를 구축하는 것은 정치 정당이 '집단의지collective will'를 조직하는 문제로 제기됩니다. 이것이 바로 헤게모니 정치 전략의 핵심입니다. 이 주제는 라클라우의 헤게모니 이론과 함께 이번 강의의 마지막 부분에서 다루도록 하겠습니다.

다수자와 소수자: 질 들뢰즈와 펠릭스 과타리

우리 강의에서 다룰 소수자 개념은 프랑스 철학자 들뢰즈와 과타리의 작업을 참고합니다. 이들의 대표작은 '자본주의와 분열증'이라는 부제로 출간된 두 권의 책,《안티 오이디푸스》(1972)와 《천 개의 고원》(1980)입니다.[11] 이 두 권 사이에《카프카, 소수 문학을 위하여》라는 짧은 책을 냈는데, 소수자 개념을 비롯해《천 개의 고원》을 구성하는 주요 개념 상당수가 여기에 등장합니다.[12] 우리는《천 개의 고원》을 기본 텍스트로 삼아 소수자 개념을 살펴보겠습니다. 하지만 해당 텍스트를 꼼꼼히 독해하기보다는 우리 강의에 필요한 주요 결론만 가공한 뒤 요약하는 방식으

---

11 G. Deleuze et F. Guattari, *L'anti-Œdipe: Capitalisme et schizophrénie*, Les Editions de minuit, 1972. (한국어판:《안티 오이디푸스: 자본주의와 분열증》, 김재인 옮김, 민음사, 2014.) G. Deleuze et F. Guattari, *Mille plateaux: Capitalisme et schizophrénie 2*, Les Editions de minuit, 1980. (한국어판:《천 개의 고원: 자본주의와 분열증 2》, 김재인 옮김, 새물결, 2001.)

12 G. Deleuze et F. Guattari, *Kafka: Pour une littérature mineure*, Les Editions de minuit, 1975. (한국어판:《카프카: 소수적인 문학을 위하여》, 이진경 옮김, 동문선, 2001.)

로 진행하겠습니다.[13]

　일단 번역어를 정리하겠습니다. '소수자'와 '다수자'에 해당하는 프랑스어는 'minorité'와 'majorité', 영어는 'minority'와 'majority'입니다. 이 두 가지 단어를 '소수성'과 '다수성'으로 번역할 수도 있습니다. 'minorité'와 'majorité'는 사회집단을 의미하기도 하고 사회 상태를 의미하기도 하니까요. 앞으로 정확한 의미 전달을 위해 '소수자와 다수자' '소수성과 다수성' 모두를 사용하겠습니다. 앞의 개념들은 사회집단을, 뒤의 개념들은 그들이 처한 사회 상태를 지시합니다.

1) 소수자와 다수자는 양적으로 구별되는 것이 아닙니다.

　《천 개의 고원》의 두 저자는 다수자와 소수자의 차이가 단지 수의 많고 적음에 있는 것이 아니라고 강조합니다. 전혀 생소한 이야기는 아닙니다. 우리가 일상생활에서 '성소수자'라는 말을 할 때 그 의미가 단지 수가 적다는 건 아니니까요. 다수결에서 과반을 차지한 진영을 다수자, 그렇지 못한 진영을 소수자라 부르는 것도 단순한 양적 구별이 아닙니다. 다수자란 결정권을 가진 진영입니다. 마찬가지로 흑인이 소수자인 이유는 그들의 수가 백인보다 적어서가 아니죠. 남아프리카공화국에서 흑인은

13　여기서 주로 다루는 텍스트는 "4. 20 novembre 1923-Postulats de la linguistique" "10. 1730-devenir-intense, devenir-animal, devenir-imperceptible……"이며, 한국어판에는 〈4. 1923년 11월 20일: 언어학의 기본 전제들〉〈10. 1730년: 강렬하게 되기, 동물 되기, 지각 불가능하게 되기〉라는 제목으로 실려 있습니다.

백인보다 압도적으로 많았지만 그들은 늘 소수자였습니다. 여성을 소수자라 한다면 이것 역시 남성보다 여성의 수가 적기 때문이 아닙니다. 요컨대 다수자는 권력을 행사하는 집단이고, 소수자는 그것에 따를 수밖에 없는 집단입니다. 사회 상태로 표현하면 다수성은 권력을 행사하는 사회 상태이고, 소수성은 그것에 종속된 사회 상태입니다. 결국 누가 지배하느냐가 다수자와 소수자를 구별하는 기준입니다. 하지만 그 차이가 단지 지배권력의 문제라면 굳이 다수자와 소수자라는 개념을 창안할 필요는 없었겠지요. 그냥 지배집단과 피지배집단이라고 하면 될 테니까요. 들뢰즈와 과타리가 그 두 가지 개념을 제안한 것은 지배와 피지배라는 개념으로 파악하지 못하는 문제를 다루기 위함입니다.

2) 다수성이 체계의 '표준'이라면, 소수성은 그것의 '하위 체계'입니다.

다수자와 소수자에 대한 들뢰즈, 과타리의 이론은 '다수 언어langue majeure'와 '소수 언어langue mineure'에 대한 논의에서 출발합니다. 언어학적 접근은 다수자, 소수자 개념을 가장 명료하게 설명하는 방법입니다.

들뢰즈와 과타리는 사회언어학자 라보프William Labov의 미국 흑인 영어Black English 분석을 참조합니다.[14] 흑인 영어는 아프리카 지역의 여러 언어와 영어가 혼합되면서 만들어진 것으로, 여전히 아프리카계 미국인 사이에서 널리 사용됩니다. 발음, 음성, 문법 등 여러 측면에서 표준 영어와 구별되긴 하지만 표준 영어와 흑인 영어의 관계는 생각보다 복잡합니다. 요컨대 표준 영어의 문법, 발음, 음성, 구문, 어휘 등은 변하지 않는 언어 구조를 구성합니다. 그런 요소와 구조가 때에 따라 변한다면 표준어가 아니겠죠. 반면 흑인 영어는 (표준 영어에 독립적인) 고정된 언어 구조를 가지는 것이 아니라 표준어의 고정성을 변화시키면서 성립합니다. 즉 흑인 영어는 표준 영어의 발음, 음성, 문법 구조 등을 뒤흔들고 비틀어 자신의 것으로 수용한다는 말입니다. 표준어는 고정된 언어고, 흑인 언어는 그것의 변이variation입니다.[15]

한국어 사투리와 표준어의 관계도 마찬가지입니다. 만일 표준어와 구별되는 고정 언어 구조를 가진 사투리가 있다면, 그것은 사투리라기보다 또 다른 표준어에 가깝습니다. 예컨대 경상도와 전라도 사투리가 고유한 불변 구조를 가지고 있다면 '경상도 표준어' '전라도 표준어'라고 부를 수 있을 겁니다. 영국 영어와 미국 영어는 여러 가지 측면에서 구별되지만 한쪽을 표준어, 다른 쪽을 사투리라고 하지는 않죠. 각 지역에서 고정된 구조를 가진 표준어로 기능하기 때문입니다. 한국의 지방 사투리를 사투리라고 하는 것은 단지 서울에서 쓰는 표준어와 달라서가 아

---

14 흑인 영어는 최근 'Black English Vernacular' 'African American Vernacular English' 등으로 불립니다. 라보프는 흑인 영어에 관한 연구에서 언어학적 '변이' 개념을 창안한 바 있습니다. W. Labov, *Sociolinguistic Patterns*, University of Pennsylvania Press, 1972.

15 이런 언어적 변이의 대표적 사례가 크리올Creole입니다. 미국 흑인 영어의 기원을 크리올에서 찾는 이론도 있습니다.

니라 표준어를 구성하는 고정 요소의 영향을 받으며 계속 변화하기 때문입니다.

불변의 요소와 구조로 구성된 표준어는 '다수 언어'인 반면, 그것의 변이로서 존재하는 언어는 '소수 언어'입니다. 표준어와 비표준어를 각각 다수 언어와 소수 언어라 부르는 이유는 분명합니다. 표준어는 지배권력을 행사하는 언어이고, 비표준어는 그런 권력에 종속된 언어이기 때문이죠. 흑인 영어의 사례에서도 '소수 언어=흑인 영어=비표준 언어' '다수 언어=백인 영어=표준어'라는 관계가 성립합니다. 이것은 단지 표준어를 말하고 결정하는 집단이 지배층이라는 사실 때문이 아닙니다. 표준어는 그 자체가 권력입니다. 아무리 강력한 권력을 가진 집단이라 해도 기존의 표준어를 멋대로 바꿀 수는 없습니다. 이처럼 사회적 표준이란 좋든 싫든 모두가 지켜야 하고, 바꾸려면 엄청난 자원이 소모되는 것입니다.

다수 언어와 소수 언어에 대한 이론은 언어학을 넘어 좀 더 일반적인 영역들로 확장될 수 있습니다. **즉 다수자는 사회 체계의 표준étalon을 정하는 집단 혹은 그 자신이 곧 표준 상태인 집단이고, 다수성은 표준을 구성하는 불변의 요소와 구조에서 성립합니다.** 들뢰즈와 과타리는 '남성-백인-성인-도시 거주자-표준어 사용자-유럽인-이성애자-……'를 다수자 혹은 다수성이라고 부릅니다. 이러한 일련의 사회적 상태가 사회 체계의 표준을 구성하죠. 반면 소수자 혹은 소수성은 그러한 표준의 변이로 존재합니다. 이것은 두 가지를 의미합니다.

첫째, 소수성은 다수성의 표준에 종속됩니다. 다수성은 주류 체계의 표준이고, 소수성은 그것의 하위 체계sous-système를 이룹니다.[16] 예컨대 흑인 영어는 표준 영어에 종속된 언어, 표준 영어 없이 독자적으로 존재할 수 없는 언어지만 표준 영어 체계의 내부로 들어가지는 못합니다. 백인이 표준 인간이라면 흑인은 그러한 표준이 비틀어진 존재입니다. 흑인이 인간으로 인정받는 것은 백인이라는 표준에 의해서지만 결코 백인이라는 표준의 구성 요소가 될 수는 없습니다. 백인이라는 다수성의 하위 체계에 종속될 뿐이죠. 남성이 성의 표준이라면 여성은 그런 표준에서 벗어난 성입니다. 여성은 남성을 구성하는 요소 중 일부가 결여되거나 무언가가 덧붙여진 상태입니다. 남성이라는 표준 없이 여성은 성으로 인정받을 수 없습니다. 마찬가지로 유럽의 문화와 가치는 모든 사회의 이상적 모델로 간주됩니다. 비유럽 사회를 평가하는 기준은 그 내부가 아니라 유럽 사회에 있습니다.

둘째, 이러한 종속 상태 혹은 하위 체계는 다수자의 표준으로부터 독립적인 또 다른 고정 상태가 아니라 표준의 변이로 존재하는 상태입니다. 방금 이야기한 언어학적 사례에서 흑인 영어나 사투리는 단순히 표준어에 종속된 언어 혹은 다수 언어의 하위 체계로 존재하는 것이 아니라 다수 언어의 표준을 변화시키는 상태에 놓여 있는 언어입니다. 라보프가 예로 드는 열두 살

---

16   G. Deleuze et F. Guattari, *Mille plateaux: Capitalisme et schizophrénie 2*, pp.133-135.

흑인 소년의 말하기도 마찬가지입니다. 그의 말하기는 아주 짧은 시간 동안에도 표준 영어와 흑인 영어를 열 번 이상 왔다 갔다 합니다.[17] 즉 다수 언어인 표준 영어와 소수 언어인 흑인 영어가 따로 존재하고, 중산층 백인은 표준 영어를, 하위계층 흑인은 흑인 영어를 말하는 것이 아닙니다. 흑인 영어 사용자는 표준 영어와 흑인 영어를 왕복하며 표준 영어의 고정된 요소와 구조를 뒤흔듭니다. 표준 한국어와 사투리를 섞어 쓰는 사람의 말하기를 떠올리면 이해하기 쉽겠죠. 혹은 사투리 사용자가 많은 지역의 언어 사용도 좋은 사례가 될 수 있습니다. 이런 지역의 거주민은 일상생활에서 사투리를 쓰지만 학교에서 공부하거나 방송에서 듣게 되는 언어는 모두 표준어입니다. 이들의 언어는 표준어와 사투리의 혼합물입니다. 요컨대 소수 언어 사용자란 소수 언어를 사용하는 사람이 아니라 소수 언어와 다수 언어를 왕복하며 고정된 구조 없는 언어를 구사하는 사람입니다.

3) 소수성을 고정된 상태 대신 끊임없는 변화 상태에 두었을 때, 그것을 '소수화-되기'라 부릅니다.

따라서 소수자에게는 두 가지 길이 놓여 있습니다. 첫 번째 길은 다수자의 표준을 변주하고 뒤트는 과정을 지속하는 것입니다. 흑인 소년의 사례에서 보듯, 언어의 고정 구조를 따르는 대신 다수 언어와 소수 언어를 왕복하고 뒤섞으면서 다수 언어의 고

---

17   W. Labov, *Sociolinguistic Patterns*, pp.188-191.

정된 요소와 구조를 변화시키는 상태를 유지할 수 있습니다. 두 번째 길은 다수성의 표준과 구별되는 소수성의 고정 상태를 모색하는 것입니다. 이를테면 흑인 영어와 표준 영어 사이를 왕복하는 흑인 소년의 말하기에서 흑인 영어와 표준 영어를 분명히 구별하고, 흑인 영어의 고정된 요소와 구조를 추출할 수 있습니다. 표준 영어와 다른 흑인 영어의 '표준'을 만들어가는 것이죠.

소수자가 고정 상태를 거부하고 변화와 운동 속에 있는 경우, 이를 '소수화-되기devenir-minoritaire'라 부릅니다. 소수자minorité와 구별되는 'minoritaire'는 '변화하는 상태에 있는 소수자'를 의미하는 말이고, 'devenir'는 '생성' 혹은 '되기'를 의미합니다. 소수화-되기를 '소수자 아닌 사람이 소수자가 되는 것'으로 이해할 수도 있지만, '소수자와 다수자 모두 변화와 생성 과정에 놓여 있는 상태'로 이해하는 것이 더 정확합니다.[18]

들뢰즈와 과타리는 고정된 상태의 소수자와 구별되는 '소수화-되기'를 위해 노력해야 한다고 말합니다. 이들은 소수자에 대한 이론적 분석에 머물지 않고 '소수화-되기'를 정치적 기획으로 제안합니다. 소수자를 단순히 하위 체계나 지배권력에 종속된 상태로 파악하는 이론은 결코 새롭지 않습니다. **이들의 작업이 새로운 이유는 소수자를 생성과 되기의 상태로 이해했다는**

---

18 《천 개의 고원》을 영어로 번역한 마수미Brian Massumi는 프랑스어 'minoritaire'를 영어 'minoritarian'으로, 'devenir-minoritaire'는 'becoming-minoritarian'으로 옮겼습니다. 한국어로는 보통 '소수자-되기'로 번역하는데, 우리 강의에서는 '소수자minorité'와 '소수화minoritaire'를 구별하기 위해 'devenir-minoritaire'를 '소수화-되기'로 옮겼습니다.

점에 있습니다.

그럼 현실 사회에서 이런 이론은 어떤 의미를 지닐까요? 소수자 개념에 연결되는 실제 사회집단들, 예컨대 여성, 어린이, 빈민, 장애인, 이주민, 불안정 노동자, 성소수자 등을 생각해봅시다. 우리는 흔히 '사회적 소수자'라는 이름으로 이런 집단들을 나열하죠. 앞서 살펴본 대로, 이러한 소수자집단을 파악하는 데는 두 가지 방법이 있습니다. 첫째, 정의 가능한 상태로 고정하는 것입니다. 예를 들어, 성소수자를 LGBT(Lesbian, Gay, Bisexual, Transgender)같이 나열 가능한 범주들로 정의하는 방법입니다. 만일 이런 범주가 불충분하다면 Q(Queer, Questioning)와 I(Intersex) 따위를 덧붙여 'LGBTIQ……'같이 확장하면 되겠죠. 차별당하는 흑인의 분명한 정체성을 규정하거나, 유럽 문화와 구별된 소수 민족 문화의 고정된 특성을 찾는 것도 비슷한 사례입니다. 여성을 차별하는 요소들을 나열하고 그런 요소들로 여성의 사회적 상태와 정체성을 정의하는 것도 여기 포함됩니다.

둘째, 소수자를 정의 가능한 고정 상태 없이 '남성-백인-성인-도시 거주자-표준어 사용자-유럽인-이성애자-……'라는 표준의 고정된 구조를 변화시키는 상태 그 자체로 이해할 수 있습니다. 이런 노력이 완전히 생소하지는 않습니다. 이를테면 많은 페미니스트가 '여성'을 고정된 성별 정체성을 지칭하는 개념이 아니라 말해질 때마다 의미가 변하는 유동적 기호로 사용하기 위해 노력했습니다. 현실 운동의 요구에 따라 여성을 고정된 정체성을 가진 성별 개념으로 쓸 수도 있고, 성별 정체성의 변화와 생성 과정 자체로 이해할 수도 있습니다. 이렇게 페미니스트 운동은 소수성과 소수화-되기 사이에서 끊임없이 운동합니다. 또한 'LGBT'라는 범주는 흔히 사용되지만, 인간의 성을 네다섯 개의 정의 가능한 상태로 나열하고 모든 인간이 그중 하나에 들어간다고 믿는 사람은 결코 없을 것입니다. 인간의 성은 그런 범주들을 관통하며 왕복하는 상태에 있습니다. 성을 하나의 고정 상태로 정의할 수는 있지만 그런 정의는 일시적인 것입니다. 마찬가지로 이주 노동자는 현재 유럽 사회의 거대한 종속계층이지만 그들은 단지 종속 상태에 고정된 존재가 아니라 주류 체계의 표준을 변주하는 존재입니다. 21세기 유럽 사회를 변화시킨 힘의 원천 중 하나가 이주민집단인 것처럼 말입니다.

들뢰즈와 과타리가 소수자를 정의 가능한 고정 상태가 아닌 '소수화-되기'로 파악하는 것은 단지 이론적 이유 때문이 아닙니다. 강조했듯이 '소수화-되기'는 소수자에 대한 이론적 인식일 뿐 아니라 하나의 정치전략이기도 합니다. 이것은 그람시의 정치전략과 대립합니다. 결국 소수자의 해방을 위한 두 가지 전략을 생각할 수 있습니다. 하나는 '헤게모니전략'이고 다른 하나는 '소수화전략'입니다. 이 둘은 서로 대립하지만 공존할 수밖에 없습니다. 이번 강의 마지막 부분에서 이 문제를 자세히 다루겠습니다.

종속계층과 소수자: 표준을 변주하는 생성의 힘

소수자를 파악하는 두 가지 방식이 있음을 앞서 살펴보았습니다. 첫 번째는 하위 체계에 종속된 사회적 상태입니다. 여기서 소수자는 여성, 성소수자, 이민자, 빈민, 흑인, 유대인, 어린이, 비유럽인, 불안정 노동자 같이 정의 가능한 상태로 나열됩니다. 두 번째는 이렇게 정의 가능한 상태가 아니라 다수성의 표준을 끊임없이 변주하고 뒤흔드는 과정으로 파악하는 것입니다. 이러한 생성과 변화 과정을 첫째 의미와 구별하기 위해 '소수화-되기'라 불렀습니다.

들뢰즈, 과타리는 그람시를 단 한 번도 언급하지 않았지만, 그들의 소수자 개념과 그람시의 종속계층 개념을 대면시켜보면 둘 사이에 흥미로운 연관고리를 발견하게 됩니다. 앞서 말한 첫 번째 방식, 즉 소수자를 정의 가능한 상태로 파악하는 경우를 먼저 생각해봅시다. 들뢰즈, 과타리가 말하는 '하위 체계에 종속된 소수자'는 그람시가 말한 종속 상태와 크게 다르지 않습니다. 종속subaltern과 하위 체계sous-système의 어원도 유사하고 두 개념이 지시하는 역사적 집단도 비슷합니다. 그람시는 종속계층의 역사적 사례로 여성과 노예, 소수 민족을 언급합니다. 따라서 들뢰즈, 과타리의 소수자 개념으로 그람시의 사례를 분석하거나, 그람시의 종속계층 개념으로 들뢰즈, 과타리의 사례를 분석하는 것도 가능합니다.

하지만 여기서 흔히 발생하는 오해에 주의할 필요가 있습니다. 종속계층과 소수자는 개인이나 집단의 정체성을 분류하는 범주가 아니라 사회적 상태state를 지시하는 개념입니다. 결국 "이 사람은 소수자, 저 사람은 다수자" 혹은 "그는 종속계층이다" 따위는 정확한 개념적 표현이 아닙니다. 그람시의 이론에서 종속계층이란 지배집단의 이데올로기와 문화적 헤게모니에 종속되어 자기 정체성을 갖지 못한 상태를 말합니다. 지주에게 착취당하면서도 자신이 착취당하는 농민이라는 사실을 자각하지 못하고 다른 농민과 연대할 줄도 모르는 '정체성 부재의 상태'입니다. 이런 사람들을 모아놓는다고 해도 그들은 단지 여러 명의 개인일 뿐 하나의 집단을 이루지는 못합니다.

들뢰즈, 과타리의 개념 역시 소수자집단의 목록을 만들어놓고 사람들을 그중 하나에 집어넣기 위한 게 아닙니다. 예컨대 어떤 남성 동성애자가 있다면, 이 사람은 남성이라는 점에서는 다수성의 상태에 있지만 동성애자이기 때문에 소수성의 상태에 있기도 합니다. 또한 돈 많은 남성 이성애자 한국인은 한국 사회에서 다수자의 위치에 있지만 유럽 표준을 중심으로 구성된 세계 체제에서는 소수자의 위치에 있습니다. 따라서 누구도 완전한 다수자이거나 소수자일 수는 없습니다. 다수자, 소수자는 개인의 정체성을 표현하는 개념이 결코 아닙니다. 정확히 말하자면, 다수성은 표준으로만 존재합니다. '1미터'라는 표준이 표준으로만 존재할 뿐 실제로 그 표준에 정확히 일치하는 사물이 존재하지 않는 것과 같습니다. 이런 맥락에서 '남성-백인-성인-도시 거주자-표준어 사용자-유럽인-이성애자-……'라는 목록에

2강. 소수자 사회

는 '이상적'이라는 형용사가 생략되어 있습니다. 그런 이상적 표준에 가까울수록 다수자, 멀리 떨어질수록 소수자라 불리는 것입니다.

그러므로 한쪽에 지배권력을 가진 다수자집단이 있고, 다른 쪽에 다수자의 지배를 받는 소수자집단이 있는 게 아닙니다. **소수자란 다수자의 표준에 의존하는 상태, 다수자의 지배에 저항할 때조차 다수자의 표준 언어를 빌려와야 하는 상태입니다.** 소수자는 독립적 표준을 창조하지 못하고 다수자의 표준을 변형시키는 방식으로만 존재합니다. 예컨대 여성에게는 항상 '침묵' 혹은 '남성의 언어'라는 양자택일이 강요되죠. 즉 여성은 불평등한 구조에 순응하거나 혹은 자기 목소리를 낼 때조차 남성의 언어로 말해야 합니다. 남성의 언어가 표준이므로 여성의 언어로 자기 주장을 하면 곧바로 배제되기 때문입니다. 결국 여성 차별에 반대하는 주장이 보편성을 획득하기 위해 여성의 언어를 버리고 남성의 언어를 써야 하는 역설에 갇히게 됩니다. 바로 이것이 소수자의 사회적 상태입니다.

소수자, 종속계층 개념과 전통적 계급 개념 사이에는 긴장관계가 존재합니다. '노동자'의 일상적 의미에 비추어보면, 노동자계급, 종속계층, 소수자 모두 힘없는 약자를 지칭하는 말로 보입니다. 하지만 종속계층과 소수자는 마르크스가 말한 노동자계급과 다릅니다. 마르크스는 노동자계급이 단순한 피착취계급이 아니라 자본가계급과 함께 자본주의를 떠받치는 또 하나의 기둥이라고 보았습니다. 그래서 노동자가 하나의 집단으로 단결하면 자본주의적 착취관계를 무너뜨릴 수 있는 것입니다. 부르주아는 자신을 무덤에 묻어버릴 집단을 스스로 키웠다고 한《공산당선언》(1848)의 구절은 단순한 은유가 아닙니다. 자본주의의 성장과정은 자본주의를 파괴할 혁명적 계급의 성장 과정이기도 합니다.

물론 노동자계급도 자본주의 체계와 부르주아계급에 종속된다고 볼 수 있겠지만, 그람시의 종속 개념은 이와는 다른 의미를 지닙니다. 위에서 말했듯 종속계층은 자신의 힘으로 정치적 주체가 되지 못하는 집단입니다. 노동자계급이 자본주의 체계의 한 축이라면, 종속계층은 자본주의의 하위 체계에 속합니다. 따라서 종속계층은 조직적 저항을 하지 못하고, 산발적 투쟁을 한다 해도 곧바로 진압당합니다. 예컨대 유럽에서 총파업은 여전히 노동자계급의 강력한 무기입니다. 전국 단위 노동조합이 총파업을 개시하면 문자 그대로 세상이 멈추죠. 하지만 식당 주방에서 일하는 이주민 노동자가 노동조합을 조직하는 것은 불가능합니다. 난민 캠프나 도시 빈민 지역의 폭동은 공권력을 투입해 진압하면 끝입니다(노동자계급과 종속계층 중 한국 노동자의 상황을 정확히 설명할 개념이 어떤 것인지도 쉽게 알 수 있습니다).

들뢰즈, 과타리가 소수자와 계급을 직접 비교하지는 않습니다. 하지만 두 개념의 차이를 이해하기는 어렵지 않습니다. 소수자가 다수자의 표준에 종속된 상태라면, 노동자계급은 지배계급의 표준에 맞서 자기 고유의 표준을 구축할 수 있는 집단입니다. 자본주의 질서에 저항할 노동자계급의 조직, 문화, 이데올로기, 이론, 윤리 등을 만들 수 있는 것이죠. 더구나 '남성-백인-성인-도시 거주자-표준어 사용자-유럽인-이성애자-……'는 노동자계급의 표준으로도 작동합니다. 이런 표준에 가까운 노동자가 노동자계급 내에서 다수성의 위치를 차지한다면, 표준에서 멀리 떨어진 노동자는 노동자계급의 하위 체계에 속합니다. 이렇게 전통적 노동자계급 개념과 종속계층, 소수자 개념을 분명히 구별해야 이번 강의 마지막에 다룰 한국 불안정 노동자의 상태를 정확히 이해할 수 있습니다.

소수자 개념과 종속계층 개념 사이의 연관고리는 이게 전부가 아닙니다. 이 두 개념을 대면시킨 가장 중요한 이유는 그람시의 종속계층이 소수자뿐 아니라 소수화-되기 개념을 이미 함축하고 있다는 데 있습니다. 두 개념의 관계를 이해하기 위해 문화에 대한 그람시의 작업을 먼저 살펴보겠습니다.

앞서 〈남부 문제〉를 참조하며 말했듯, 종속 상태를 규정하는 것은 경제적 하부구조가 아닙니다. 역사적 블록 내에 종속계층을 붙잡아두는 것은 이데올로기, 지식, 도덕, 언어, 종교, 통념 등입니다. 그람시는 '문화'라는 개념으로 이런 요소들을 묶습니다. 한 블록에 속한 사람들이 같은 방식으로 생각하고 행동하는 것은 세계에 대한 동일한 이해를 공유하기 때문입니다. 이때 문화가 그런 동일한 세계 이해를 보장합니다. 이러한 의미는 우리가 일상적으로 쓰는 '문화'와 크게 다르지 않습니다. 중요한 것은 역사적 블록을 유지하는 문화에 이질적 요소와 다양한 수준이 포함된다는 점입니다. 이론적 학문과 철학 같은 일관된 지적 체계가 '상위문화'를 구성하는 반면 종교, 미신, 대중의 통념 등은 일관성과 체계성 없는 '하위문화'입니다.[19]《옥중수고》에서 상위문화와 하위문화가 도식적으로 구별되지는 않지만, 일관성과 체계성을 갖춘 문화와 그렇지 않은 문화를 구별하는 것은 그람시문화 이론의 핵심입니다. 그러나 상위문화가 우월하고 하위문화가 열등한 것은 결코 아닙니다. 오히려 사람들의 공통된 세계 이해와 행동 방식을 보장하는 것은 하위문화입니다. 그람시의 논의도 하위문화에서 시작해 하위문화에서 끝납니다(이런 주장을 개념화한 것이 'senso comune'입니다. 이 개념은 주로 하위문화를 의미하지만 철학의 기본 바탕이자 새로운 형태의 철학을 의미하기도 합니다[20]).

상위문화와 하위문화는 분리되지 않습니다. 이론적 학문이나 거대 체계를 갖춘 철학은 지배집단의 문화를 구성하지만 대중에게 직접 영향력을 행사하기는 힘듭니다. 결국 지배집단의 상위문화는 하위문화를 통해 대중에게 힘을 행사하는데, 이런 힘이 바로 '문화적 헤게모니'입니다. 20세기 초반 이탈리아

---

19 '상위문화'와 '하위문화'는 각각 'alta cultura'와 'folklore'를 번역한 것입니다. 'folklore'는 민중문화 혹은 민속문화 정도로 이해되는데, 여기서는 상위문화와 구별하기 위해 하위문화라고 했습니다. 상위문화는 주로 일관성을 가진 철학 체계를, 하위문화는 공통감senso comune을 지칭합니다. 그래서 상위문화와 하위문화의 문제는 대부분 철학과 공통감의 관계 문제로 제기됩니다. Q11, §12, §13을 참고하세요.

20 이탈리아어 'senso comune'는 한글로 번역하기 어려운 개념입니다. 영어로는 'common sense', 프랑스어로는 'sens commun'으로 번역되지만 각 언어마다 의미가 조금씩 다릅니다. 한국어로는 흔히 '상식' 혹은 '양식'으로 번역하지만 철학 개념으로 사용할 때는 라틴어 'sensus communis'를 따라 '공통감'으로 옮기는 경우가 많습니다. 그람시의 'senso comune' 개념에 대해서는 다음 문헌을 참고할 수 있습니다. P. D. Thomas, *The Gramscian Moment: Philosophy, Hegemony and Marxism*, Haymarket Books, 2011, p.16.

와 우리 세계는 매우 다르지만 '문화적 헤게모니'는 여전히 지배 장치의 핵심을 이룹니다. 예컨대 국가공동체의 필요성과 정당성에 대한 정교한 철학 체계와 이론이 존재한다고 합시다. 하지만 그런 것이 대중의 애국심을 불러일으키지는 못하죠. 여기서 필요한 게 대중매체입니다. 지배적 상위문화는 대중매체를 통해 하위문화로 변형되고 이것이 대중에게 헤게모니를 행사하는 것입니다. 국가의 필요성을 호소하고 애국심을 자극하는 건 홉스Thomas Hobbes의 《리바이어던》이 아니라 영화와 드라마입니다. (1970년대 영미권에서 대중문화 연구가 폭발적으로 성장한 이유 중 하나가 70년대 초에 《옥중수고》 영어 번역본이 출간되었기 때문입니다.)

결국 상위문화와 하위문화는 우월한 문화와 열등한 문화가 아니라 '문화적 헤게모니'를 구성하는 두 수준입니다. 양자의 관계는 거의 모든 사회적 현상에 개입합니다. 이를테면 샌더스가 미국 민주당 대선 후보 경선에서 '사회주의'를 외칠 때, 그 지지자들 중 사회주의에 대한 철학적 지식을 갖춘 사람이 얼마나 될까요? 대부분 상식과 통념 수준에서 사회주의를 이해합니다. 샌더스는 한국에서도 상당한 반향을 일으켰는데, 사람들이 그의 사회주의를 이해하는 통로는 사회주의 이론을 다룬 책이 아니라 SNS였습니다. 사회주의에 대한 이론적, 철학적 지식이 상위문화라면, SNS에서 유통된 사회주의는 하위문화입니다. 샌더스는 인터넷이라는 대중매체를 통해 한국의 대중에게도 '문화적 헤게모니'를 행사할 수 있었습니다.

지배집단의 '문화적 헤게모니'가 종속계층에게 행사될 때,

상위문화와 하위문화 사이에 형성되는 관계에 주목할 필요가 있습니다. 방금 사례로 설명했듯이 지배집단은 일관성을 갖춘 철학 체계를 표준으로 삼아 하위문화를 형성합니다. 종속계층은 그런 하위문화를 통해 지배집단의 세계 이해를 자기 것으로 수용합니다. 그런데 하위문화에는 일관성과 체계성이 없습니다. 내적 논리도 완벽하지 않고 시간과 공간에 따라 매번 다른 형태로 변화합니다. 국가공동체에 대한 대중의 감정과 통념을 생각하면 이를 쉽게 이해할 수 있습니다. 감정과 통념은 합리성과 논리를 갖출 필요가 없고 시간과 장소에 따라 다양한 형태로 변화합니다. 따라서 지배집단의 상위문화가 하위문화와 접촉할 때마다 본래의 체계는 변형될 수밖에 없습니다. 국가의 필요성에 대한 철학적 설명이 헤게모니를 행사하기 위해 하위문화로 전환되면, 기존 철학 체계 역시 전혀 다른 형태로 변하는 것이죠. 그렇다고 상위문화가 하위문화와 무관하게 존재할 수도 없습니다. 애초에 지배집단과 종속계층을 동질적 집단으로 형성하는 게 상위문화의 목적이기 때문입니다. 대중을 겨냥한 하위문화가 되지 않으면 지배집단의 철학은 존재 이유를 상실합니다. 결국 상위문화와 하위문화의 관계 속에서 둘 다 끊임없는 변화 과정에 놓이게 됩니다.

바로 여기서 그람시의 '문화적 헤게모니' 개념이 들뢰즈, 과타리의 '소수화-되기' 개념과 만납니다. 이들의 작업에서 지배 질서가 표준, 정의 가능성, 체계, 일관성, 고정성으로 구성된다면, 종속계층의 하위문화와 소수성은 변이, 정의 불가능성, 비체계, 비일관성, 유동성에서 성립합니다. 지금까지 다소 복잡한 논의 과정을 거쳐 두 개념 사이의 연관고리를 찾은 이유는 지배와 피지배 관계에 대한 새로운 접근법을 모색하기 위해서였습니다. 우리는 흔히 사회적 대립이 고정된 두 실체— 지배계급과 피지배계급, 사회적 강자와 약자, 권력을 가진 집단과 갖지 못한 집단— 사이에 일어나는 것으로 생각합니다. **하지만 '문화적 헤게모니'와 '소수화-되기' 개념은 지배와 피지배를 고정된 두 실체 사이의 관계가 아니라 일관성을 갖춘 동질적 체계와 그것을 변주하는 하위 체계의 관계로 이해합니다.** 지배력은 '표준 체계'라는 형태로 존재하고, 거기에 종속된 것은 '표준의 변이'라는 변화와 생성의 과정에 있습니다. 언뜻 난해해 보이지만, 이 개념은 현실의 권력관계를 분석하고 정치전략을 수립하기 위한 필수 도구입니다. 이제 한국 사회를 분석하며 그것의 실천적 유용성을 살펴보겠습니다.

2. 표준 없는 사회

들뢰즈와 과타리는 다수성을 표준 체계로, 소수성을 표준의 하위 체계로 정의했습니다. 다수자란 선택지를 만드는 집단이고, 소수자는 그중 하나를 선택하는 집단입니다. 소수자가 다수자의 표준에 저항하는 것은 가능하지만 표준을 부정하고 새로운 표준을 만들 수는 없습니다. 소수자는 표준에 저항하는 상태로 고정되는 대신 표준과 함께 스스로 변화하고 운동하는 과정을 지속해야 하기 때문입니다.

다수성과 소수성의 이러한 관계는 개별 사회 단위뿐 아니라 전 세계적 차원에서 성립합니다. 예컨대 세계 표준어의 지위를 차지한 영어와 그 지배력 아래 있는 언어는 다수 언어와 소수 언어의 관계에 있습니다. 마찬가지로 유럽의 합리성은 유럽 사회의 표준이면서 세계 표준이기도 합니다. '남성-백인-성인-도시 거주자-표준어 사용자-유럽인-이성애자-……'는 전 지구적 차원의 표준 체계를 구성하죠.

그런데 한국으로 시선을 돌리면, 한 가지 질문이 떠오릅니다. 겉으로는 지배층이 권력을 독점하는 것처럼 보이지만 그들이 과연 다수자의 위치에 있다고 말할 수 있을까요? 한국의 지배층이 고정된 표준 체계를 통해 사회를 지배한다고 보기는 어렵습니다. 유럽 사회의 다수성을 구성하는 핵심 요소는 합리성이지만, 한국에서 합리성에 기초한 지배를 찾아보기는 어렵습니다. 유럽의 지배권력이 언어, 문화, 지식, 윤리를 포괄하는 표준 체계에 의해 유지되는 데 비해 한국 사회는 표준 없는 권력이 지배하는 것이죠. 그럼 한국 사회의 다수성과 소수성은 표준 체계와 하위 체계의 틀로 규정될 수 없는 걸까요?

다수성과 소수성 개념으로 한국 사회를 분석하려면, 먼저 전 지구적 차원의 표준 체계와 하위 체계를 고려해야 합니다. 일단 '표준'을 우리 논의에 필요한 개념으로 재정의한 다음, 그에 비추어 한국 사회를 살펴보겠습니다.

표준권력은 어떻게 작동할까

표준standard이란 말 그대로 사물을 측정하고 평가하는 척도입니다. 따라서 표준은 두 개일 수 없고, 모두가 그것을 따라야 합니다. 공동체의 삶은 수많은 표준에 의해 지탱됩니다. 법이 가장 대표적인 표준이지만, 사회적 표준은 그보다 훨씬 다양한 것들을 포괄합니다. 앞서 설명한 표준어가 좋은 사례입니다. 표준어를 쓰지 않는다고 해서 법의 처벌 대상이 되는 것은 아니지만 다양한 형태의 제재와 차별이 가해지죠. 일단 표준어와 다른 언어를 쓰면 의사소통 자체가 불가능합니다. 타인과 대화하려면 표준어를 인정할 수밖에 없습니다. 또한 표준어와 다른 언어를 쓴다는 사실이 차별의 이유가 되기도 합니다. 소수 인종과 문화에 대한 차별은 소수 언어에 대한 차별에서 시작하는 경우가 많습니다. 세계적 차원의 표준들 중 가장 강력한 것도 표준 언어입니다. 미국의 세계 헤게모니는 영어라는 국제 표준어에 의해 유지됩니다.

표준은 그 자체가 권력입니다. 무엇보다도 표준을 정하는 것 자체가 권력의 핵심 기능이기 때문입니다. 예컨대 국가기구는 법과 공식 언어를 비롯해 기본적인 표준을 규정합니다. 곧, 국가를 운영하는 정치세력이 표준을 정할 권력을 갖습니다. 새로운 IT 기술이 등장하면 전 세계의 거대 기업과 관련 기구가 모여 표준 제정을 위한 협의부터 시작합니다. 이렇게 기업이 기술 표준을 정할 수 있는 것은 그들이 시장에서 권력을 가진 집단이기 때문입니다.

또한 표준은 한번 정해지면 인간과 독립적인 권력으로 작동합니다. 표준어는 사용자의 의지와는 상관없는 표준입니다. 아무리 국가권력이라 해도 이미 사용 중인 표준어 체계를 쉽게 바꾸지는 못합니다. 법률도 마찬가지입니다. 모든 정치인이 동의

한다고 해도 기존 법률과 제도를 마음대로 바꾸긴 어렵습니다. 한번 정해진 기술 표준을 바꾸는 것도 보통 복잡한 일이 아닙니다. 표준 자체가 권력을 갖고 있는 것입니다. 그런 권력에 맞서 표준을 수정하려면 엄청난 사회적 비용을 감수해야 합니다. **앞으로 이렇게 표준을 규정하는 권력과 표준 자체가 내포한 권력을 통틀어 '표준권력'이라 부르겠습니다.**

들뢰즈, 과타리가 말하는 다수성이란 이러한 표준권력입니다. 위에서 살펴보았듯, 이들은 다수성과 표준을 '동질적인 고정 체계'로 정의합니다. 소수성은 그것의 '하위 체계' 혹은 '외부 체계'죠. 이러한 개념 정의는 주로 언어학적 사례를 통해 이루어지지만 그것은 정치권력의 일반적 작동 방식을 포괄합니다. 정치권력은 지배집단이 피지배집단에 직접 행사하는 힘이 아닙니다. 이런 힘은 정치권력보다 폭력이라 부르는 게 정확합니다. 오늘날 정치권력은 동질적인 고정 체계를 통해 행사됩니다. 즉 표준권력이 현대 정치권력의 가장 일반적 형태입니다. 여기서 들뢰즈, 과타리의 표준 개념과 그람시의 문화적 헤게모니 이론이 다시 만납니다. 상위문화와 하위문화의 구별을 다시 한번 상기해볼까요? 상위문화란 일관성 있는 지식과 학문 체계이고 이것이 하위문화를 통해 대중에게 헤게모니를 행사한다고 했습니다. 사회적 표준은 여러 요소로 구성되지만 여기서 핵심 요소는 표준 지식 체계입니다. 즉 그람시가 말한 상위문화가 사회의 표준 체계를 규정하는 것이죠. 표준권력은 곧 문화적 헤게모니라 해도 크게 어긋나지 않습니다.

표준권력과 문화적 헤게모니라는 관점에서 한국 사회를 바라보면 흥미로운 물음이 제기됩니다. '한국에 과연 헤게모니를 행사하는 상위문화나 표준 체계가 존재하는가?'라는 것입니다. 표준권력에 의한 지배는 흔히 '선진국'이라 부르는 서구 국가의 특징입니다. 예컨대 서구에서 대형 안전사고가 발생하는 빈도는 한국보다 현저히 낮습니다. '안전security'에 관한 표준이 체계적으로 작동하기 때문입니다. 안전을 위한 수많은 매뉴얼이 존재하고 그것을 지탱하는 힘도 강력합니다. 이 힘은 단순한 법적 제재가 아닙니다. 사회가 요구하는 조건에 따라 시민을 길러내는 교육 체계, 그들을 정해진 매뉴얼에 따라 행동하게 하는 다양한 심리적, 이데올로기적 장치, '안전장치'를 유지하는 정교한 이론과 지식 등이 모두 동원됩니다.[21] 이 모든 것이 안전을 유지하는 표준권력을 구성합니다. 많은 한국인이 세월호 참사와 가습기살균제 사건을 보며 국가기구의 무능함에 분노했습니다. 이때 '국가기구의 무능함'은 단지 무책임한 공무원이나 허술한 제도가 아니라 표준권력의 허약함을 드러내는 것입니다. '한국의 국가기구는 무능하고 서구는 유능하다'고 말할 수 있다면, 그 '유능함'은 표준권력에서 나옵니다.

한국의 지배권력은 겉보기에는 강력합니다. 영화의 단골 소재로 등장하는 거대 재벌, 정치인, 언론인, 법조인, 지식인이 한 덩어리가 되어 나라를 주무릅니다. 사회경제적 양극화는 갈수록

---

21   '안전장치dispositif de sécurité'는 프랑스 철학자 푸코Michel Foucault의 개념입니다.

심각해져 부와 권력이 상위계층에 집중됩니다. 국가기구의 권위주의는 여전하고, 시민과 인간의 권리를 위협하는 가장 심각한 위험 요소 역시 국가권력입니다. 하지만 표준권력이 한국의 지배계층을 지탱하고 있다고는 말하기 어렵습니다. 국가기구는 절대권력을 휘두르지만, 대형 안전사고 앞에서는 한없이 나약합니다. 결국 우리가 경험하는 한국의 지배권력과 표준권력은 전혀 다른 종류의 권력입니다. 둘의 차이는 무엇보다 이론적 지식과 학문 체계가 표준권력의 핵심이라는 사실에서 비롯됩니다.

방금 말한 '선진국의 정교한 매뉴얼'이 바로 표준 지식 체계를 의미합니다. 표준의 성립 과정에는 다양한 요소가 개입하지만 표준이 한번 고정되면 현실 정치의 논리가 쉽게 개입하지 못합니다. 예컨대 국가기구가 정책을 시행하기에 앞서 온갖 연구보고서를 작성하는 것도 '과학적 타당성'을 검토하기 위해서입니다. 연구보고서는 다른 정치적 고려를 배제하고 해당 분야의 표준 지식과 이론에 따라 작성되어야 합니다. 하지만 한국의 지배권력은 그런 표준을 강화하는 게 아니라 약화하는 방향으로 작동합니다. 정부기관이 연구보고서를 조작하는 일도 드물지 않죠. 한국의 국가기구와 권력집단은 자주 '관피아'라 불리는데, 사실 이 말은 그들의 강함이 아니라 허약함을 의미합니다. 범죄조직은 겉으로 보기엔 강한 것 같지만 잘 제도화된 관료기구의 권력에 비할 바는 못 됩니다. 범죄조직은 개인의 욕망과 리더의 의지에 따라 움직이지만, 관료기구는 표준화된 지식과 이론에 의해 운영되죠. 우리 강의가 개념의 문제에 집중하는 이유도 여기 있습니다. 표준권력을 구성하는 지식, 이론, 학문 같은 지적 체계의 기본 단위가 바로 개념이기 때문입니다.

서구의 강력한 표준권력은 발전된 사회의 핵심 요소입니다. 하지만 '발전된 사회'란 역설적인 표현입니다. 유럽과 미국에서 가습기살균제 사건이 발생하지 않은 것은 위험을 사전에 포착하고 방지하는 지식, 제도, 장치가 치밀하게 만들어졌기 때문입니다. 그런 표준에 의해 안전이 보장되죠. 하지만 표준권력이 자연재해와 산업재해, 각종 물리적·화학적 위험 따위에서 시민의 안전을 지키는 장치에서만 작동하는 것은 아닙니다. 예를 들어 '강화된 심문 기술Enhanced interrogation techniques'이라 완곡하게 불리는 미국 CIA 고문 기술의 발전 과정을 살펴보면 흥미로운 사실을 발견하게 됩니다. 그들은 한국의 독재정권처럼 고문에 자질 있는 경찰에게 심문을 맡기고 그의 잔인함과 폭력성에 의존하는 게 아니라 반드시 심리학자를 투입해 고문 기술을 이론화합니다. **말하자면 '후진국'의 고문은 개인의 잔혹성에 의존하지만, '선진국'은 '외부의 위험'에서 시민의 안전을 지키기 위해 구축한 체계적인 이론과 매뉴얼에 따라 고문을 실행합니다.** 위험한 화학제품을 가려내는 안전장치와 테러리즘에 맞선 고문장치는 표준권력의 앞면과 뒷면입니다.

표준권력은 대표적인 차별장치이기도 합니다. 세계보건기구WHO는 1990년 5월 17일에 동성애를 질병 분류 목록에서 제외합니다. 그래서 이날을 '국제 성소수자 혐오 반대의 날IDAHOT'로 정해 기념하고 있죠. 그런데 왜 의학과 심리학은 동성애를 질병으로 분류했을까요? 한국에도 오랫동안 호모포비아homophobia가 존재했지만 그렇다고 동성애를 차별하는 체계적 지식을 만든 경우는 없습니다. 단지 극우 교회처럼 종교의 이름으로 동성애를 증오하고 공격하는 거대 집단이 있을 뿐이죠. 반면 19세기 서구 생물학은 인종을 등급으로 구별하기 위한 이론에 몰두했습니다. 이처럼 유럽의 인종차별 이론은 오랜 역사를 가집니다. 한편 한국의 인종차별은 어느 곳보다 심각하지만 인종 구분을 위한 정교한 학문을 발전시킨 적은 없습니다. 서구 사회는 합리적, 이론적, 지적 표준을 수립한 뒤 거기서 벗어나는 소수자집단을 차별했습니다. 요컨대 서구는 '합리적 폭력과 차별'의 사회지만, 한국은 '비합리적 차별과 폭력'의 사회입니다. 물론 서구 사회에도 비합리적 차별과 폭력은 항상 존재합니다. 그러나 표준권력에 기초한 국가기구의 폭력에 견줄 정도는 아니죠. (나치의 대량 학살 역시 광기와 증오심이 아니라 법학, 의학, 화학, 공학적 매뉴얼에 따라 치밀하게 진행되었습니다.)

20세기 역사는 표준에서 배제된 소수자의 투쟁으로 기록됩니다. 그 결과 지식과 법률 표준에 의해 유지되는 차별과 배제는 서구 사회에서 상당 부분 사라졌습니다. 동성결혼 합법화가 그 마지막을 장식하고 있죠. 이제 소수자에 대한 차별을 금지하는 것이 법률과 지식의 새로운 표준으로 자리 잡는 중입니다. 하지만 배제와 차별이라는 표준권력의 작동 방식은 여전합니다. 서구에서 여성의 정치참여권이 보장된 지 한 세기가 지났고, 여성차별을 지지하는 학문이나 법은 이제 존재하지 않지만, 여전히 남성이 표준의 지위를 차지하고 있습니다. 계속 강조했듯이 표준권력은 기본적으로 법률과 지식 체계에 의존하면서도 그보다 훨씬 광범위한 요소를 포괄합니다. 법률과 지식 체계의 변화가 차별과 배제라는 표준권력의 본성적 원리를 제거하지는 못하는 것입니다.

마지막으로 표준권력의 위치에 대해 생각해봅시다. 들뢰즈, 과타리가 말한 '남성-백인-성인-도시 거주자-표준어 사용자-유럽인-이성애자-……'는 유럽적 표준인 동시에 전 지구적 범위에서 성립하는 보편적 표준입니다. 유럽의 표준이 세계 체계를 유지하고, 비유럽 지역은 그것의 하위 체계에 속합니다. 현대 식민주의colonialism는 이렇게 세계 체계와 하위 체계의 형태로 지속됩니다. 유럽의 식민주의는 일부 지역에 대한 직접 지배가 아니라 유럽의 표준을 지구적 표준으로 확장하는 데서 성립하는 것이죠. 식민지에 대한 직접 지배는 20세기 중반을 거치며 종식되었지만 유럽 식민주의는 아직 사라지지 않았습니다.

이러한 지구적 관점에서 보면, 한국 사회에 표준권력이 부재하다는 말은 정확하지 않습니다. 표준권력은 한국 사회에 분명히 행사되고 있습니다. 문제는 그것이 한국 표준이 아니라 유럽 표준이라는 사실입니다. 유럽 표준이 한국의 표준이며 그것이 한국 사회의 권력으로 작동합니다. 다른 비유럽 지역과 마찬가지로 한국도 유럽 표준의 하위 체계에 종속되어 있습니다.

앞서 표준권력의 핵심은 표준 지식 체계라고 했습니다. 현대 사회가 표준 지식 없이 운영되는 건 불가능합니다. 당연히 한국에도 수많은 이론, 지식, 학문 체계와 그 기본 단위인 개념이 존재합니다. 그런데 그 개념은 모두 유럽의 발명품입니다. 사전 강의에서 대한민국 헌법의 개념을 사례로 들었습니다. 그 개념 들 중 사회적 표준으로 자리 잡은 것은 거의 없다고 했죠. 이런 상황을 개념의 부재라 불렀습니다. 이제 좀 더 정확히 말하면, **부 재하는 것은 개념이 아니라 표준권력입니다.** 법률 지식 체계와 개 념은 한국에도 존재하지만, 그것을 표준으로 만드는 권력의 원 천은 서구에 있습니다. 한국어 개념은 서구에서 탄생한 표준 개 념의 번역 혹은 모사로 존재하는 것입니다. 한국 사회에 개념이 부재한다는 것은 표준권력의 이러한 외재성을 의미합니다.

이제부터는 표준권력을 구성하는 개념과 그것의 번역이라 는 문제를 좀 더 자세히 검토하겠습니다.

서구를 번역하기: 표준 없는 사회의 소수 문화

개념은 표준 지식 체계를 구성하는 기본 요소입니다. 그런데 현 대 한국어 개념 대부분이 유럽 개념의 번역입니다. 사전 강의에 서 말한 헌법 개념을 떠올려볼까요? 사회, 자유민주, 자유, 권리, 의무, 책임, 인류공영, 안전, 민주공화국, 주권, 국민, 정당, 민족, 민족문화, 행복을 추구할 권리, 기본적 인권, 인간의 존엄성 등. 여기에는 동아시아 전통에서 유래한 개념도 있지만 대부분은 유 럽에서 온 개념입니다. 헌법 자체가 유럽의 발명품이니 당연한 일이죠. 사전 강의에서는 헌법 개념이 한국 사회의 표준으로 자리 잡지 못했다고 지적했지만, '표준 개념의 부재'는 정확하지 않은 표현입니다. 정확히 말해, 표준 개념은 어디에나 존재합니다. '자유' '평등' '민주주의'라는 한국어 개념은 표준이 아니지만 'liberty' 'equality' 'democracy'라는 유럽어 개념은 전 세계적 표준입니다. 유럽 언어가 세계 표준어고 유럽어 개념이 세계 표준 개념인 것이죠. 이때 한국어 개념은 이러한 세계 표준 개념의 지역어 번역으로 존재합니다.

유럽어 개념과 한국어 개념은 앞서 설명한 다수 언어와 소수 언어, 표준어와 비표준어의 관계에 있습니다. 개념의 번역은 변이variation의 한 가지 형태입니다. 원본 개념의 내용과 표현은 번역 과정에서 새로운 내용과 표현으로 옮겨집니다. 그러나 번역된 개념은 원본 개념을 참조하지 않고서는 존재할 수 없습니다. 유럽에서 탄생한 개념은 고정된 표준 지식 체계를 이루고, 그것을 번역한 한국어 개념은 유럽 표준의 하위 체계에 종속되는 것입니다. 'liberty' 'equality' 'democracy'라는 유럽어가 표준 개념이라면, '자유' '평등' '민주주의'라는 한국어는 유럽 표준 개념의 변이 혹은 하위 체계입니다.

한국뿐 아니라 비유럽 지역 언어 대부분이 세계적 범위의 하위 체계에 속합니다. 물론 구체적 양상은 모두 다르죠. 예컨대 영어, 프랑스어, 스페인어, 포르투갈어는 오랜 식민지 시기를 거치며 각각 아시아, 아메리카, 아프리카 지역 상당수의 공식 언어가 되었습니다. 이렇게 비유럽 지역에서 공식 언어로 사용되는 유럽 언어는 소수 언어의 가장 일반적 형태입니다. 토착 언어와 유럽 언어가 혼합되어 흑인 영어나 크리올Creole 같은 소수 언어가 탄생하기도 했습니다. 한국에는 잘 알려지지 않았지만 유럽 본토의 상당수 지역에도 표준 언어로 수용되지 못한 소수 언어가 남아 있습니다. 각 지역의 소수 언어와 유럽 언어는 각기 다른 방식으로 관계 맺고 있습니다. 한국어와 유럽어의 관계를 특징짓는 것은 바로 번역입니다. 우리 강의에서는 번역 일반이 아니라 표준 지식 체계를 구성하는 기초 개념의 번역 문제에 집중하겠습니다.

앞서 들뢰즈, 과타리의 작업을 소개하며 다수 언어의 하위 체계에 종속된 소수 언어는 두 가지 가능성을 갖는다고 이야기했습니다. 첫 번째는 정의 가능한 고정 상태를 모색하는 것이었죠. 다수자의 표준어와 구별되는 소수자의 표준어를 수립하는 방식입니다. 두 번째는 다수 언어의 표준 체계를 비틀고 뒤흔드는 과정을 지속하는 것입니다. 이렇게 '다수성의 변이'라는 변화 과정을 멈추지 않는 것이 '소수화-되기'입니다. 한국어 개념도 유럽의 표준 개념에 맞서 이러한 두 가지 방식을 고려할 수 있습니다.

먼저 한국어 개념으로 구성된 표준 체계의 가능성을 생각해봅시다. 방금 나열한 헌법 용어를 엄밀한 이론적 개념으로 정의하고, 일관성을 갖춘 표준 체계로 구축하는 것입니다. 지금 한국에 표준 지식이 부재하는 것은 지적 토대가 빈약하기 때문입니다. 표준 개념을 정의하고 발전시키는 것은 전문 지식인과 지식

생산 체계의 몫이고 그 중심에는 대학이 있습니다. 그러나 한국의 지식생산 체계는 제 기능을 수행한 적이 있었는지 의심스러울 정도로 부실합니다. 최근 '인문학'이라는 이름으로 판매되는 문화 상품은 표준 지식의 수립을 오히려 방해하고 있습니다. 이런 상황을 극복하고 표준 지식 체계를 구축하려면 장기간에 걸친 사회적 변화가 필요합니다. 일단 대학을 비롯한 지식생산 기관의 연구 수준이 비약적으로 발전해야 합니다. 관련 분야의 전문가를 양성하고, 필요한 연구의 양적, 질적 수준을 높여야 합니다. 이런 발전의 성과는 교육 체계에 축적되는데, 표준 지식 체계에 부합하는 시민 주체를 재생산하는 것이 바로 교육의 역할이기 때문입니다. 이것은 지난 두 세기 동안 유럽의 지식 체계가 걸어온 과정이기도 합니다.

사전 강의와 첫 번째 강의에서 이러한 표준 지식 체계의 수립을 한국 사회의 시급한 과제로 주장했습니다. 세 번째 강의에서 시민성 개념을 다루는 이유도 결국은 시민성을 구성하는 여러 개념을 표준으로 제안하기 위해서입니다. 즉 '한국 사회에 표준 개념 체계를 어떻게 수립할 것인가?'라는 물음으로 우리 강의 전체의 주제를 요약할 수 있습니다. 그런데 이것은 과연 도달 가능한 목표일까요?

물론 장기간에 걸쳐 사회 전체가 노력하면 한국어 개념으로 구성된 표준 지식 체계에 좀 더 가까이 다가갈 수도 있겠죠. 하지만 유럽 표준과 독립된 또 다른 표준을 수립하는 것은 불가능합니다. 한국어 개념이 유럽어 개념의 번역으로 존재한다는 사실은 결코 변하지 않기 때문입니다. 이것이 표준과 하위 체계의 관계입니다. 하위 체계에 종속된 번역어가 자신의 고유한 표준을 구축하는 것은 자기 존재를 파괴하는 행위와 다름없습니다. 예컨대 유럽어 'democracy'와 완전히 단절된 한국어 '민주주의' 개념을 정의할 수 있을까요? 이를 위해서는 시민, 권리, 자유, 인간, 정치 같은 기초 개념 전체를 재정의해야 합니다. 이것은 단순히 한국어 개념을 정의하는 작업이 아니라 유럽 문화와 단절된 인간 이해 및 공동체 운영 원리를 새롭게 창조하는 일이 되겠죠. 그렇게 되면 그 개념을 굳이 민주주의라 부를 필요도 없어집니다. (북한은 유럽 문화와 가장 극단적으로 단절한 사회처럼 보이지만, 그들이 사용하는 개념 역시 유럽어 개념의 번역으로 존재합니다. 다만 그 번역 과정이 독특할 뿐입니다.)

결국 한국어 표준 개념의 수립은 번역의 문제로 환원됩니다. 유럽어 개념을 얼마나 충실하고 정확하게 번역할 것인지, 번역 개념으로 어떻게 체계적 이론과 지식을 구성할 것인지가 문제입니다. 세 번째 강의에서 다룰 시민성 개념의 재구성 역시 유럽어 'citizenship'의 번역 작업으로 시작합니다. 한국어 표준 개념의 문제가 독자적 표준을 구축하는 것이 아닌 유럽어 개념을 번역하는 것으로 제기되면, 엄밀한 의미에서 그것은 이미 표준 개념의 구축이라 할 수 없습니다. 유럽어 개념을 끊임없이 변형하며 새로운 변이를 모색하는 과정 안에 있는 것이죠. **번역은 유럽어 표준 개념을 비틀고 뒤흔드는 '소수화-되기'의 과정입니다.** 따라서 방금 말한 소수 언어의 두 가지 가능성은 하나가 다른 하나를 배제하는 양자택일의 대상이 아닙니다. 고유한 표준 체계를 구축하려는 노력과 유럽 표준 체계를 비틀고 변형하는 과정은 항상 공존합니다. 즉 한국어 개념으로 구성된 표준 지식 체계를 만들려는 노력은 유럽 지식 체계를 번역하고 변화시키는 과정을 동반합니다.

민주주의 개념의 사례로 다시 돌아가보겠습니다. 민주주의에 대한 한국 사회의 일반적 이해는 '독재정권에 반대하는 것' 혹은 '민심을 들어주는 좋은 지도자가 통치하는 것' 정도입니다. 이런 통념은 강력하지만 헤게모니를 행사하는 민주주의의 표준 개념은 정작 존재하지 않습니다. 왜 그런 것일까요? 민주주의를 이론적으로 다루려면, 일단 '민民'의 의미를 정의해야 합니다. 흔히 국민, 인민, 백성, 민중 따위가 '민'의 정의로 쓰입니다. 문제는 이 네 가지 개념에 대한 표준 지식도 부재한다는 사실입니다. 특히 국민은 가장 일반적으로 쓰이지만 이론적 개념으로 정의될 수 없는 말입니다. (이 문제는 세 번째 강의 마지막에서 자세히 다룹니다.) 따라서 민주주의에 대한 한국어 표준 개념을 수립하려면 유럽어 개념 'democracy' 'people' 'subject' 'citizen' 등을 참조할 수밖에 없습니다. 그러나 이 개념을 각각 '민주주의' '인민' '백성' '시민'이라는 한국어 개념으로 번역한다고 해서 유럽의 지식 체계까지 그대로 가져올 수는 없습니다. 번역 과정에서 개념의 원래 의미가 크게 변하기 때문입니다. 이렇듯 유럽의 표준 지식 체계를 번역한 한국어 지식은 유럽 표준이 가지고 있던 체계성을 상실하게 됩니다. **결국, 번역을 통해 유럽 개념을 변형하면서도 변형된**

개념으로 일관성 있는 표준 체계를 구성해야 하는 역설적 상황이 발생합니다. 한국어 개념으로 표준 지식 체계를 수립한다는 것은 이런 역설 속에서 적절한 균형점을 찾기 위해 끊임없이 노력하는 일입니다.

지금 한국 사회의 문제는 표준 지식 체계를 위한 이런 노력이 아예 존재하지 않는다는 것입니다. 표준 지식의 필요성을 느끼는 사람도 많지 않습니다. 오히려 언어유희로 가득 찬 하위문화만 폭발적으로 팽창하고 있습니다. 그런 하위문화의 생산지가 바로 인터넷 공간입니다. 한국과 서구 사회에서 지식 재생산을 위해 인터넷을 사용하는 방식을 살펴보면 흥미로운 차이가 드러납니다. 예컨대 위키피디아는 온라인 공간에서 표준 지식을 제공하는 역할을 충실히 해내고 있습니다. 인터넷의 가장 위대한 발명품 중 하나죠. 유럽어 위키피디아에서 앞서 나열한 헌법 개념을 검색하면 필요한 기본 내용을 쉽게 찾을 수 있습니다. 개념의 표준 정의를 제공하는 것은 물론 관련 이론과 전문 지식도 충실히 소개합니다. 반면 한국어 위키피디아의 내용은 상대적으로 빈약합니다. 기초 개념의 경우 관련 서적의 일부를 요약해놓은 게 대부분이죠. 위키피디아가 전 지구적 지식의 표준을 확립하고 있을 때 한국 인터넷에서 폭발적으로 성장한 것은 '네이버 지식iN'입니다. 이 서비스의 힘은 지식의 표준화가 아니라 표준 지식을 뒤흔들어 언어유희로 만드는 데서 나옵니다. 위키피디아와 네이버 지식iN에서 각각 '페미니즘'을 검색해보면 서구와 한국의 지식 체계가 얼마나 다른지 적나라하게 드러납니다.

한국의 인터넷 문화는 소수 문화의 특성을 고스란히 보여줍니다. 온라인을 지배하는 언어유희는 다수 언어와 개념을 놀이 대상으로 삼아 끝없는 변이를 생산합니다. 엄밀히 말해 이것은 소수 문화가 아니라 '소수화-되기'의 문화입니다. 사전 강의에서 분석한 신조어의 탄생이 이런 소수화-되기의 결과물이죠. 한국의 소수 문화가 창조하는 수사법은 독보적입니다. '헬조선'이라는 말의 힘은 사회경제적 불평등의 심각성을 다룬 학술 논문 수백 편에 버금갑니다. 미학적 수준이 높은 신조어일수록 강력한 정치언어로 쓰일 수 있습니다. 표준 개념을 수립하려는 노력이 부재하고 소수 문화가 팽창하는 상황에서 사전 강의에서 말한 '개념의 부재, 정치언어의 과잉' 현상이 발생합니다. 심지어 주류 언론도 표준 지식 체계가 아니라 소수 문화에 의존하죠. 온라인의 언어유희로 태어난 신조어를 주류 미디어가 자기 언어로 차용하고, 그것이 다시 온라인에서 언어유희의 소재가 되는 순환 구조가 작동합니다. 첫 번째 강의에서 다룬 '청년'이 그런 순환 구조의 대표적 생산물입니다.

들뢰즈, 과타리는 다수성과 소수성의 관계를 표준과 하위 체계로 설명합니다. 다수성이란 고정된 표준 체계이고, 소수성이란 그것에 종속된 하위 체계입니다. 그람시는 상위문화와 하위문화를 구별합니다. 상위문화는 체계성과 일관성을 갖춘 학문적 지식이고, 하위문화는 상위문화에 종속된 대중의 통념입니다. 이들의 개념에 비추어보면, 한국에는 표준 체계나 상위문화가 존재하지 않고 하위 체계와 하위문화가 사회를 지배한다는

것을 알 수 있습니다. **한국은 다수 언어 없는 소수 언어의 사회, 상**
위문화 없는 하위문화의 사회입니다.

한국의 현실 정치도 이런 상황에 의해 규정됩니다. 이 문제
는 표준 개념과 정당정치의 관계를 분석하면서 살펴보겠습니다.

이념 없는 정당: 정치는 감동이 아니다

여기서 갑자기 정당정치를 다루는 게 생소하게 느껴질 수도 있
습니다. 표준 지식 체계의 수립과 정당정치는 언뜻 무관해 보이
죠. 그러나 이 둘 사이의 상관관계가 분명치 않은 것이야말로 표
준 없는 사회의 한 가지 특징입니다. 그람시의 정당 이론에서 논
의를 시작해볼까요?

그람시는 마키아벨리에 대한 유명한 노트에서 《군주론》
을 살아 있는 책이라고 말합니다.[22] 단순한 지적 연구가 아니라
정치 이데올로기와 정치학을 뒤섞어 '신화myth'의 형태로 제시
하는 작업이라는 것입니다. 여기서 신화는 프랑스 생디칼리즘
syndicalisme 사상가 소렐Georges Sorel의 개념입니다. 그는 베르그손을
참조하며 이론적 지식의 작업은 인간 심리의 표면에만 영향을
미친다고 말합니다. 대중이 결정적 사회운동에 참여하기 위해서

---

22   Q13, §1. 안토니오 그람시, 〈1장 현대의 군주-마키아벨리 정치학에 대한 간단한 주석〉,
      《옥중수고 1: 정치편》.

는 그들의 심리 깊은 곳에 승리의 확신을 심어줄 일련의 이미지가 필요하다는 것입니다. 소렐은 이런 이미지를 신화라 부릅니다.[23] 우리에게 아주 생소한 이야기는 아닙니다. 대중이 거대한 사회운동에 참여하도록 확신을 부여하는 것은 이론이 증명하는 건조한 유토피아의 가능성이 아니라 혁명에 대한 열정이라는 사실을 종종 목격했기 때문이죠. 그런 열정은 종교적 열광에 비견되곤 합니다. 그람시는 소렐의 개념을 이어받아 정치 이데올로기를 정치학이나 이론이 아닌 신화로 정의합니다. 그에 따르면 《군주론》은 군주에 관한 이론적 연구가 아닙니다. 마키아벨리가 이 책을 쓴 목적은 새로운 국가 건설을 향해 인민을 인도할 군주의 이미지, 즉 '새로운 군주'의 신화를 그리는 것입니다. 이것은 단순한 정치학의 생산물이 아니라 정치 실천의 장에서 살아 움직이는 신화입니다.

　정치 이데올로기가 수행하는 신화적 기능은 대중 심리의 심층에서 '집단의지'를 형성하는 것입니다. 《군주론》의 신화적 군주는 새로운 국가 건설을 향한 집단의지를 조직합니다. 집단의지는 그람시 정치 이론의 핵심 개념입니다. 두 번째 강의 초반에 설명했듯, 그는 사회집단을 경제적 이해관계에 따라 구별하지 않습니다. 혁명을 주도하는 정치집단도 결코 노동자계급이 아닙니다. 정치적 행위의 기본 단위는 경제적 계급이 아니라 집단의지를 공유하는 대중입니다. 정통 마르크스주의와 달리 정치

23　조르주 소렐, 〈서론〉, 《폭력에 대한 성찰》.

적 주체화가 경제적 수준이 아닌 심리적, 이데올로기적 수준에서 진행된다고 보는 것이죠. 그람시는 《군주론》에서 정당과 정치전략의 본질적 요소를 발견하고 마키아벨리의 정치 기획을 현대로 가져옵니다. 정당은 '현대의 군주'이며, 정당의 이데올로기는 정치학이나 이론이 아니라 집단의지의 형성을 위한 신화가 되어야 합니다.

베르그손, 소렐, 그람시로 이어지는 사유 흐름은 두 가지 차원의 구별을 요구합니다. 거칠게 말하면, 첫째는 합리성, 지성, 이론, 과학의 차원이고, 둘째는 비합리성, 직관, 감정, 신화의 차원입니다. 앞서 설명한 '상위문화'와 '하위문화'가 이 두 가지 차원에 대응합니다. 일관성을 갖춘 지식 체계가 상위문화의 위치를 차지한다면, 대중의 통념과 일반적 믿음은 하위문화를 형성하죠. 그람시는 정치에 대한 일반적 견해를 비판하며 정당의 활동은 첫 번째 차원뿐 아니라 두 번째 차원도 포괄해야 한다고 주장합니다. 정당은 합리적이면서 비합리적이어야 하고, 대중의 지성은 물론 감정에도 호소해야 한다는 것입니다. 물론 더 근원적인 것은 두 번째 차원입니다. **정당의 이데올로기는 정치학과 신화의 혼합물이지만, 대중의 의식 깊은 곳에 도달해 집단의지를 형성하는 것은 신화입니다.** 결국 정당 활동의 기본 무대는 상위문화가 아니라 하위문화입니다.

포퓰리즘에 대한 라클라우의 작업도 같은 전통에 있습니다. '대중영합주의'라는 번역어가 보여주듯, 포퓰리즘은 흔히 '대중의 비합리성에 호소하는 정치'로 이해됩니다. 이런 이해의 기원은 프랑스혁명에 대한 보수주의적 시선으로 거슬러 올라갑니다. 혁명에 참여한 대중을 이성과 합리성이 결여된 집단, 거대한 광기에 사로잡힌 집단으로 바라보는 것입니다. 19세기 말 군중심리학crowd psychology은 대중의 그런 비이성과 비합리성에 관한 연구에서 출발했습니다. 그러나 시간이 흐르며 군중심리학 내에서도 여러 대안적 접근이 등장합니다. 군중심리는 단지 비이성 혹은 비합리성으로 취급될 수 없고 이성과 합리성으로 규정되지 않는 정치적 논리가 작동하는 공간이라는 것입니다. 라클라우는 그런 논리가 곧 헤게모니 정치의 작동 방식임을 발견합니다. 그는 포퓰리즘에서 비이성, 비합리성이라는 낙인을 걷어내고, 힘없는 평범한 대중이 헤게모니를 획득함으로써 인민people이라는 보편적 정치 주체를 구성하는 논리를 '포퓰리즘적 이성'이라고 부릅니다.[24]

사전 강의에서 구별한 개념과 정치언어는 한국 사회의 언어 사용을 분석하기 위한 도구였습니다. 직접 언급하지는 않았지만 그 구별은 그람시의 문화 이론과 라클라우의 포퓰리즘 개념을 참조합니다. 사전 강의에서 말한 '개념'을 상위문화의 구성 요소로, '정치언어'를 하위문화에서 작동하는 이데올로기적 도구로 이해해도 크게 어긋나지 않습니다. 엄밀하게 정의된 개념이 이론적 지식 체계의 구성 요소라면, 의미가 유동적인 정치언어는 대중의 통념과 감정에 호소할 수사적 장치입니다. 포퓰리즘의

---

24   E. Laclau, *On Populist Reason*, p.224.

논리를 구성하는 요소는 개념이 아니라 정치언어입니다.

대의민주주의와 의회는 그람시의 주요 관심 대상이 아니지만 현대 의회와 정당의 기능을 이해하려면 그의 이론을 비껴갈수 없습니다. 일단 '대의하다' '대표하다'로 번역되는 'represent'의 의미를 다시 생각해봐야 합니다. 흔히 정치적 대의를 '이미 존재하는 시민의 의지를 의회에 전달하는 것'으로 이해하는 경우가 많은데, 시민의 의지는 대의 행위에 앞서 존재하지 않습니다. 시민의 의지란 여러 개인의 의지를 단순히 합친 게 아니라 하나의 집단의지이며, 이것을 형성하는 것이 바로 정당입니다. 정당이 대표하는 시민의 의지 자체가 정당 이데올로기에 의해 만들어지는 것이죠. 중요한 사실은 시민의 집단의지에 합리적 요구뿐 아니라 비합리적 욕망, 감정, 통념, 미신 따위도 포함된다는 것입니다. 이런 집단의지로부터 의회 내 정당은 법률을 생산해야 합니다. 집단의지가 일관성 없는 이질적 요소를 포함하는 데 반해 법률은 합리적 개념으로 구성된 일관된 체계입니다. **결국 하위문화와 상위문화, 비합리성과 합리성 사이를 운동하며 그 둘을 매개하는 게 정당의 역할입니다.**

이런 의미에서 'represent'를 '재현re-present'으로 이해하는 게 적절합니다.[25] 대의민주주의란 정당이 시민의 의지를 대신 표현하는 체제가 아니라 정당이 시민의 집단의지를 형성하고 합리성

---

25   이에 관해서는 다음의 칼럼을 참고하세요. 박이대승, 〈야당은 '열광적 공감'을 재현해야〉, 《주간경향》 1167호, 2016년 3월.

의 언어로 변형하는 과정입니다. 이것은 시민의 뜻을 대신 말해 준다는 의미의 '대의'가 아니라 자기 언어로 요약한 시민의 의지를 다시 자기 언어로 '재현'하는 과정입니다.

마키아벨리의 계승자인 그람시와 라클라우는 이런 정치적 재현이 대중의 비합리성과 감정, 하위문화의 수준에서 일어난다는 것을 강조합니다. 현실의 헤게모니 정치는 이론적 지식 체계와 합리성으로 구성된 상위문화의 한계에 갇히지 않습니다. 이런 견해는 한국 정당정치에도 익숙합니다. 많은 사람이 '정치는 감동을 주어야 한다'고 생각하기 때문입니다. 건조한 이론과 정책을 제시하는 대신, 유권자와 공감하고 그들의 마음을 움직이는 것을 정당의 기능으로 간주합니다. 이성, 합리성, 이론, 지식, 과학을 정당정치의 요소로 생각하는 사람은 많지 않죠. 한국의 정당은 흥미롭게도 좌우파를 가리지 않고 라클라우가 말한 포퓰리즘적 논리를 충실히 실행하고 있습니다.

하지만 여기서 그람시와 라클라우의 암묵적 전제에 주목할 필요가 있습니다. 정당이 헤게모니를 행사하려면 대중의 감정에 호소하는 신화적 이데올로기와 포퓰리즘적 언어뿐 아니라 합리적 개념으로 구성된 지적 체계도 반드시 갖추어야 한다는 것입니다. 정당이 헤게모니를 행사해 집단의지를 형성하는 것은 결국 하나의 정치적 목적으로 대중을 인도하기 위해서입니다. 그람시의 독해에 따르면, 마키아벨리의 《군주론》은 새로운 국가 수립을 위한 군주의 신화를 제시하는 책입니다. 이 책을 쓴 마키아벨리 자신은 '이탈리아의 새로운 통일 국가 수립'이라는 정치적 목적에 관한 이론 체계를 이미 갖고 있었습니다. 마찬가지로 '현대의 군주'라 불리는 정당이 집단의지의 형성을 위한 신화적 이데올로기를 창안하려면, 체계적으로 구성된 정체성과 목적을 먼저 가지고 있어야 합니다. 정당의 정체성과 목적이 개념으로 구성된 지적 체계로 존재해야 한다는 말입니다. 우리는 이런 체계를 흔히 '정당의 이념'이라 부릅니다. (첫 번째 강의 마지막에서 정치적 목적은 정치언어가 아니라 분명한 개념으로 표현된다고 했습니다. 정치전략의 주체가 정당인 경우, 정치적 목적이란 곧 정당의 이념입니다.)

위에서 설명한 대의민주주의 혹은 재현민주주의의 작동 방식에 따르면, 일관된 체계로 구성된 정당의 이념은 필수적입니다. 시민의 요구는 합리성과 비합리성, 지성과 감정, 과학적 지식과 통념 같은 온갖 이질적 요소를 포함합니다. 그야말로 일관성과 체계성 없는 유동적 덩어리죠. 이를 바탕으로 법률과 정책을 생산하려면 표준으로 기능할 정당 고유의 이념 체계가 필요합니다. 정당이 어떤 이념을 택하느냐에 따라 시민의 요구는 전혀 다른 정책과 법률로 변형될 것입니다. 시민이 선거에서 정당을 선택하는 기준 역시 정당의 이념이 될 수밖에 없습니다. 정치 이념이 정당 헤게모니의 원천인 것입니다.

이러한 정치 이념의 관점에서 한국 정당정치를 살펴보겠습니다. 한국 현대사에서 보편성을 획득한 정치 이념은 반독재 민주화운동 속에서 탄생한 '민족주의'와 '민주주의'가 거의 유일합니다. 이러한 이념의 영향 아래 성장한 민주화운동 세대는 1990년대를 거치며 양분됩니다. 한쪽은 시장주의를 수용하며 기존 정치 체제로 편입되었고, 다른 한쪽은 기존 이념의 급진적 요소를 발전시켜 '진보정당' 건설을 추진합니다. 그런데 이 두 흐름은 이념의 종류가 아니라 이념의 존재 여부로 구별됩니다. 과거 민주노동당이 약진했던 2004년 17대 총선으로 돌아가봅시다. 그때 자기 이념을 선명한 개념으로 표현한 것은 민주노동당뿐이었습니다. 물론 그 이후 당의 해체 과정을 보면 당시 내부 활동가들이 과연 자기 정당의 이념을 충분히 이해하고 있었는지는 의심스럽습니다. 그때 분열된 진보정당 세력 대부분은 이념의 선명성을 버리는 길을 걸어왔죠. 하지만 개념적 체계로 구성된 정치 이념은 여전히 진보정당의 특징입니다.

2004년의 새천년민주당과 열린우리당, 지금의 더불어민주당은 줄곧 민주주의를 주장해왔지만 이들의 민주주의가 무엇인지는 여전히 불분명합니다. 그것은 개념으로 구성된 이념 체계라기보다 민주화세대의 공통 경험에 가깝습니다. 이제는 경제민주화를 주장하지만, 사전 강의에서 말했듯 그것 역시 개념이 아니라 정치언어로 활용되고 있습니다. 한국의 주류 정당 중 선명한 이념을 가진 곳은 없습니다. 이른바 '보수'를 자임하는 정당들은 보수적 이념을 가진 정당이 아니라 이념 없는 정당입니다. 그들의 정체성은 체계적 정치 이념이 아니라 군사독재 시대를 거치며 형성된 지배집단에서 나옵니다. 이미 장악한 권력을 재생산하는 방식으로 정체성을 유지하는 것이죠.

앞서 논의한 표준 개념의 부재는 이제 '정치 이념 없는 정당정치'라는 형태로 반복됩니다. 좀 더 정확히 말하면, 표준 개념의 부재를 초래한 원인 중 하나가 정치 이념의 부재입니다. 사회 전체의 표준 지식 체계를 수립하는 것이 정당의 기본 기능인데, 이념 없는 정당이 그 기능을 수행할 수는 없겠죠. 한국 사회에 표준 지식 체계를 수립하는 과제는 정치 이념에 기초한 정당정치의 수립을 요구합니다. 이 둘은 분리 불가능한 하나의 문제입니다.

다음 강의에서 제안할 시민성 개념 역시 그것을 정치 이념으로 주장할 정치세력이 없는 한 표준 개념으로 자리 잡지 못할 것입니다.

3. 소수자의 정치전략

지금까지 '종속'과 '소수자' 개념을 살펴보고 그것으로 한국 사회의 특성을 분석했습니다. 이제 현실을 바꾸기 위한 정치적 실천의 가능성을 모색할 차례입니다. 앞에서 설명한 개념과 분석을 바탕으로 다음 질문을 던져보겠습니다. '소수자는 저항할 수 있는가?' 혹은 '소수자는 사회를 변화시킬 정치적 주체가 될 수 있는가?' 라는 질문입니다.

　청년이라는 정치언어를 사용하는 사람이라면 이 질문을 피할 수 없습니다. 첫 번째 강의에서 분석했듯, '청년'의 가장 기본적 기능이 정치적 주체화입니다. 현실의 사회경제적 불평등을 해결하기 위해 정치적 행동에 나설 집단을 형성하는 것이죠. 그래서 《88만 원 세대》는 청년에게 짱돌을 들라고 요구하고, 《왜 분노해야 하는가》는 청년에게 분노하라고 말합니다. 하지만 고통스러운 처지에 있는 사람이 몇 마디 말로 저항의 주체가 될 수 있다면, 그람시가 《옥중수고》를 쓸 필요도 없었을 겁니다. 억압받고 착취당하는 집단의 분노와 저항이 그들의 경제적 고통에 비례한다면, 세상을 바꾸는 일은 훨씬 간단할지 모릅니다. 헬조선의 흙수저들이 모두 들고일어나 짱돌을 들 수 있다면 얼마나 좋을까요?

안타깝게도 경제적 고통과 정치적 저항 사이에는 필연적 관계가 없습니다. 억압받는 자의 분노가 반드시 자신을 억압하는 자를 향하지도 않습니다. 한국의 심각한 사회경제적 불평등을 분석하는 작업과 그것을 해결하기 위한 정치적 실천은 긴밀히 연관되지만, 하나가 결코 다른 하나를 대체할 수는 없습니다. 따라서 저항의 방법을 모색하려면 경제적 분석에서 정치적 실천의 장으로 이동해야 합니다. 그리고 그람시를 따라 다음 질문을 던져야 합니다. '한국의 사회적 약자는 어떤 집단인가?' '그들은 어떤 사회경제적 상태에 놓여 있는가?' '그들은 저항할 수 있는가?' '그들이 선택할 수 있는 정치적 저항의 방법은 무엇인가?' '그들의 저항이 성공할 가능성은 있는가?' '요컨대 변화를 위한 정치전략은 무엇인가?'

이제 소수자의 정치전략이라는 관점에서 이런 질문에 대한 답을 하나씩 찾아보겠습니다.

분노한 청년은 짱돌을 들 수 있다?

사회적 약자는 매우 넓은 외연을 갖는 말입니다. 한국에서 사회적 약자는 직업, 노동조건, 지역, 소득, 재산, 성, 인종, 학벌 등 수많은 요인에 의해 규정됩니다. 이 중 우리 강의가 집중하는 것은 청년이라는 말이 지칭하는 사회적 약자 집단, 즉 청년 실업자와 불안정 노동자입니다. 그런데 실업과 불안정 노동은 사회경제적 조건이지 정치적 조건은 아닙니다. 즉 불안정이나 실업 같은 개념이 그 집단의 정치적 성격까지 설명하지는 못합니다. 그럼 실업과 불안정 노동으로 고통받는 집단을 파악할 정치학적 개념은 무엇일까요? 누군가는 '계급'을 생각할지 모릅니다. '청년 문제는 없고 계급 문제가 있다'고 주장하는 사람도 있습니다. 하지만 실업자와 불안정 노동자를 노동자계급으로 규정하는 것이 이론적, 실천적으로 타당하다고 믿는 사람은 많지 않을 것입니다. 만일 그게 타당하다면, 청년유니온 같은 단체는 필요 없겠죠. 전국의 실업자와 불안정 노동자를 조직해 민주노총에 가입시켜야 할테니까요. 언뜻 봐도 이런 방식은 불가능합니다. 그들을 하나의 노동조합으로 결집하는 고전적 전략은 왜 불가능한 걸까요? 대부분 이런 전략이 유효하지 않다는 것은 알지만, 막상 그 이유를 답하기는 쉽지 않습니다. 이 질문은 단순해 보이지만 많은 문제를 함축하고 있습니다.

우리 강의에서 사용한 '실업과 불안정 노동'이라는 표현은 이론적 개념이 아닙니다. 그저 안정된 일자리를 얻지 못한 모든 사람을 부르는 말이었습니다. 이제 그들을 '불안정precarity 집단'이라는 개념으로 규정해보겠습니다. 이런 집단이 등장한 것은 전 세계적 현상으로, 이들을 전통적 의미의 프롤레타리아와 구별되는 '프레카리아트precariat'라는 신조어로 부르고 있습니다. 불안정은 '무엇임' 아니라 '무엇이 아님'을 의미합니다. 직업 없음, 안정적 소득 없음, 정규직 아님 등 사회 체계 내부에서 고정된 자리를 갖지 못했음을 말합니다. 이런 상태에 놓인 집단은 마르크스주의의 전통적 계급 개념으로 파악하기 어렵습니다. 무엇보다 '박탈' '배제' '부정'으로 규정되기에 공통된 경제적 이해관계를 갖지 않죠. 예컨대 청년 구직자는 소수의 안정된 일자리를 두고 무한 경쟁하는 제로섬게임의 참여자입니다. '너를 죽여야 내가 사는 게임' 속에서 같은 이해관계를 공유하는 집단이 생기기는 어렵습니다. 비정규직 역시 불안정 노동의 다른 이름입니다. 그들은 사회 체계 내의 고정된 위치에 머물지 못하는 사람들입니다. 짧게는 며칠, 길면 몇 년 주기로 사회 내 위치가 달라집니다. 당장 한 달 후 생활을 예상할 수 없는 편의점 노동자와 치킨집 배달 노동자 사이에서 공통의 경제적 이해관계를 찾기는 어렵겠죠. 불안정 노동이란 이렇게 노동시장 내에서 항상 이동 중인 상태를 말합니다. 고정성이 박탈된 노동자가 공통의 경제적 이해관계에 기초한 하나의 계급을 형성할 수는 없습니다. (한 장소에 1년을 살기도 힘든 고시원 생활자가 지역공동체의 일원이 되기 힘든 것과 마찬가지죠.)

꼭 전통적 계급 개념이 아니더라도, 불안정 노동의 고정된 정체성을 발견하고 이를 바탕으로 정치적 행위 주체를 형성하려는 경향은 자주 발견됩니다. 예를 들어 비정규직 노동자가 자신의 정체성을 자각하고 서로 연대해 함께 저항해야 한다고 믿는 것입니다. 《88만 원 세대》나 《왜 분노해야 하는가》의 주장도 이와 크게 다르지 않습니다. 이러한 주장이 실현되기 어려운 이유 중 하나는 물론 외부의 강력한 압력 때문입니다. 자본과 국가권력이 불안정 노동의 저항을 원천적으로 차단하고 있으니까요. 그렇지만 직접적 탄압이 강력하다고 해서 저항이 불가능하지는 않습니다. 오히려 문제는 불안정 노동자가 공통된 정체성을 바탕으로 하나의 정치적 주체를 형성할 수 있느냐는 것이죠.

청년유니온의 성공은 이 문제에 경험적 답을 제공합니다. 그들의 성공 요인은 전통적 노동조합이 아니라 이런 불안정집단을 대변할 '유니온'이라는 조직 형태를 선택했다는 데 있습니다. 그야말로 프레카리아트의 노동조합이죠. 잘 알려져 있다시피, 마르크스 또한 노동자계급이라고 보기 어려운 최하위계층을 '룸펜 프롤레타리아'라는 이름으로 불렀습니다. 이 말의 부정적 뉘앙스를 제거하고 그 개념만 취한다면, 한국의 불안정집단은 현대의 룸펜 프롤레타리아라 할 수 있습니다. 청년유니온은 프롤레타리아가 아니라 룸펜 프롤레타리아의 노동조합입니다. 이들은 결코 같은 정체성을 가진 집단을 조합원으로 받아들이는 방식으로 성장하지 않았죠. 오히려 불안정 노동 문제 해결을 위한 정당조직처럼 운영됩니다. 이처럼 전통적 노동조합이 아니라 정치조직의 성격을 가진다는 사실이 불안정집단의 특징을 잘 보여쭙니다. 이러한 특징을 이론적으로 살펴보기 위해 앞서 설명한 종속계층과 소수자 개념으로 돌아가보겠습니다.

가장 먼저, 불안정집단이 자본주의 체계가 아니라 그 하위 체계에 속한다는 점을 이해해야 합니다. 자본주의 사회에서 자본가는 노동자를 착취합니다. 하지만 노동자계급은 부르주아계급과 함께 자본주의 체계를 유지하는 기둥입니다. 예컨대 유럽 복지국가의 사회적 협의 모델은 정부, 기업, 노동조합의 대화와 협력으로 유지됩니다. 기업과 노동조합은 서로 적대적 관계에 있지만 어쨌든 사회 체계를 유지하는 양대 축으로서 싸우고 타협하면서 국가를 운영해나가죠. 그런데 이런 대화 테이블에조차 낄 수 없는 소수자집단이 존재합니다. 시장에 저임금 노동을 제공하는 거대한 이주민집단이 대표적입니다. **정부, 기업, 노동조합이 자본주의 주류 체계를 운영한다면, 여기에서 배제된 이주민 노동자는 자본주의 하위 체계에 종속되는 것이죠.** 이것이 흔히 '유럽 선진국'이라 불리는 다수 국가의 운영 방식입니다.

유럽의 이주민 노동자처럼 한국의 불안정집단 역시 자본주의 하위 체계에 속합니다. 물론 유럽과 한국은 다르죠. 한국 사회에는 유럽의 주류 체계에 해당하는 것도 사실상 존재하지 않습니다. 그냥 사회 전체가 하위 체계입니다. 노사정위원회가 있긴 하지만 이렇다 할 힘이 없고, 노동조합은 정부와 기업의 대화 상대로 인정받지 못합니다. 노동과 자본이 협의하는 사회 운영 체계라는 것이 아예 존재하지 않습니다. 그 대신 극소수의 권력집단이 사회 전체를 장악하고, 사회 영역 대부분은 이들의 하위 체계로 존재합니다. 앞서 '표준 없는 사회'라 부른 현상이 여기서 반복되는 것입니다.

하위 체계에 종속된 불안정집단은 자신의 고유한 표준을 만들지 못합니다. 여기서 표준이란 고정된 정체성, 사회에 대한 자기 인식, 일관된 행위 논리, 감정이 형성되고 표현되는 방식 등 다양한 요소를 포괄합니다. **흔히 생각하는 바와 달리 감정 역시 사회적 표준에 의해 지배됩니다.** 증오, 사랑, 분노, 슬픔 같은 기본 감정일수록 더욱 사회 체계에 의존합니다. 예컨대 자본주의 사회의 표준 교육 체계는 시장 경제에 필요한 심리 및 감정 상태를 갖춘 시민을 길러냅니다. 부자일수록 슬프고 가난할수록 기쁜 '비정상적' 사람이 많다면 시장 경제가 제대로 작동하지 않겠지요. 노동자계급이 자본주의 사회를 무너뜨릴 수 있다는 마르크스주의의 주장은 노동자계급이 고유한 감정 논리를 창조할 수 있다는 것을 함축합니다. 노동자의 계급의식에는 착취관계에 대한 분노와 다른 노동자에 대한 연대감도 포함되어 있습니다. 노동자가 하나의 계급으로 단결할 수 있다는 것은 말하자면 노동자계급의 감정 논리를 공유할 수 있다는 말입니다.

반면 하위 체계에 종속된 불안정집단은 주류 체계에 대항하기 위한 고유한 감정 논리를 형성하기 어렵습니다. 계급의식이 있는 노동자는 자본가에게 분노하겠지만, 불안정집단의 감정은 주류 체계에 종속되어 있습니다. 그래서 헬조선의 불안정집단은 그들보다 더 약한 집단을 향해 증오를 쏟아냅니다. 주류 체계가 하위 체계에 강요하는 불평등과 차별의 논리를 그대로 수용하기 때문입니다. 주류 체계에 맞서 자기 감정의 논리를 스스로 재구성하지 못하는 것이죠. 앞서 그람시와 라클라우의 작업을 검토하며 말했듯, 결국 불안정집단의 감정을 어떤 논리로 재조직할 것인지가 헤게모니전략의 핵심 문제입니다.

이제 앞의 질문으로 돌아가겠습니다. 불안정집단 사이의 연대는 불가능한 것일까요? 이들이 주류 체계에 저항할 방법은 무엇일까요? 방금 이 질문의 답이 될 수 없는 것을 먼저 검토했습니다. 먼저 전통적 노동자계급처럼 경제적 공통성을 따라 단결하는 방식은 불가능합니다. 다음으로 하위 체계에 종속된 불안정집단이 실정적positive 공통성을 바탕으로 주류 체계에 저항하는 것 역시 불가능합니다.

이것은 그람시가 1920년대 이탈리아 남부 농민의 처지를 분석하며 제기한 문제와 다르지 않습니다. 그들은 농민이라는 공통성을 바탕으로 독립적인 정치집단이 될 수 없었습니다. 이것이 그들을 종속계층이라 부르는 이유입니다. 헤게모니전략도 여기서 등장합니다. 하지만 헤게모니는 그람시의 발명품이 아닙니다. 그의 작업은 현대 사회와 함께 탄생한 헤게모니 정치의 논리를 집단의지, 신화, 정당, 진지전과 기동전, 역사적 블록 등의 개념으로 표현한 것이죠. 이제 그람시와 라클라우의 이론을 참고하며 헤게모니전략의 세부 내용을 살펴보겠습니다.

다수화전략: 헤게모니와 포퓰리즘

불안정집단의 문제를 해결하기 위한 정치전략은 크게 두 가지가 있습니다. '다수화전략'과 '소수화전략'입니다.[26] 한국 현실에 필요한 정치전략을 모색하기 위해 이 두 가지 전략을 하나씩 살펴보겠습니다.

그람시의 《옥중수고》는 일관된 체계를 갖춘 작업이 아닙니다. 같은 개념이 작성 시기에 따라 여러 의미로 사용되고, 같은 주제에 대한 저자의 관점과 의견도 노트마다 조금씩 다르죠. 따라서 '그람시의 정치전략'을 찾고자 하는 독자는 《옥중수고》여기저기에 흩어져 있는 단편들을 끌어모아 재조직해야 합니다. 일단 우리는 그런 단편들 사이에 발생하는 이론적, 실천적 쟁점은 보류하고 다소 단순한 형태로 그람시의 정치 구상을 그려볼 것입니다. 이를 위해 필요한 기본 개념은 앞서 설명했습니다. 여기에 '시민사회' 개념만 추가하겠습니다.

한국에서 이 개념은 매우 일반적으로 사용되지만 대부분 '시민운동 진영'이나 '여론 형성의 장' 따위를 의미합니다. 하지만 그람시가 말한 시민사회의 의미는 훨씬 넓습니다. 여기서는 그 개념의 핵심 요소 두 가지만 지적하겠습니다. 첫째, 사회의 상

---

26 이 두 가지 정치전략을 처음 비교한 사람은 프랑스 철학자 발리바르Étienne Balibar입니다. 그는 들뢰즈와 과타리의 '소수화-되기'를 소수화전략stratégie minoritaire으로, 그람시의 정치 기획을 다수화전략stratégie majoritaire으로 규정합니다. É. Balibar, *Violence et civilité*, Galilée, 2010, pp.143-193.

부구조는 시민사회civil society와 정치사회political society라는 두 단계로 구성됩니다. 여기서 정치사회란 곧 국가를 말합니다. 둘째, 시민사회는 헤게모니가 작동하는 공간입니다. 헤게모니가 '동의에 의한 지배'를 의미한다면, 국가의 기능은 강제에 의한 직접 지배에 해당합니다.[27]

지배집단은 시민사회와 국가에서 각기 다른 방식으로 지배력을 행사합니다. 시민사회에서 피지배 대중은 자발적으로 지배에 동의합니다. 이런 동의를 생산하는 것 중 하나가 '문화'입니다. 이번 강의 초반, 우리는 상위문화와 하위문화 사이에 문화적 헤게모니가 작동한다는 것을 살펴보았습니다. 시민사회는 문화적 헤게모니가 작동하는 영역이고, 그것이 동의에 의한 지배를 가능하게 하죠. 물론 다른 방식도 있습니다. 앞서 설명한 신화적 이데올로기나 지도자 개인의 카리스마 역시 동의에 의한 지배를 유지하는 심리적 장치입니다. 한편 지배집단은 국가기구를 통해 법률이 보장하는 강제력을 행사하기도 합니다. (물론 국가의 지배가 헤게모니와 무관하게 강제적 방식에만 의존하는 것은 아니며, 헤게모니 역시 강제에 의한 지배를 완전히 배제하지는 않습니다.) 물론 시민사회와 국가의 이러한 작동 방식이 모든 사회에 보편적으로 적용되는 것은 아닙니다. 애초에 그람시가 시민사회를 분석한 이유도 러시아와 유럽의 차이를 설명하기 위해서였습니다. 그는 '왜 유럽이 아니라 러시아에서 프롤레타리아 혁명이 성공했는가?'라는 질문을

---

27   Q12, §1. 안토니오 그람시, 〈1장 역사적 문화의 문제-지식인〉, 《그람시의 옥중수고 2》.

던지고, 이에 '러시아와 달리 유럽에는 시민사회가 존재하기 때문'이라고 답합니다.

시민사회에 대한 이런 교과서적 설명은 우리에게 익히 알려져 있습니다. 《옥중수고》는 20세기 유럽을 설명하는 사회과학 고전이지만 이 작업은 단순히 이론적 분석에 그치지 않습니다. 《옥중수고》는 20세기의 《군주론》입니다. 그 작업의 목적은 단지 새로운 정치학 이론을 제안하는 것이 아니라 종속계층의 해방을 위한 정치전략을 수립하는 것입니다. 종속계층에 대한 앞의 설명을 떠올려봅시다. 종속계층은 지배집단이 주도하는 역사적 블록에 종속되어 있습니다. 그들에 대한 착취관계를 유지하는 것이 문화적 헤게모니이며, 시민사회의 헤게모니적 지배와 국가기구의 강제적 지배는 종속 상태를 유지하는 두 가지 방식입니다.

이론적 분석에서 정치적 실천으로 관점을 옮기면, 다른 광경이 펼쳐집니다. 새로운 정치집단이 신화적 이데올로기를 창조함으로써 시민사회의 헤게모니를 두고 기존 지배집단과 경쟁할 수 있습니다. 여기서 '동의에 의한 지배'가 항상 완전한 것이 아니라는 사실이 중요합니다. 지배집단이 자기에게 주어진 정치적 임무에 실패하거나 수동적 위치에 있던 대중이 적극적 행동에 돌입하는 상황이 발생하면, 기존 지배집단의 헤게모니는 위기에 봉착하게 됩니다. 이렇게 그람시가 '유기적 위기organic crisis'라 부르는 정세가 도래하면, 시민사회는 여러 정치집단이 헤게모니를 두고 격돌하는 싸움의 무대로 변합니다. 시민사회 없이 억압적 국가기구의 폭력이 지배하는 사회에는 이러한 헤게모니 투쟁의 가능성도 존재하지 않습니다. **종속계층의 입장에서 시민사회는 해방을 위한 정치적 투쟁의 장이 될 수 있습니다.** 그람시는 군사 용어를 빌려 이런 헤게모니 투쟁의 양상을 '기동전war of movement' 과 구별되는 '진지전war of position'이라 말합니다.

여기서 정당의 지도력은 헤게모니 투쟁의 선험적 조건입니다. 흔히 생각하는 피지배계급의 전면적 저항이나 봉기는 기존 헤게모니의 위기를 불러올 뿐 그 자체가 새로운 헤게모니를 수립하지는 못합니다. 시민사회에서 헤게모니를 두고 경쟁하는 주체는 대중이 아니라 정당입니다. 종속계층의 해방이라는 정치적 목적을 위해 가장 먼저 필요한 것은 종속계층의 직접적 저항이 아니라 그 목적을 실현할 정당입니다. 정당의 첫 번째 기능은 새로운 집단의지의 씨앗이 되는 것입니다. 결국 시민사회란 각 정당을 중심으로 결집한 집단의지들의 각축장입니다. 정당은 집단의지를 구성하고 이를 인민 전체의 집단의지national-popular collective will로 발전시켜야 합니다. 이것은 사회 전체의 문화를 재구성하는 작업이기도 하죠. 정당의 시민사회의 헤게모니 투쟁에서 유리한 위치를 차지했을 때 비로소 종속계층을 착취 관계에서 벗어나게 할 경제적 조건을 재구성할 수 있습니다.

아직 가장 중요한 질문이 남아 있습니다. 정당이 헤게모니 투쟁에서 승리할 수 있는 조건은 무엇일까요? 즉 정당의 이념은 어떻게 사회 전체의 지배적 집단의지가 될 수 있을까요? 이 물음에 답하는 사람이 바로 아르헨티나 출신의 정치 이론가 라클라우입니다. 그는 1985년 무페Chantal Mouffe와 함께 쓴 《헤게모니와 사회주의 전략》에서 모든 사회적 요소를 담론성의 장field of discursivity으로 환원한 후 그 요소 사이의 관계를 이용해 헤게모니의 작동 방식을 설명합니다.[28] 30년이 지나 출간한《포퓰리즘적 이성에 대해On Populist Reason》는 그의 헤게모니 이론을 통해 포퓰리즘이라는 정치 현상을 설명하는 책입니다. 이 두 책의 내용을 바탕으로 방금 던진 질문의 답을 찾아보겠습니다.

라클라우는 자신의 개념으로 헤게모니 이론을 재구성합니다. 일단 그는 사회의 기본 단위를 '요구demand'로 정의합니다. 예컨대 지금 한국에는 실업 문제 해결, 고용 안정성 확보, 임금 인상, 성별 임금 불평등 해결 등 수백 가지 요구가 있습니다. 이런 요구들 자체는 일종의 아우성일 뿐 정치적 힘을 행사하지는 못합니다. 정치적 힘은 요구 사이의 관계와 연대에서 나옵니다. 그런데 라클라우가 제안하는 연대의 논리는 우리가 일반적으로 생각하는 것과 전혀 다릅니다.

먼저 그는 '어떻게 하나의 특수한 요구를 사회 전체의 보편적 요구로 만들 것인가?'라는 질문을 제기합니다. 각기 다른 사회적 요구들을 A, B, C, D, E, ……로 표현해보겠습니다. 우리는 요구 사이의 공통성을 기초로 연대가 형성된다고 생각하죠. 이를테면 요구 A, B, C가 합의하는 것을 X라 합시다. 비정규직 문제(A), 청년 실업(B), 주거 빈곤(C)의 해결을 요구하는 사람이 모

---

28   이에 관해서는《헤게모니와 사회주의 전략》 3장 〈사회적인 것의 실정성을 넘어서: 적대와 헤게모니〉를 참고할 수 있습니다. 라클라우의 헤게모니 이론이 궁금한 분들에게는 *On Populist Reason*(Verso, 2005)을 추천합니다. 이 책이 더 쉽고 명료합니다.

두 최저임금 인상(X)에 합의하는 경우입니다. 사회운동 진영은 X라는 이름의 공동 조직을 만들어 A, B, C를 요구하는 사람들을 묶습니다. 정당은 이들의 표를 얻기 위해 X를 공약으로 내겁니다. 그러나 이런 방식의 연대는 사회적 요구 전체를 묶지 못합니다. 기존의 요구 A, B, C, D, E, ……에 X가 추가되어 A, B, C, D, E, X, ……로 바뀔 뿐이죠. 이번에는 A, B, C가 X라는 상위 범주로 묶인다고 해볼까요? 예컨대 청년 실업 해결(A), 대학등록금 인하(B), 최저임금 인상(C)을 청년 문제 해결(X)이라는 범주로 묶는 경우를 떠올릴 수 있겠죠. 이 경우에는 사회적 요구가 X, D, E, ……로 단순화됩니다. 이는 결코 A, B, C 사이의 연대가 아닙니다. 상위 범주로 묶이는 순간, 세 요구 사이의 차이는 제거되고 하나의 요구만 남습니다. 단순화나 추상화일 뿐 연대의 형성으로 보기 어렵습니다. 연대해야 할 원래의 요구가 사라지기 때문입니다.

라클라우는 사회적 요구 전체를 연결할 보편적 요소가 어떤 실정적positive 내용을 가져서도 안 된다고 이야기합니다. 그 요소는 '무엇임'이 아니라 '무엇이 아님'을 표상하는 것, 즉 아무런 의미도 갖지 않은 말이어야 합니다. 이것이 바로 '빈 기표empty signifier'입니다. 빈 기표란 맥락에 따라 기의가 달라지거나 모호한 기의를 가진 게 아니라 말 그대로 기의 자체를 갖지 않는 기표입니다. 라클라우는 순수한 형식 추론을 통해 빈 기표가 사회적 요소 전체의 체계성을 보장한다는 것을 보여줍니다.[29] 즉 X가 실정적 내용을 가진 사회적 요구가 아니라 아무런 의미 없는 빈 기표인 경우에만, 사회적 요구 A, B, C, D, E, …… 전체가 X와 마주

보며 '등가 사슬equivalential chain'을 형성할 수 있다는 것입니다. 결국 등가 사슬이란 사회적 요구 사이의 차이를 제거하지 않는 연대의 형식입니다. 라클라우는 이렇게 우리가 연대라 부르는 사회적 요구 사이의 관계를 차이와 등가의 논리로 설명합니다.

억압적 국가권력에 저항하는 연대 전선은 라클라우 이론의 전형적 사례입니다. 한국 민주화운동의 논리도 이와 다르지 않습니다. 이를테면 군부독재정권이 지배했던 한국 사회를 떠올려 봅시다. 그 속에서 농민, 노동자, 여성, 중산층, 학생, 지식인, 자영업자 등은 각자 고유한 사회경제적 요구를 갖습니다. 정치 제도의 민주화, 민족통일, 사회주의 혁명, 개헌 같은 정치적 요구도 있죠. 이런 사회적 요구들로 등가 사슬을 형성하는 게 '민주주의'라는 빈 기표입니다. 방금 설명했듯 만일 민주주의가 어떤 실정적 내용을 가진 공통 요소 X라면, 요구 중 일부가 민주주의라는 상위 범주로 추상화될 뿐 사회적 요구 전체가 하나의 이름으로 연결되지 못합니다. 그와 달리 민주주의라는 빈 기표가 표상하는 것은 '~아님'이라는 단순한 부정성이죠. 즉 민주주의란 어떤 실정적 내용을 가진 정치 이데올로기가 아니라 단지 '군부독재로 고통받는 한국 사회에 결여된 어떤 것'을 표상하는 말입니다. (이것이 그람시의 이데올로기 이론과 구별되는 라클라우 이론의 독특성입니다.)

그렇지만 민주주의가 처음부터 빈 기표로 탄생한 것은 아님

---

29   E. Laclau, "Why do Empty Signifiers Matter to Politics?", *Emancipation(s)*, Verso, 2007.

니다. 애초에 민주주의도 실정적 내용을 가진 요구 중 하나였습니다. 예컨대 한국 민주화운동에서 '민주주의'는 '대통령 직선제'라는 특수한 요구를 지시하는 것으로 등장했습니다. 그러나 특정 정세에서는 이런 특수한 요구의 이름과 내용이 분리되어 그 이름만 보편성을 획득합니다. 즉 '민주주의'라는 이름과 '대통령 직선제'라는 실정적 내용이 분리되면서 '민주주의'가 사회적 요구 전체를 묶는 보편적 이름으로 전환되는 것입니다. 이때 민주주의는 내용 없는 이름, 기의 없는 빈 기표입니다. **이렇게 특수한 요구의 이름이 보편화하는 논리가 바로 헤게모니입니다.** 어떤 이름이 빈 기표로 활용될지는 정세에 달려 있습니다. 1987년 이후 사회운동에서도 구체적 정세에 따라 민족통일, 노동해방, 5·18 같은 특수한 요구의 이름들이 사회적 요구 전체를 연결하는 보편적 이름으로 사용된 것을 볼 수 있습니다.

'특수성의 보편화'는 헤게모니의 가장 명료한 개념 정의입니다. 헤게모니는 흔히 '동의에 의한 지배'라 정의됩니다. 특정 집단이 그런 동의를 얻어 헤게모니 그룹이 되려면, 자신의 특수한 의지가 시민사회 전체의 보편적 의지임을 보여주어야 합니다. 즉 나의 주장이 나 자신이 아니라 우리 모두를 위한 것임을 인정받아야 하는 것이죠. 예컨대 시장경제를 지지하는 경제학이 자본가계급의 지배적 위치를 보장하는 이유는 시장경제가 자본가뿐 아니라 모든 사람에게 이익이 된다는 것을 보여준다는 데 있습니다. 마찬가지로 종속계층의 해방을 위한 새로운 경제 체제를 실현하려면, 그것이 종속계층뿐 아니라 모두를 위한 경제 체제임을 인정받아야 합니다. 이러한 특수성의 보편화가 동의에 의한 지배를 가능케 하는 것입니다.

사회적 요구 전체가 민주주의라는 빈 기표에 의해 등가 사슬로 연결되면, 사회는 두 진영으로 구별됩니다. 즉 민주주의 진영과 반대 진영 사이에 적대 전선이 그어집니다. 여기서 유의할 점은 이 두 진영이 결코 사회의 두 부분을 의미하지는 않는다는 것입니다. 민주주의 진영은 군사독재라는 '공동의 적'을 사회에서 배제하면서 자신이 곧 '국민'이라고 주장합니다. 그런데 국민은 사회집단 전체를 지시하는 말이죠. 따라서 군사독재를 국민의 적이라 부르는 것은 군사독재를 사회의 한 부분이 아닌 사회에서 배제된 것 혹은 사회의 부정성으로 규정하는 것입니다. 이처럼 민주주의라는 빈 기표의 기능은 공동의 적을 사회적 관계에서 배제하고, 그런 배제를 마주하는 사회적 요구 전체를 하나의 등가 사슬로 묶는 것입니다. 이렇게 묶인 요구들은 자신이 사회의 한 부분이 아니라 사회 전체임을 주장합니다. 라클라우가 '포퓰리즘적 이성'이라고 부르는 논리가 바로 이것입니다.

여기서 다시 특수성의 보편화라는 논리가 등장합니다. 라클라우는 포퓰리즘이라 불리는 정치 논리를 'populus'와 'plebs'의 관계로 설명합니다.[30] 이 둘 모두 인민을 뜻하는 라틴어이지만, 'populus'가 전체 인민의 집합을 의미하는 반면 'plebs'는 엘리트와 구별된 '보통 사람'을 말합니다. 포퓰리즘적 이성은 'plebs'가

---

30   E. Laclau, *On Populist Reason*, pp.77-100.

'populus'를 자임하는 논리입니다. 다시 말해, 포퓰리즘이란 '가진 것 없는 보통 사람이 인민 전체'라고 주장하는 것입니다. 이런 주장은 단순한 정치적 수사로 들리지만, 라클라우는 이것이 바로 인민이 구성되는 논리라고 말합니다. 즉 포퓰리즘이 인민이라는 전체 집단을 구성하는 것이죠. 이 논리는 한국 사회에 생소하지 않습니다. 정치 엘리트와 지배집단을 향해 "우리 힘없고 평범한 서민들이 국민이다"라고 외치는 광경은 매우 익숙하지요.

라클라우가 말하는 'populus'에 해당하는 한국어는 '국민'과 '민족'입니다. **한국에서 포퓰리즘이란 특정 집단이 국민 혹은 민족을 자임하는 데서 성립합니다.** 민주화운동의 성공 요인은 민주주의라는 이름 아래 독재정권에 거부감을 가진 모든 사람을 연결하고, 민주주의를 '국민의 요구'로 만들었다는 사실에 있습니다. 이것은 동시에 국민의 정체성을 구성하는 과정이기도 합니다. 하지만 국민을 그저 '모든 한국 사람의 집합'으로 정의하면, 거기에는 아무런 정체성도 없습니다. 민주주의라는 특수한 이름을 보편화하며 '민주주의를 간절히 원하는 국민'을 외칠 때 국민이라는 전체 집합의 정체성도 구성됩니다.

'정당이 헤게모니 투쟁에서 승리할 조건은 무엇인가?'라는 앞의 질문으로 돌아가보겠습니다. 라클라우를 참고하여 이 질문에 답할 수 있습니다. 헤게모니란 결국 특수성의 보편화에서 성립합니다. 따라서 정당은 특수한 요구의 주창자에 머물지 않고 사회적 요구 전체를 연결하는 빈 기표의 구현체가 되어야 합니다. 정당이 사회적 요구 전체를 부르는 하나의 이름으로 기능할 때 헤게모니적 지위에 오를 수 있겠죠. 이것은 새로운 정치전략의 논리가 아니라 헤게모니 정치의 일반적 작동 방식입니다. 그런 작동 방식을 어떻게 인식하고 활용할지가 우리의 문제입니다.

이제 소수화전략을 검토하며 구체적 사례를 들어 불안정집단을 위한 정치전략의 수립을 다루겠습니다.

소수화전략: 최저임금위원회의 사례

그람시와 라클라우의 헤게모니 개념은 다수화전략을 함축합니다. 여기서 '다수화'란 단지 양의 증가가 아니라 특수성의 보편화를 말하죠. 특수한 사회집단이 자기가 보편적 집단임을 주장하며 헤게모니적 지위에 오르는 게 다수화전략의 논리입니다. 이런 의미에서 '주류화 전략'이라 부르는 게 더 정확할 때도 있습니다. 앞서 말했듯 이런 논리 구조에는 반드시 힘의 중심이 있습니다. 그람시는 정당을 집단의지의 중심으로 보았고, 라클라우가 말한 보편적 이름은 등가 사슬을 연결하는 중심입니다. 그런 보편적 이름은 대개 카리스마적 지도자나 정치조직으로 구현됩니다. 우리가 현실에서 목격하는 정치전략 대부분이 이런 논리를 따릅니다. 이렇게 일반적인 전략을 굳이 다수화라고 부르는 것은 들뢰즈, 과타리의 소수화전략과 구별하기 위해서입니다.

'소수화-되기'란 고정된 체계를 끊임없이 변형시키는 과정입니다. 이것은 현실 정치에서 권력의 집중화를 거부하고 고정된 모든 지배 체계를 뒤흔드는 것을 의미합니다. 요컨대 힘의 중앙집중화가 다수화전략의 본질적 요소라면, 그런 중심을 계속 변화시키는 것이 소수화전략입니다. 따라서 이것을 반灰헤게모니전략이라고도 부를 수 있습니다.

다수화전략의 실제 사례는 많지만, 소수화전략은 현실 정치에서 독립된 형태로 드러나지 않고, 경험적으로 이해하기도 어렵습니다. 누군가는 이것을 권위주의와 중심권력에 대한 순진한 거부감이라고 비판할지도 모릅니다. 힘의 중심을 인정하지 않는 정치전략이란 개념으로만 존재할 뿐 실현되기 어려운 것처럼 보이기 때문입니다. 하지만 현실의 헤게모니전략은 반드시 소수화전략을 동반합니다. 이 문제를 이론적으로 검토하기는 어려우니 실제 사례를 들어 설명하겠습니다. 최저임금 협상에 나서는 청년유니온과 민주노총의 관계를 살펴보죠.

최저임금위원회는 시민사회의 완벽한 축소 모형입니다. 정부의 중재 아래 '사용자위원'과 '근로자위원'이 한 테이블에 앉아 협상을 합니다. 여기에는 전문 지식인도 '공익위원'이라는 이름으로 참여합니다. 최저임금위원회는 국가기구, 자본, 노동, 지식인이 최저임금을 두고 헤게모니 투쟁을 벌이는 장입니다. 2015년 민주노총은 청년유니온 위원장을 근로자위원으로 추천했습니다. 불안정 노동을 대표하는 조직도 최저임금 협상 테이블의 한 자리를 차지하게 된 것입니다. 이렇듯 최저임금 협상장은 다수화전략과 소수화전략을 설명하기에 최적의 모델입니다.

최저임금 인상을 위한 다수화전략에 가장 먼저 필요한 것은 정치적 지도부입니다. 일단 민주노총이 그 역할을 수행한다고 가정하겠습니다. 그들의 과제는 최저임금 인상이라는 특수한 요구를 사회의 보편적 요구로 만드는 것입니다. 예컨대 불안정 노동, 실업, 경제적 불평등, 빈곤 해결 따위의 모든 사회적 요구를 '최저임금 인상'이라는 이름으로 연결하는 것입니다. 이를 위해서는 한국 사회의 문제 대부분이 최저임금 인상으로 해결될 것처럼 주장해야 합니다. 물론 그 주장의 과학적 타당성을 증명할 수도 있겠지만, 그저 정치전략의 보조 수단으로만 활용될 뿐입니다. 분명히 자각하지 못해도 헤게모니 경쟁의 참여자들은 이미 다수화전략에 따라 협상에 임하고 있습니다. 최저임금 인상을 지지하는 시민 활동 전체가 그것을 사회의 보편적 요구로 만드는 데 집중하니까요.

　　그런데 이런 다수화전략은 몇 가지 위험을 내포합니다. 방금 설명한 특수성의 보편화는 특수한 요구의 내용과 이름을 분리해 그 이름만 보편화하는 것입니다. 그 보편적 이름을 빈 기표라 불렀지요. 이때 그 요구의 내용은 여전히 특수한 것으로 남아 있습니다. 즉 '최저임금 인상'이 사회적 요구 전체를 포괄하는 보편적 이름이 되더라도, 최저임금을 1만 원으로 올려야 한다는 실제 요구는 계속 특수한 것으로 남아 있습니다. 최저임금 인상이 전 사회적 이슈가 되는 것과 최저임금이 실제로 대폭 인상되는 것 사이에는 논리적 필연성이 없습니다. 따라서 **이름의 보편성과 내용의 특수성이 점점 멀어지면 실제 요구는 그냥 묻혀버리는 결**

과가 나타날 수 있습니다. 최저임금 인상이 단지 광범위한 세력을 결집할 이름으로 소비되고 끝나는 것입니다. 첫 번째 강의에서 분석한 청년이 바로 이런 경우입니다. 애초에 '청년'은 '청년실업과 불안정 노동의 해결'이라는 사회적 요구를 지시하는 이름이었습니다. 하지만 이런 요구의 내용과 이름이 분리되며 청년은 다른 사회적 요구 전체를 연결하는 빈 기표가 되었습니다. 그 말은 보편성을 획득했지만 정작 청년 실업과 불안정 노동은 해결되지 않은 채 남아 있습니다.

요구의 내용과 이름이 분리되는 것은 현실적인 문제입니다. 최저임금 인상이 보편적 이름이 되면 그 이름은 다른 정치적 목적을 위해서도 활용이 가능해집니다. 이렇게 되면 최저임금의 실질적 인상을 요구하는 진영과 최저임금 인상을 정치적 도구로 활용하려는 진영이 분리될 수 있습니다. 이런 상황은 빈번히 발생합니다. 예컨대 2008년 촛불시위의 요구는 '미국산 쇠고기 수입 반대'였습니다. 촛불시위의 성장은 이러한 요구의 이름과 내용이 분리되는 과정이었습니다. '미국산 쇠고기를 수입하면 안 된다'는 특수한 요구가 있는 한편, 거리에서 외치는 '미국산 쇠고기 수입 반대'는 사회적 요구 전체를 연결하는 보편적인 이름이기도 합니다. 그 이름이 겨냥한 것은 다름 아닌 이명박 정부였습니다. '반이명박'이라는 부정성을 표상하는 빈 기표인 것이죠. 결국 실제 요구의 특수성과 이름의 보편성을 따라 촛불시위 참여자도 나누어졌습니다. 이런 분열은 다수화전략의 자연스러운 효과입니다. 문제는 촛불시위 정국에 이런 분열을 조절할 유능한 지도부가 존재하지 않았다는 사실이죠.

　방금 설명한 것은 한국 사회의 특징이 아니라 다수화전략 일반이 내포한 위험입니다. 이 전략의 성공 여부는 정치적 지도부가 그런 위험을 얼마나 적절히 관리하느냐에 달려 있습니다. 이제 다수화전략에 참여하는 소수자의 관점으로 이동해보겠습니다. 민주노총이 아니라 청년유니온의 관점으로 최저임금위원회를 바라보면 전혀 새로운 문제가 등장합니다. 청년유니온이 자본과 기업에 맞서 최저임금 인상이라는 요구를 실현하려면 민주노총 중심의 다수화전략에 참여해야 합니다. 문제는 민주노총과 청년유니온의 요구가 항상 일치한다는 보장이 없다는 사실입니다. 민주노총은 최저임금 인상 진영의 보편적 요구를 대변하고, 청년유니온은 불안정 노동자의 특수한 요구를 대변합니다. 방금 말했듯 이 두 가지 요구의 갈등은 다수화전략의 자연스러운 효과입니다. 그런데 여기서 그람시와 라클라우가 다루지 않은 문제가 하나 있습니다. **보편적 이름 아래 연결된 등가 사슬 내에서 다수성과 소수성의 위치가 구별된다는 것입니다.**

　민주노총이 주도하는 최저임금 인상 진영에는 한국노총도 포함됩니다. 민주노총이 대변하는 보편적 요구와 한국노총의 특수한 요구 역시 대립할 가능성이 있습니다. 하지만 청년유니온의 경우와는 다릅니다. 한국노총은 다수성의 위치에 있기 때문입니다. 즉 민주노총이 대변하는 보편적 요구와 한국노총의 특수한 요구 사이의 갈등이 임계치를 넘으면, 한국노총이 민주노총을 대신해 새로운 지도부를 자임할 수 있습니다. 각자의 특수한 요구를 보편적 요구로 인정받기 위한 민주노총과 한국노총의 헤게모니 경쟁이 발생하는 것입니다. 이것도 다수화전략의 자연스러운 작동 방식입니다. 이 두 조직이 경쟁할 수 있는 건 어쨌든 둘 다 정규직 노동자에 기초한 조직이기 때문입니다. 불안정 노동자를 대표하는 청년유니온이 이들과 헤게모니 경쟁을 벌이는 것은 불가능하겠죠.

이것은 무엇보다 불안정집단의 특성 때문입니다. 앞서 설명했듯, 불안정집단은 고정된 자기 체계를 구성하지 못합니다. 고정된 정체성을 공유하는 정규직 노동조합이 최저임금위원회라는 주류 체계의 한 부분이 되는 것과 달리 불안정집단은 그것의 하위 체계에 종속됩니다. 민주노총과 한국노총은 정해진 논의 체계에 따라 자기 조직의 요구를 종합하지만, '불안정집단의 공통된 요구' 같은 것은 존재하지 않습니다. **청년유니온이 대표하는 것은 한 집단의 공통된 목소리가 아닙니다. 엄밀히 말하면, 그것을 '대표한다'고 말할 수도 없습니다.** 그들의 역할은 정치적 대의가 아니라 불안정집단이 존재한다는 사실 자체를 드러내는 데 있습니다. 따라서 청년유니온과 불안정집단은 최저임금 인상 운동을 주도할 헤게모니 집단을 선택할 자유만 있을 뿐 직접 헤게모니 집단이 될 수는 없습니다.

그럼 불안정집단의 입장에서 청년유니온에게 허용된 전략은 무엇일까요? 일단 최저임금 인상을 위한 다수화전략에 참여하는 것은 선택의 여지가 없습니다. 그러나 이와 동시에 최저임금위원회라는 주류 체계의 고정성을 뒤흔들어야 합니다. 2015년 최저임금 협상에서 기업과 노동계는 처음부터 대립했습니다. 결국 근로자위원이 불참한 상태에서 남은 공익위원과 사용자위원이 투표로 최종 인상안을 의결했습니다. 이런 전개는 익숙합니다. 노사정이 협상하다가 노동계가 협상장을 뛰쳐나가면 정부와 기업이 필요한 내용을 결정합니다. 그리고 노동계는 총파업을 선언하죠. 한국에서는 이런 전개가 주류 체계로 고정되어 있습니다. 물론 기업이 노동조합보다 압도적으로 강하다는 사실을 고려해야 합니다.

이런 불평등한 역학 관계 속에서 기업과 노동조합의 갈등이 같은 양상으로 반복되는 것입니다. 그런 반복은 다시 하나의 사회 체계로 고정됩니다. 불안정집단은 그런 고정 체계를 유지하는 노동조합의 헤게모니를 인정하면서 동시에 뒤흔들어야 합니다. 즉 청년유니온은 최저임금 협상 과정에서 민주노총이 표현하는 보편적 요구에 동참하면서 그것을 변형하려는 시도를 계속해야 합니다. 때로는 협상장을 박차고 나가야 하지만, 필요할 때는 다른 노동계 위원이 협상장을 떠나도 혼자 기업과 싸우며 최저임금을 단 1원이라도 올려야 합니다. 청년유니온이 중요한 이유는 그것이 기존 노동운동의 고정된 정체성과 체계에 균열을 내는 존재이기 때문입니다. 그런 균열을 통해 불안정집단의 존재가 드러나게 됩니다.

이렇게 다수화전략의 중앙집중적인 체계를 뒤흔드는 과정이 바로 소수화전략입니다. '뒤흔든다'는 모호한 표현을 쓴 이유는 소수화전략의 목적이 새로운 고정 체계를 수립하는 데 있지 않기 때문입니다. 분명한 목표를 향해 기존 전략을 수정하는 것이 아니라 다수화전략의 중심이 고정되지 않도록 지속적인 변화를 시도해야 합니다. 이것은 앞서 설명한 소수화-되기의 과정입니다. 소수화전략이 현실 정치에서 독립적인 정치전략으로 작동하기는 어렵습니다. 하지만 소수자의 해방을 위한 다수화전략은 반드시 소수화전략을 동반해야 합니다. 방금 말한 민주노총과 청년유니온의 관계가 바로 정규직 노동의 중심성과 불안정 집단의 주변성을 드러내는 한 가지 사례입니다. 다수화전략은 특수한 요구의 보편화에서 성립하는데, 보편화하기 쉬운 것은 여전히 '남성, 성인, 이성애자, 정규직……'의 특수한 요구입니다. 빈 기표로 사용될 가능성이 큰 것도 다수자의 언어와 이미지입니다. '여성, 청소년, 성소수자, 불안정 노동자……'의 해방을 위한 정치전략을 수립하더라도 전략의 중심은 다수자가 차지할 가능성이 큰 것이죠.

결국 **소수자에게 허용된 방법은 다수자 중심의 정치전략에 참여하면서, 그 중심을 차지하는 다수성을 계속 변화시키는 것입니다.** 소수화전략 없는 다수화전략은 소수자를 배제하는 또 다른 주류 체계일 뿐입니다.

시민성의
재구성

우리 강의 전체를 관통하는 하나의 문제를 꼽자면, 그건 바로 개념의 부재입니다. 첫 번째 강의의 목표는 청년이라는 말의 사용 방식을 통해 이 문제를 구체적으로 분석하는 것이었고, 두 번째 강의에서는 다수성과 표준이라는 정치철학적 개념을 참조하며 개념 없는 사회에 대한 이론적 접근을 시도했습니다. 이제 마지막 강의에서는 한국 사회에 부재한 개념 중 하나를 표준으로 수립하기 위한 실제 작업을 시작할 것입니다. 바로 시민성 개념입니다. 왜 다른 것보다 이 개념이 가장 시급할까요? 한국 사회가 직면한 몇 가지 문제들에서 이야기를 시작해보겠습니다.

　지금 한국 사회를 괴롭히고 있는 가장 심각한 문제 중 하나는 불평등입니다. 흔히 경제적 불평등만을 지적하지만, 불평등의 다양한 형태는 경제적 불평등으로 환원되지 않습니다. '갑을

관계'는 단지 소득이나 재산의 차이로 설명될 수 없죠. 소득, 재산, 성별, 인종, 지역, 학벌, 섹슈얼리티, 직업과 고용 형태에 따라 힘 있는 자와 힘없는 자가 나뉘고, 사회의 전 영역이 상하 위계구조에 의해 지배됩니다. 이런 사회에서는 임의의 두 개인이 우연히 만나도 그 사이에 불평등한 관계가 형성됩니다. 전체 인구 집단이 일등부터 꼴찌까지 한 줄로 늘어서서 앞사람에게 머리를 조아리는 꼴입니다.

이런 불평등은 전통적 의미의 계급사회와 다릅니다. 지배계급과 피지배계급으로 사회가 구성되어 있다면 적어도 피지배계급 내에서는 개인 사이의 관계가 평등하다는 이야기니까요. 한국의 불평등은 또한 서구 사회에서 나타나는 차별과 배제와도 다릅니다. 서구에서도 사회의 다수집단이 소수집단을 배제하지만 적어도 다수집단의 주류 시스템 내에서는 공동체 구성원의 평등한 관계가 철저히 보장되기 때문입니다.

그래서 모든 사람이 불평등 해소를 주장합니다. 그럼 불평등하지 않은 상태란 무엇일까요? 물론 평등입니다. 단순한 형식 논리죠. 불평등이란 평등하지 않은 상태이니 불평등을 해결한다는 것은 당연히 평등한 상태에 도달한다는 말입니다. 평등 개념이 전제되지 않으면 '불평등을 해결해야 한다'는 주장도 성립하지 않고, 애초에 불평등이라는 개념 자체를 정의할 수 없을 겁니다. 하지만 경제적 불평등의 심각성을 지적하고 그 해결을 주장하는 사람은 많지만, 평등을 말하는 사람은 거의 없습니다. 이상한 일이죠. 평등에 대해 말하지 않고 어떻게 불평등을 말할 수 있을까요? 물론 우리는 그 답을 알고 있습니다. 지금 '불평등'이 개념이 아니라 정치언어로 사용되기 때문입니다. 현실의 문제를 정확히 인식하고 해결 방법을 모색하려면 정치언어가 아닌 불평등 개념이 필요합니다. 그리고 불평등을 개념으로 사용하기 위해서는 평등 개념이 먼저 사회적으로 정의되어야 합니다. 이 말은 다음 질문들에 대한 답이 사회적으로 합의되어야 한다는 것을 의미합니다. 누구의 평등인가? 평등한 관계의 주체는 누구인가? 무엇의 평등인가? 두 사람이 평등하다는 것은 무엇이 같다는 말인가? 무엇이 개인 간의 평등한 관계를 유지시키는가? 이 질문들의 답을 제공하는 것이 시민성 개념입니다. 즉 평등이란 시민의 평등이고, 시민이 서로 평등한 관계에 있다는 것은 그들의 권리가 평등하다는 말입니다. 곧 살펴보겠지만, 시민성 개념이 표준으로 수립되어야 평등에 대한 사회적 정의와 합의도 가능합니다.

불평등 문제는 한국 사회가 당면한 한 가지 사례입니다. 더 근본적인 주제를 생각해볼까요? 대한민국은 민주공화국이며, 대한민국의 주권은 국민에게 있고, 모든 권력은 국민으로부터 나옵니다. 이것은 모두가 아는 헌법 제1조의 내용입니다. 하지만 민주주의란 무엇인가요? (지금 한국에서 국민은 백성으로, 민주주의는 백성의 목소리를 들어주는 현명한 지도자의 통치로 이해되는 게 사실입니다.) 고대 그리스에서 유래한 민주주의는 인민이 인민 자신을 다스리는 정치 체제입니다. 여기서 인민이란 정치공동체를 구성하는 시민들의 집단을 말합니다. 한편 로마 제국에서 시민은 법적 주체로 정의되었습니다. 현대 민주주의의 시민 개념은 고대 그리스와 로마의 두 가지 전통이 결합한 것입니다. 시민은 우리가 사는 민주주의 정치 체제를 구성하는 가장 기초적인 개념입니다. 민주주의, 주권, 공화주의, 권리, 의무, 개인, 자유 같은 헌법 개념 모두 시민 개념 없이는 정의될 수 없습니다.

여기서 인민과 시민은 국민國民과 다르다는 점을 주목해야 합니다. 엄밀히 말하면 다르다고 하기도 힘든데, 국민의 의미 자체가 불분명하기 때문입니다. 국민이라는 말은 시민citizen, 인민people 등의 개념을 모두 혼합해서 '국가의 백성'으로 통합시킨 결과물입니다. 한국 사회에서는 시민과 인민이라는 기초 개념이 제거되고, 국민이라는 정체불명의 기호가 그 자리를 차지해버렸습니다. 심지어 시민과 시민권은 정치언어로도 잘 사용되지 않죠. 일상적으로 이런 어휘를 구사하는 것은 특수한 영역의 사람들에 한정되어 있습니다. 당연한 말이지만, 국가의 백성이라는 관념으로 민주주의에 대한 개념적, 이론적 체계를 구성하는 것은 불가능합니다. 여러 헌법 개념들이 한국 사회의 표준으로 작동하지 못하는 것도 국민이 시민의 자리를 차지했기 때문입니다. 결국 시민 개념을 사회적 표준으로 수립하지 않는 한 개념의 부재라는 문제는 해결될 수 없습니다.

시민은 가장 중요하지만 사라진 개념, 그래서 가장 시급한 개념입니다. 이번 강의에서는 시민, 시민의 권리, 시민성 개념에 대한 이론적 설명을 하고, 무엇이 그 개념의 작동을 가로막고 있는지, 그로부터 어떤 효과가 초래되었는지를 분석할 것입니다.

본 강의에 앞서 몇 가지 유의 사항을 이야기하겠습니다. 첫 번째로, 시민성은 결코 새로운 개념이 아닙니다. 우리 강의에서 시민성을 다루는 것은 그 개념이 사회 현실을 인식하기 위한 '새로운 관점'을 제공해주거나 사회운동의 '새로운 화두'를 던지기 때문이 아닙니다. 한국의 사회운동과 언론은 새로운 말을 개발하고 유행시키는 것에 능숙한데, 그 대부분은 정치언어적 활용에 그칠 뿐 사회적 표준 개념으로 자리 잡지는 못합니다. 우리 강의에서 시민성을 제기하는 이유는 어떤 '새로운 담론'을 만들어 유행시키기 위해서가 아니라 오래전부터 마땅히 있었어야 할 개념을 뒤늦게라도 재구성하려는 것입니다. 두 번째로, 여기서 말하는 사회적 표준 개념이란 단지 대화와 인식을 위한 도구가 아닙니다. 두 번째 강의에서 살펴보았듯이, 표준 개념이란 사회의 지배 시스템을 유지하는 힘입니다. 그런 시스템에는 인간의 인식, 판단, 행동은 물론 국가기구, 제도, 법률 등 모든 것이 포함됩니다. 우리 강의에서 시민성의 재구성을 제안하는 이유는 결국 한국 사회의 지배 시스템 자체를 재구성하기 위해서입니다.

1. 시민성이란 무엇인가

시민성은 개념들의 관계망 속에 놓여 있습니다. 따라서 시민, 시민의 권리, 시민권, 권리, 참여, 의무, 인간의 권리, 사회권, 자유, 평등, 지위 같은 개념들의 상호 의존관계 없이 시민성 개념을 이해하는 것은 불가능합니다. 따라서 가장 먼저 해야 할 일은 개념의 지도를 그리는 것입니다. 일단 하나의 어원에서 파생된 시민, 시민의 권리, 시민성 개념을 정리해보겠습니다. 이 어휘들에 붙어 있는 혼란스러운 의미를 걷어내고, 사회적 표준으로 사용될수 있는 개념으로 재정의할 것입니다. 그다음 시민성 이론의 역사를 짧게 요약하겠습니다.

　　시민성은 몇몇 철학자의 저작에서 정의된 것이 아니라 현실 사회와 정치, 개인의 일상생활 속에서 태어나고 수천 년에 걸쳐 발전해왔습니다. 서구 사회의 다른 기초 개념들과 마찬가지죠.

시민성의 역사적 기원은 고대 그리스와 로마로 거슬러 올라갑니다. 이 두 가지 전통을 검토하며 참여와 권리라는 시민성의 두 가지 기본 요소를 설명하겠습니다.

20세기 중반 이후 서구 사회에서 고전적 시민성은 지켜야 할 이상적 모델이 아니라 비판하고 극복해야 할 대상으로 간주되기 시작합니다. 인권, 즉 인간의 권리에 관한 사상은 이미 18세기에 등장했지만, 시민의 권리와 구별되는 새로운 권리 체계로 자리 잡기 시작한 것은 20세기 후반에 이르러서입니다. 사실 시민성은 서구 사회의 가장 보수적인 가치 중 하나입니다. 지금은 많은 사람들이 시민성 모델을 어떻게 인간의 권리로 확장할지 고심하며, 여기서 다양한 쟁점들이 발생하고 있습니다. 시민성 개념의 기초 요소를 분석한 뒤에 시민의 권리와 인간의 권리를 둘러싼 현재적 쟁점을 간단히 검토하겠습니다.

여기서 다룰 주제들은 몇 페이지로 정리할 수 없는 광범위한 내용을 담고 있습니다. 그래서 해당 주제를 쉽고 분명히 설명하는 중요한 연구들을 찾아 그 기본 내용을 요약하는 방식으로 진행하도록 하겠습니다(더 깊고 폭넓은 공부를 원하시는 분들은 주석에 정리한 책과 논문을 읽어보면 큰 도움이 될 것입니다). 시민성에 관련된 개념들은 장기간에 걸친 역사적 과정에서 형성된 것이어서 서구 사회에서도 지역, 언어권, 학자에 따라 개념 정의와 용어법이 조금씩 다릅니다. 우리 강의에서는 주로 영어권 연구를 참조합니다. 다른 언어권에서 이루어진 연구의 접근 방법과 개념 정의는 이와 다소 다를 수 있다는 것을 염두에 두시면 좋겠습니다. 프랑스의 시민성 연구만 해도 영어권 연구와는 여러모로 다르니까요.

시민 개념: 거주민을 넘어 구성원으로

'시민' '시민의 권리' '시민권' '시민성'은 모두 시민이라는 말에서 파생된 개념들입니다. 이 개념들을 이해하려면 두 가지 복잡한 문제를 고려해야 합니다. 하나는 시민 개념이 서구 사회에서 역사적으로 성립된 과정입니다. 그 개념의 역사적 기원, 지역과 시기에 따른 변화 과정을 알아야 합니다. 다른 하나는 번역의 문제입니다. 서구 사회의 시민citizen 개념을 한국어 '시민'으로 번역하는 것은 기존 의미의 변화를 필연적으로 동반합니다. 이번 강의의 목표는 서구 사회에서 성립한 시민 개념을 정확히 이해하는 것이므로, 일단 한국어 '시민'이 지닌 의미를 분석하고 그중 필요한 것만 취하도록 하겠습니다.

한국에서 사용되는 시민이라는 말의 첫 번째 의미는 '서울 시민'이나 '부산 시민' 같은 경우에서 발견됩니다. 문자 그대로 '시'라는 행정구역에 거주하는 사람을 뜻하죠. 이런 경우 시민은 영어 'citizen'이나 프랑스어 'citoyen'에 대응되는 말이 결코 아닙니다. 잘 아시겠지만 영어 'citizen'이 도시 이름에 붙는 경우는 거의 없습니다. 미국 시민U.S. citizen이나 영국 시민U.K. citizen처럼 국적을 의미하는 말로 쓰이죠. 물론 서구의 시민 개념이 고대 그리스어와 라틴어에서 시작해 현대 영어와 프랑스어로 발전해온 과정에는 '도시에 사는 사람'이라는 의미가 포함됩니다. 하지만 이 때 도시란 단순한 행정구역이 아니라 정치공동체의 기본 단위입니다. 예컨대 고대 그리스 시대에 아테네 시민이라는 말은 단순히 아테네라는 행정구역의 거주민이 아니라 아테네라는 정치공동체의 구성원을 의미합니다. 노예, 여성, 이주민은 아테네에 살고 있어도 아테네 시민이 아니었죠. 그러므로 서울시장이 "서울 시민 여러분!"이라고 외칠 때, 시민이라는 말은 서구의 시민 개념과 관계없는 한국어의 일상 용어입니다.

두 번째 경우는 '시민운동'입니다. 이 경우 시민의 의미는 첫 번째 경우와 다릅니다. 만일 여기서도 시민이 도시에 거주하는 사람을 의미한다면, 도시 아닌 행정구역에서는 시민운동을 할 수 없다는 말이니까요. 시민운동은 1990년대 폭발적으로 성장한 새로운 형태의 사회운동을 의미하는 말입니다. 1980년대 사회운동의 주체가 민중, 계급, 민족 등이었다면, 1990년대 시민운동은 고도성장기를 거치며 등장한 경제적 중간계층을 사회운동의 주체로 삼았습니다. 시민운동의 '시민'은 사회운동의 주체가 될 수 있는 '문화적 교양과 지식, 참여의 의지를 갖춘 중간계층' 정도로 이해할 수 있습니다. 사회운동 진영이 쓰는 시민이라는 말은 지금도 참여와 사회운동의 주체라는 의미가 강합니다. 곧 살펴보겠지만 이러한 의미는 서구 사회의 시민 개념을 구성하는 본질적 요소 중 하나입니다. 그러나 서구의 시민 개념에 참여의 주체라는 의미만 있는 것은 아닙니다. 요컨대 한국어 '시민'의 두 번째 의미와 서구의 시민 개념은 서로 겹치는 부분이 있지만, 완전히 일치하지는 않습니다.

　마지막은 드물지만 서구 언어의 번역어로 '시민'이 쓰이는 경우입니다. 예컨대 'U.S. citizen'은 '미국 시민'으로, 프랑스대혁명의 이념을 담은 'Déclaration des droits de l'homme et du citoyen'은 〈인간과 시민의 권리 선언〉이라고 번역되죠. 하지만 이 경우 시민은 단순한 번역어일 뿐 한국어 개념으로 자리 잡았다고 볼 수는 없습니다. 'U.S. citizen'을 왜 미국 국민이 아니라 미국 시민이라고 번역해야 하는지 분명히 설명하는 사람 역시 많지 않습니다. 마찬가지로 〈인간과 시민의 권리 선언〉은 한국에서도 흔히 인용되지만 왜 인간과 시민이 구별되는지 묻는 경우는 거의 없습니다. 한국 사회에는 아직 서구의 시민 개념이 존재하지 않기 때문입니다. 앞서 말한 대한민국 헌법의 개념은 모두 서구 개념의 번역입니다. 민주공화국이라는 정치·법률 체제 자체가 서구 사회에서 태어나 비유럽 지역으로 이식되었으니 당연한 일이죠. 하지만 놀라운 사실은 서구 개념들이 일본어를 거쳐 한국어로 번역되는 과정에서 시민 개념만 제외되었다는 것입니다. 물론 그 직접적 이유는 국민이라는 말이 시민 개념을 대체한 것에 있겠지만, 시민 개념의 부재에 대해서는 더 깊이 있는 사상사적 연구가 필요합니다.

　그럼 서구 사회에서 성립한 시민 개념은 무엇일까요? 모든 서구 사회의 전통이 그렇듯 시민의 기원도 고대 그리스와 로마로 거슬러 올라갑니다.[1] 그리스어로 시민은 폴리테스polites라 불리며 폴리스polis라는 도시정치공동체의 구성원을 뜻합니다. 라틴어로 시민은 키위스civis이며 레스 푸블리카res publica라고 불린 정치공동체의 구성원입니다. 고대 그리스의 폴리스는 도시 규모의 독립된 정치공동체였습니다. 레스 푸블리카는 영어로 'public thing' 혹은 'public affair'로 번역되며, 'republic(공화국)'의 어원입니다. 시대에 따라 정치공동체의 형태는 매우 다양하게 변해 왔습니다. 고대 그리스의 폴리스, 로마의 레스 푸블리카, 18세기 이후 형성된 근대 민주주의 국가는 모두 정치공동체의 다른 형태들이죠. 하지만 그런 공동체는 모두 개인들로 구성되며, 고대 그리스어와 라틴어의 전통을 잇는 서구 언어들은 그런 개인을 지시하는 단어를 가지고 있습니다. 현대 영어에서는 'citizen'이라고 불리죠. 따라서 이런 서구 개념을 한국어 '시민'으로 번역한다면, **그 개념은 도시에 사는 사람이나 시민운동의 주체가 아니라 '정치공동체를 구성하는 개인'으로 정의되어야 합니다.**

조금 전의 사례로 돌아가면, 'U.S. citizen'은 미국 국적을 가진 개인이므로 미국 시민으로 번역되어야 합니다. 국민이라는 말은 개인과 집단을 구별하지 않기 때문에 미국 국민으로 번역하면 본래의 의미를 왜곡하게 됩니다. 마찬가지 이유로 영화 〈시민 케인Citizen Kane〉을 '국민 케인'이라고 번역하면 이상하게 느껴지죠. 이제 프랑스의 〈인간과 시민의 권리 선언〉에서 인간과 시민이 구별되는 이유도 알 수 있습니다. 이 선언문에서 시민은 프

---

1   시민성의 역사와 관련해서는 포콕의 다음 논문을 주로 참고하겠습니다. J. G. A. Pocock, "The Ideal of Citizenship Since Classical Times", ed R. Beiner, *Theorizing Citizenship*, The State University of New York Press, 1995, pp.29-52.

랑스라는 정치공동체의 구성원, 인간은 말 그대로 한 인간 개인입니다. (여기서 '인간이란 도대체 누구인가?'라는 문제가 발생합니다. 프랑스어 'homme'는 영어 'man'과 마찬가지로 인간과 남성을 동시에 의미하는 말이기 때문입니다.)

시민 개념 없이 시민의 권리rights of citizen는 결코 이해될 수 없습니다. 시민의 권리는 '서울 시민의 권리'나 '시민운동을 하는 사람의 권리'가 아니라 정치공동체를 구성하는 개인이 갖는 권리입니다. 정확히 말하면 '정치공동체의 구성원이라는 지위status를 구성하는 일련의 권리들'이죠. 예컨대 대한민국은 하나의 정치공동체입니다. 대한민국 국적을 지닌 사람이 대한민국 시민입니다. 따라서 '대한민국 국적을 가졌다'는 말은 '대한민국 시민이라는 법적 지위에 결부된 일련의 권리를 가졌다'는 말과 완전히 같습니다. 이처럼 법적 차원에서는 시민과 시민의 권리가 사실상 같은 것을 의미합니다. 시민이라는 독립적 실체가 있고 시민의 권리가 그것의 속성으로 결부되는 것이 아니라 그러한 권리의 집합을 부르는 이름이 곧 시민이라는 지위입니다. **여기서 법 앞의 평등이라는 원리가 정의됩니다. 이 원리는 단지 법관이 공정한 판결을 내려야 한다는 것이 아니라 시민의 지위를 가진 개인들 사이에는 어떤 권리의 차이도 없다는 말입니다.** 즉 권리 A, B, C, D ······가 시민의 지위를 구성한다면, 시민의 지위를 가진 모든 개인에게 이러한 권리가 동등하게 보장되어야 합니다. 현대 민주주의 체제를 구성하는 두 가지 기본 원리는 자유와 평등입니다. 여기서 자유란 시민의 기본 권리를 의미하고, 평등은 그러한 기본 권리가 모든 시민에게 동등하게 보장되어야 한다는 것을 말합니다. 평등이란 권리의 평등이라는 것을 꼭 기억해주세요.

마지막으로 시민성citizenship은 '시민을 시민이게끔 해주는 조건'입니다. 시민성, 시민됨, 시민임 등으로 번역할 수 있습니다. 그동안 영어권에서 쓰이는 'citizenship' 'civil rights' 'rights of citizen' 같은 말을 모두 시민권으로 번역하는 경우가 많았는데, 여기서는 그 셋을 각각 '시민성' '시민권' '시민의 권리'로 분명히 구별하겠습니다. 이렇게 번역어를 구별하는 것은 이 세 가지 개념의 의미가 모두 다르기 때문입니다. 먼저 시민성 개념은 '어떤 개인이 정치공동체의 구성원'이라는 사실이 의미하는 모든 요소를 포괄합니다. 여기에는 시민의 권리뿐 아니라 시민의 참여도 들어갑니다. 다음으로 시민권과 시민의 권리를 구별하는 것은 다소 성가신 용어의 혼란을 피하기 위해서입니다. 시민권은 특정 시기에 발전된 시민의 권리들을 지칭하는 말입니다. 특히 마셜T. H. Marshall의 작업에서는 재산을 소유하고 교환할 권리, 노동력을 판매할 권리, 생각과 표현의 자유처럼 17세기부터 19세기 중반까지 영국에서 발전된 기본 권리들을 말합니다. 시민의 권리 중 가장 기초적인 것이라고 이해하면 됩니다.

참여와 권리: 시민성의 두 가지 모델

시민은 정치공동체의 구성원이므로 시민성은 일종의 멤버십입니다. 정치학자 벨라미Richard Bellamy는 정치공동체와 시민의 관계를 골프 클럽과 멤버의 관계에 비유합니다.[2] 골프 클럽은 배타적 공동체입니다. 일정한 조건을 만족시키는 사람만 멤버로 받아들이고 그에게 멤버의 권리와 의무를 부여합니다. 클럽 가입에 필요한 조건 및 멤버의 권리와 의무를 일종의 멤버십이라고 할 수 있겠죠. 마찬가지로 어떤 개인이 정치공동체의 시민이 되기 위한 조건 및 시민의 권리와 의무를 시민성이라고 부릅니다. 그럼 가장 기본적인 물음은 당연히 '골프 클럽의 가입 기준이 무엇인가'가 되겠죠. 시민성의 기본 문제 역시 '누구를 정치공동체의 시민으로 인정할 것인가?'입니다. 이 문제를 출발점으로 삼아 고대 그리스와 로마의 시민성 모델을 비교하겠습니다.

인류 최초로 시민의 평등에 기초한 민주주의 정치 체제를 수립한 것은 고대 그리스의 아테네였습니다. 정치사상사 연구자 포콕J. G. A. Pocock은 아리스토텔레스의 《정치학》에 나타난 시민의 조건을 '다스리면서 동시에 다스림을 받는 사람'으로 규정합니다.[3] 문제는 이런 조건에 맞는 사람이 누구냐는 것이죠. 알려진 가문의 성인 남자로서 전쟁에 참여할 수 있고 노예를 부리는 집oikos의 주인입니다. 여성, 이방인, 노예, 어린이 등은 시민이 아닌 것이죠. 그리스 시민성의 이런 배타적 성격은 익히 알려져 있지

---

2   이 부분의 기본 내용은 다음의 두 텍스트를 참고한 것입니다. R. Bellamy, *Citizenship: A Very Short Introduction*, Oxford University Press, 2008; J. G. A. Pocock, "The Ideal of Citizenship Since Classical Times", Ibid.

3   J. G. A. Pocock, Ibid., pp.31-33.

만, 그 이유는 결코 단순하지 않습니다. 포콕은 폴리스polis와 오이코스oikos의 엄격한 분리에 주목합니다. 폴리스는 정치공동체이자 정치 활동의 장입니다. 오이코스는 집을 의미하지만 이때 집이란 단순한 거주지가 아니라 여성과 노예의 노동으로 물질적 필요를 충족시키는 장소입니다. 현대어 'economy' 역시 그리스어 'oikos(집)'와 'nomos(법, 관습)'에서 나왔습니다. 오이코스의 활동은 어떤 물질적 필요를 충족시키기 위한 것이지만, 폴리스의 정치 활동은 그 자체가 목적입니다. 즉 아리스토텔레스는 목적과 수단이 분리되는 활동을 정치라고 보지 않았습니다. **이상적 정치란 다스리면서 다스림을 받는 행위 자체가 목적이 되는 것입니다.** 결국 집에서 물질적 목적을 위해 일하는 여성과 노예는 정치의 이상에 도달할 시민이 될 수 없으며, 시민은 이들이 물질적 활동을 대신 해줄 때만 집에서 완전히 해방되어 폴리스의 온전한 정치 활동에 참여할 수 있습니다. 이렇게 목적에 종속된 활동을 하지 않고 정치 활동 그 자체가 목적이 되는 상태가 바로 시민의 자유입니다. 이런 자유로운 시민이 흔히 '정치적 동물'이라 번역하는 'zoon politikon'의 이상적 모습이죠.

'다스리면서 다스림을 받는 사람'이란 공동체의 삶에 참여participate하는 사람입니다. 폴리스를 위한 공무를 수행하고 전쟁에 나가며, 광장에 모여 다른 시민들과 토론하고 결정을 내리는 것에 그의 존재 이유가 있습니다. 이를 위해 시민은 자기 자신이 아니라 폴리스에 속하는 사람이 되어야 합니다. 이것이 '참여하는 시민'의 원형입니다. 폴리스와 오이코스의 분리는 참여하는 시민의 필수 조건이기도 합니다. 오이코스는 개인의 물질적 필요를 충족시키기 위한 사적 공간이므로, 폴리스의 공적 삶에 참여하려면 그러한 공간에 얽매여서는 안 되는 것입니다. 결국 이러한 분리는 이중의 억압으로 작동합니다. 첫째, 여성과 노예처럼 폴리스에서 배제되어 오이코스를 유지하는 데만 몰두할 집단이 필요합니다. 둘째, 시민은 오이코스라는 자신의 사적 공간을 포기하고 오로지 폴리스의 삶에 헌신해야 합니다. (이렇게 참여하는 시민으로 이루어진 정치공동체가 흔히 전체주의라 불리는 체제와 과연 얼마나 다른지 생각해볼 필요가 있습니다.)[4] 하지만 역설적이게도 시민은 폴리스의 영토 안에 오이코스를 가진 가장이어야 하죠. 그래야 물질적 활동을 오이코스 내부에 가둬둘 수 있고, 공동체와 개인이 하나의 운명공동체로 연결되기 때문입니다. 정치공동체의 영토 내에 자산을 가진 개인만을 시민으로 인정하는 오랜 전통이 여기에서 시작됩니다.

주목해야 할 것은 그리스의 이러한 시민성 모델이 시민의 절대적 평등을 요구한다는 사실입니다. 한 시민이 '다스리면서 동시에 다스림을 받는 사람'이라는 말은 결국 다스리는 사람과 다스려지는 사람이 구별되지 않는다는 것을 의미하기 때문이죠. 이렇게 서로 구별되지 않은 채 정치 활동에 참여하는 자유로운 시민들의 집합을 데모스demos라 부르고, 그들이 다스리는 정치체제를 바로 데모크라티아demokratia라고 합니다.[5] 여기서 인민이 인

---

4   R. Bellamy, Ibid., pp.35-36.

민 자신을 다스리는 체제, 즉 민주주의가 태어납니다. 오랜 시간 의미의 변화를 겪었지만 지금도 인민people이라는 말에는 반드시 '평등한 시민의 집단'이라는 의미가 담겨 있습니다.

다른 한편 포콕은 고대 로마 법학자 가이우스Gaius의 사상에서 로마 시민성의 원형을 찾습니다. 가이우스는 이 세상이 인간, 행위, 사물res로 나뉜다고 이야기합니다. 이 세 가지 요소 사이의 관계를 규제하는 것이 바로 법률입니다. 여기서 곧바로 아리스토텔레스와 가이우스의 차이를 발견할 수 있습니다. 그리스의 이상적 시민은 자신이 소유한 사물에서 해방되어 정치 활동에 전념하기 위해 물질적 삶을 오이코스에 가두어야 합니다. 반면 가이우스에게 인간의 진정한 삶은 오히려 오이코스 안에 있습니다. 인간이란 물질적 사물과 상호 작용하는 존재이며, 시민이란 무엇보다 사물을 소유한 개인으로 정의됩니다. 시민의 행위는 사물을 향하며 다른 시민을 향한 행위도 사물을 매개로 이루어집니다. 이러한 행위를 규제하는 것이 법의 기능입니다. 법적 권리의 원형이 소유권인 것은 결코 우연이 아닙니다. 모든 물질적 사물에서 자유로워야 하는 그리스 시민에게는 이러한 법이 필요 없죠. 다스리면서 다스림을 받는 것으로 정의되는 정치 활동 자체가 다른 시민과의 상호 작용이기 때문입니다. 그와 달리 법의 규제를 받는 로마 시민의 기본 행위는 사물의 소유나 양도, 소송, 고발, 변론 같은 것입니다. 정치적 삶에 참여해 다스리고 다스림

---

5   J. Rancière, *La Mésentente*, Galilée, 1995, pp.27-28.

을 받는 것이 고대 그리스의 이상적 시민성이라면, 법의 규제를 받으며 사물과 상호 작용하는 개인이 로마의 시민입니다.

결국 로마의 시민성은 법적 지위status를 의미하게 됩니다. 누군가 아테네 시민이라는 사실은 그가 아테네 정치에 참여한다는 것을 의미합니다. 어떤 개인이 로마의 시민이라는 사실은 그가 로마법이 규정하는 로마 시민이라는 지위에 있다는 것을 말합니다. 그렇다면 시민의 지위에 있다는 것은 구체적으로 무엇을 의미할까요? 바로 법이 규정한 일련의 권리를 지닌다는 것입니다. 그런 권리의 집합이 곧 시민의 지위 그 자체입니다. 이렇게 정치적 동물zoon politikon로 정의된 그리스의 시민과 법적 인간legalis homo으로 정의된 로마의 시민이 구별됩니다.

또 한 가지 중요한 점은 로마가 제국이었다는 사실입니다. 폴리스가 소규모의 단일 공동체였던 반면 로마는 서로 다른 형태의 정치공동체들을 포함한 거대 제국입니다. 이러한 차이를 설명하기 위해 부당한 비판에 직면한 소크라테스와 사도 바울 Saint Paul(바오로, 바울로)의 이야기를 비교해보죠. 아테네 젊은이들을 타락시켰다며 고발당한 소크라테스는 고발자 중의 한 명인 멜레토스와 함께 배심원들 앞에 섭니다. 이게 《소크라테스의 변론》이 시작되는 장면입니다. 아테네 시민들 중 제비뽑기로 선출된 배심원단은 최소 200명이고, 이들의 투표가 유무죄를 결정합니다. 요컨대 아테네의 법정이란 고발자와 고발당한 사람이 다수의 시민 앞에서 자신의 주장을 말하고 결정을 구하는 장소입니다. 법정 역시 '광장에 모여 정치에 참여하는 시민'이라는 모델에 속합니다.

　사도 바울에 대한 포콕의 분석은 흥미롭습니다.《사도행전》을 보면, 예루살렘에서 군중의 분노를 사 군인에게 붙잡힌 바울이 자신을 로마 시민이라고 밝힙니다. 바울을 심문하려던 군인은 돈으로 로마 시민권을 산 자였는데, 바울이 날 때부터 로마 시민이었다는 말을 듣고는 깜짝 놀라 바울의 결박을 풀어줍니다. 거기다 바울을 죽이려는 유대인을 피해 다른 지방으로 이송해주죠. 바울을 예루살렘으로 다시 불러 죽이려는 음모가 진행되는 와중에 바울은 자신이 로마 황제의 법정에 있음을 선언합니다. 즉 자신은 로마 시민으로서 황제에게 재판을 청구할 권리가 있으니 황제 앞으로 가겠다는 겁니다. 바울은 현재 터키 지역인 길리기아Cilicia 출신으로 로마의 정치에는 참여한 적도 없고 참여할 방법도 없습니다. 하지만 로마 시민으로 태어났으니 로마 황제에게 재판을 청구할 권리가 있습니다.

　로마가 제국이라는 것은 로마 제국 영토 안에 이질적인 정치공동체가 여러 개 존재한다는 말입니다. 예컨대 예루살렘은 로마 총독에 의해 지배되지만 다른 지역과 구별되는 단일한 정치공동체입니다. 이러한 복수의 정치공동체를 하나의 제국으로 묶어주는 것이 바로 법 체계입니다. 즉 로마 제국은 다수의 정치공동체로 구성된 단일한 법적 체제라 할 수 있습니다. 그래서 예루살렘에 있는 로마 시민이 예루살렘의 배심원 앞에서 변론하는 것이 아니라 로마 황제에게 재판을 청구할 수 있는 것입니다. 로마 정치와 법의 제정에 참여하지 않아도 시민은 법에 규정된 일련의 권리를 가집니다. 참여하는 주체와 법적 주체가 분리되는 것입니다. 이처럼 **고대 그리스의 시민성이 참여에 기초한다면, 로마 시민성의 핵심은 권리에 있습니다.** 제비뽑기로 선출된 배심원 앞에서 변론하는 소크라테스, 황제에게 재판을 청구하는 바울은 전혀 다른 시민성 체계에 속하는 것이죠.

고대 그리스와 로마의 시민성을 자세히 검토한 이유는 여기서 현대 민주주의 시민성의 두 가지 기본 요소를 추출할 수 있기 때문입니다. 현대 시민성의 출발을 알린 두 가지 문서는 1789년 프랑스대혁명의 시작과 함께 발표된 〈인간과 시민의 권리 선언〉과 1787년 작성된 미국 헌법입니다. 여기서 시민이란 공동체의 정치에 참여하는 사람이며 동시에 권리들을 가진 법적 지위입니다. 이렇게 고대 그리스와 로마에서 시작된 '참여와 권리' 혹은 '정치와 법'이 근대 시민성의 양대 축을 구성하게 됩니다.

하지만 이 두 가지 요소가 자연스럽게 조화되는 것은 아닙니다. 무엇보다 법적 지위로 규정된 시민성은 참여의 가능성을 배제합니다. 아테네에서 정치란 공동체의 삶에 참여하는 활동이지만, 로마 시민은 이미 정해진 법에 따라 자신의 권리를 주장하는 것 말고는 할 수 있는 일이 없습니다. 법을 제정하고 법의 한계를 규정하는 궁극의 힘을 주권sovereignty이라 하는데, 법적 시민성 모델에서 시민은 주권에 복종하는 위치에 머물게 됩니다. 특히 주권이 군주에게 있다면, 그리스적 의미의 정치는 완전히 사라집니다. 참여를 위한 공간은 사라지고 오로지 군주의 법정만 남기 때문이죠. 현대 민주주의 체제는 주권을 군주로부터 인민에게 가져옴으로써 이 문제를 해결합니다. 주권은 특별한 한 사람이나 집단이 아니라 시민집단 전체에 존재한다는 것입니다. 결국 시민집단의 일반의지가 법을 만들고, 시민 개인은 다시 그러한 법의 규제를 받는 주체로 규정됩니다. 이런 방식으로 다스리면서 다스림을 받는 참여의 주체라는 그리스적 시민성이 부활하고, 법적 지위로 규정된 시민성과 양립할 수 있습니다.

평등을 위한 조건, 시민성

현대 민주주의의 시민성을 명료한 형식으로 설명한 사람은 마셜입니다. 그는 〈시민성과 사회 계급〉에서 시민성을 시민적, 정치적, 사회적 요소로 구별합니다.[6] 그의 작업은 17~20세기 영국 시민성에 대한 사회학적, 역사학적 분석이지만 이러한 세 요소의 구별을 시민성에 대한 일반 이론으로 수용해도 무리가 없습니다. 권리의 이런 구별 방법은 〈시민적 및 정치적 권리에 관한 국제 규약〉과 〈경제적·사회적 및 문화적 권리에 관한 국제 규약〉에서도 유지됩니다.

첫째, 시민적 요소는 시민권civil rights이라 불리는 기본 권리들입니다.[7] 시민권의 평등은 대략 18세기 전후에 확립됩니다. 여기

---

6   T. H. Marshall, "Citizenship and Social Class", ed. T. H. Marshall, *Class, Citizenship, and Social Development,* Doubleday Anchor, 1965. (한국어판: T. H. 마셜·T. 보토모어,《시민권》, 조성은 옮김, 나눔의집, 2014.)

에는 재산을 소유할 권리, 계약을 맺을 권리, 신체의 자유, 표현과 사상의 자유, 직업 선택의 자유, 재판을 청구할 권리 등이 포함됩니다. 마셜은 특히 재판을 청구할 권리를 강조하는데, 이 권리에 의해 나머지가 법적 권리로서 평등하게 보장되기 때문입니다. 자연스레 바울의 사례가 떠오르죠. 로마법 모델에서 시민의 권리를 최종적으로 보장하는 것이 법관의 판단을 요구할 권리였습니다. 대한민국 헌법에 규정된 '법 앞의 평등'이 의미하는 바도 이것입니다. 단지 판결이 공정해야 한다는 의미가 아니라 법률 체계 내에서 시민의 지위를 구성하는 권리들이 평등하게 보장된다는 말입니다. 즉 마셜이 말하는 시민적 요소는 우리가 살펴본 로마 시민성의 전통에 있다고 할 수 있습니다.

둘째, 정치적 요소는 참여의 권리rights to participate 혹은 정치권political rights을 말합니다. 마셜이 주로 분석하는 것은 영국에서 선거권과 피선거권이 평등하게 보장된 과정입니다. 19세기를 지나 20세기 초가 되어서야 재산 소유와 성별에 따른 차별이 없어지고 모든 사람이 선거에 참여할 수 있게 되었죠. 흥미로운 점은 마셜이 고대 그리스 전통에서 유래한 시민의 참여라는 주제를 권리의 관점에서 다룬다는 사실입니다. 앞서 살펴보았듯, 포콕은 권리를 그리스와 구별되는 로마 문화의 발명품으로 보았습니다. 아테네 시민은 자신의 정치적 권리를 행사한다기보다는 참여 그 자체를 위해 참여하는 사람입니다. 현대 시민성은 그리스

---

7   앞서 시민권civil rights을 시민의 권리rights of citizen와 구별했습니다.

와 로마 전통을 혼합함으로써 참여 역시 하나의 권리 행사로 규정합니다. 투표 행위를 권리 행사로 이해하는 것은 우리에게도 이미 익숙하죠. 하지만 정치권은 시민권과 분명히 구별됩니다. 시민권의 평등은 법에 의해 보장되지만, 법이 선거권과 피선거권을 평등하게 보장한다고 해서 그것이 곧 이상적 정치 참여는 아닙니다. 정치는 '어떻게 다스리고, 어떻게 다스려지는가?'의 문제입니다. 우리는 법률이 보장한 선거권을 정기적으로 행사하지만 그렇다고 정치 참여가 완성되는 것은 아닙니다. 즉, 정치 참여의 문제와 정치적 권리 보장을 구별해야 합니다.

셋째, 사회적 요소란 20세기에 등장한 사회권social rights을 말합니다. 흔히 사회 보장이나 복지라 불리는 사회 서비스를 요구할 권리입니다. 여기에는 의료와 실업 보험을 비롯한 각종 사회 보험들, 의무교육, 연금, 기본 수당 등이 모두 포함됩니다. 마셜의 작업이 복지국가의 이론적 기초를 제공한 이유가 여기 있습니다. 그는 사회 서비스를 요구할 권리를 시민성의 필수 요소에 포함시켰습니다. 사회권에 대한 〈시민성과 사회 계급〉의 논변을 재구성해보면 다음과 같습니다.

1) 시민권과 정치권은 시민성의 기본 요소로서 평등하게 보장되어야 한다.
2) 자본주의와 시장경제의 발전은 사회경제적 불평등을 발생시킨다.
3) 이러한 불평등이 시민권과 정치권의 평등한 실현을 위협한다.

4) 자본주의적 불평등은 불가피한 것으로 인정하되, 시민성을 평등하게 보장할 방법을 찾아야 한다.

5) 국가는 시민성의 평등을 위해 사회 서비스를 차등적으로 제공할 의무를 지니고, 시민은 그것을 국가에 요구할 권리를 지닌다.

다섯 번째 권리가 바로 사회권입니다. 정치권과 시민권이 고대 그리스와 로마에서 시작된 시민성의 고전적 요소들이라면, 사회권은 현대 민주주의에서 처음 등장했습니다. 이것은 권리들의 평등한 보장을 위한 권리라고 할 수 있습니다. 사회권 사상의 핵심 요소 두 가지에 주목해야 합니다. 첫째, 경제적 불평등이 초래하는 권리의 불평등을 해소하기 위해 사회 서비스는 차등적으로 제공되어야 합니다. 즉 사회의 하위계층에 속하는 약자일수록 더 많은 사회적 재화를 분배받아야 한다는 말입니다. 물론 그 구체적 방식은 단일하지 않습니다. 최저생계비보장처럼 사회 서비스의 최소 수준을 일괄적으로 규정하는 방식이 될 수도 있고, 재산과 소득이 낮을수록 더 많은 서비스를 제공받는 방식이 될 수도 있습니다. 어느 경우든 사회권의 보장은 적극적인 재분배 정책을 요구합니다. 이런 발상은 롤스John Rawls가 《정의론》에서 밝힌 '정의의 두 번째 원리'에도 함축되어 있습니다.

둘째, 국가는 평등한 권리를 제한하는 경제적 불평등을 해결할 의무를 지니고, 시민은 그것을 사회권으로 요구합니다. 곧 살펴보겠지만 개인의 권리 대부분은 타인의 의무에 대응합니다. 내가 어떤 권리를 가진다는 말은 곧 다른 개인이나 집단이 그 권리에 관련된 의무를 진다는 것을 뜻합니다. 사회권의 경우, 시민과 국가 사이에 권리와 의무의 대응관계가 성립합니다. 〈경제적·사회적 및 문화적 권리에 관한 국제 규약〉이 시민성의 역사에서 획기적 전환점을 마련했다고 평가받는 것은 사회권의 보장을 국가의 의무로 규정했기 때문입니다. 지금 사회권에 관한 논쟁 대부분도 시민의 사회권과 국가의 의무 사이의 관계를 어떻게 규정할지에 대한 것입니다.

첫 번째 강의에서 불쌍한 청년이라는 이미지를 권리 주장으로 대체해야 한다고 했을 때, 그것 역시 사회권적 주장입니다. 요컨대 청년 실업자의 권리 주장은 다음 논리로 구성될 수 있습니다.

1) 모든 시민은 시민권과 정치권을 평등하게 누릴 권리가 있다.
2) 실업은 이러한 권리의 평등한 실현을 심각하게 위협한다.
3) 실업 상태의 시민은 평등한 권리의 실현을 위해 국가에 적절한 사회 서비스를 요구할 권리가 있고, 국가는 그것을 제공할 의무가 있다.

이러한 논리 구조는 실업 문제뿐 아니라 한국의 사회경제적 불평등 대부분에 적용될 수 있습니다. 결국 사회권은 불평등 해소를 위해 가장 시급히 필요한 사회적 표준이 사회권입니다. 한국의 복지 정책과 사회 정책 일반이 여전히 시혜적 성격에 머무는 것도 사회권이 일반적으로 인정받지 못했기 때문입니다.

사회권을 사회적 표준으로 수립하는 것에는 국가의 의무 이행을 강제할 법적 장치를 마련하는 일도 포함됩니다. 하지만 그것은 표준의 한 가지 요소일 뿐입니다. 한국 사회에서는 헌법에 보장된 시민권과 정치권마저 너무나 쉽게 무시됩니다. '개념' 없는 사회에서는 헌법조차 제 역할을 하지 못합니다. 사회권이 사회적 표준이 되려면 최소한 시민, 권리, 참여, 민주주의 같은 시민성의 기본 요소들이 표준 개념으로 자리 잡아야 합니다. 그렇지 않으면, 사회권 보장을 위한 법적 장치를 애써 만들어봐야 어차피 종이 쪼가리로 전락할 것입니다.

이제 벨라미의 작업을 참고해 현대 민주주의의 시민성을 다음과 같이 정의하겠습니다.[8]

시민성이란 시민의 평등을 위한 조건이다. 시민성은 누가 정치 공동체의 시민인지를 규정한다. 시민들은 평등한 기초 위에서 서로 협력하며 공동체의 정치적 삶에 참여한다. 시민의 지위는 공동체의 선善을 누릴 평등한 권리들 및 그것을 유지하고 발전시킬 평등한 의무들로 구성된다. 공동체의 선은 민주주의적 시민성 자체도 포함한다.

이 개념 정의는 지금까지 살펴본 멤버십, 권리, 참여라는 시

---

8   R. Bellamy, Ibid., p.17.

민성의 세 가지 요소를 표현한 것입니다. 이 세 가지 요소는 서로 의존하면서도 여전히 복잡한 긴장 관계에 있습니다. 바로 거기서 시민성을 둘러싼 현대적 쟁점들이 발생합니다. 이번 강의 마지막 부분에서 그런 긴장 관계가 한국 사회에서 어떤 문제를 발생시키는지 간단히 살펴보겠습니다.

2. 권리 개념 이해하기

한국 사회에서 고통받는 약자가 다른 사람의 도움을 청하는 유일한 방법은 '불쌍하게 보이는 것'입니다. 앞서 보았듯, 청년이란 말 또한 '불쌍한 청년'이라는 이미지를 생산하기 위한 정치언어입니다. 불안정 노동과 실업으로 고통받는 집단의 문제를 사회 전체의 보편적 문제로 제기하기 위해 타인의 감정과 경험에 호소하는 정치언어가 필요한 것이죠. 세월호 희생자 유가족, 삼성 반도체 문제 해결을 요구하는 노동자와 가족들이 자신의 목소리를 내는 방법 역시 '호소와 부탁'입니다. 사회는 이들에게 관심을 주는 대신 더 불쌍하게 보일 것을 요구합니다. 이런 상황을 보고 있으면, 한 가지 질문이 머리에서 떠나지 않습니다. 한국 사회의 약자와 피해자는 왜 자신의 권리를 요구하지 못하고 항상 관심과 배려를 부탁해야만 하는가? 단지 사회적 공감이 부족하다는 것은 충분한 답이 될 수 없습니다. 설령 그들이 악인이라 할지라도 한국의 시민이라면 적법한 권리 주장을 할 수 있기 때문입니다. 결국 권리 자체가 문제입니다. 권리는 시민성의 핵심 요소이기에, 권리 개념이 사회적 표준으로 자리 잡지 못하면 시민성 개념도 표준이 될 수 없습니다.

권리를 둘러싼 수많은 미신들이 권리 개념이 부재한다는 사실을 증명합니다. 가장 대표적인 것이 '권리를 주장하려면 의무를 먼저 수행하라'는 논리죠. 그럼 의무를 다하지 않은 사람에게는 권리가 없는 것일까요? 권리란 의무를 수행했을 때 주어지는 보상인가요? 만일 그렇다면 앞서 살펴본 시민성에 기초한 민주주의 모델 자체가 성립할 수 없습니다. 그런 논리는 권리를 '특혜'나 '특권'으로 이해하는 경향과 관련되어 있습니다. 그로부터 사회적 약자를 위한 사회 서비스 제공에 대해 '왜 그들에게만 특혜를 주느냐'는 반응이 나오죠. 이처럼 권리 개념의 부재는 민주주의의 기초 개념들이 정치언어로만 사용되는 결과를 초래했습니다. 인권이 대표적입니다. 한국 사회에서 인권은 고정된 의미 없이 정치적 도구로 사용됩니다. 인권 침해라는 표현은 흔하지만, 정확히 어떤 권리가 침해되었는지 말하는 사람은 별로 없습니다. 인권이란 인간의 권리입니다. 그럼 권리 중에 인간의 권리가 아닌 것도 있나요? 인권이 단지 동물권과 구별하기 위한 말인가요? 앞서 말했듯 인간의 권리는 시민의 권리와 구별되는 것입니다. 결국 권리 개념이 없다면 시민성, 시민의 권리, 인권 개념 모두 성립할 수 없습니다.

이제 권리 개념을 이론적으로 살펴보겠습니다. 권리도 시민성과 마찬가지로 수천 년의 역사를 가진 개념이라 우리 강의에서 자세히 다루기는 어렵습니다. 여기서는 앞서 설명한 고대 로마의 시민성 모델을 바탕으로 한국 사회를 지배하는 잘못된 권리언어를 비판하는 데 집중하겠습니다.

권리 주장을 용납하지 않는 사회: 세월호 피해자의 권리를 말하다

한국 사회에서 개인이 권리를 주장하는 것은 극히 어려운 일입니다. 권리 주장을 차단하고 억압하기 위한 장치들이 가득하기 때문입니다. 그런 장치들은 세월호 피해자에 대한 한국 사회의 반응에서 여과 없이 드러났죠. 여기서는 세월호 참사를 둘러싼 사회적 상황을 권리 주장의 관점에서 구체적으로 살펴보겠습니다.

첫 번째로 생명에 대한 권리right to life가 사회적 표준으로 인정되지 않습니다. 〈세계인권선언〉 제3조는 "모든 사람은 생명, 자유 및 신체의 안전에 대한 권리를 갖는다"고 규정합니다. 생명권의 가장 기본적 의미는 '죽임당하지 않을 권리'입니다. 〈시민적 및 정치적 권리에 관한 국제 규약〉도 제6조에서 "모든 인간은 고유한 생명권을 갖는다. 이 권리는 법률에 의하여 보호된다"고 규정합니다. 여기서 고유한inherent이라는 표현이 들어간 것은 생명에 대한 권리가 인간 존재 자체를 구성하는 필수 요소이기 때문입니다. 생명은 인간의 가장 기본적인 가치이자 모든 권리의 전제 조건이죠. 생명을 잃으면 인간 존재도 사라집니다. 생명권이 도덕적 권리임을 부정하는 윤리학 이론도, 법적 권리임을 부정하는 법률 체계도 없습니다. 그러나 세월호 관계자들은 탑승자의 안전을 포기했고, 그로 인해 수백 명의 시민이 목숨을 잃었습니다. 세월호뿐만이 아닙니다. 한국에서 참사는 일상적 사건입니다. 지금까지 세워진 합동분향소가 셀 수 없을 지경이고, 가습기살균제 사건은 아직 끝나지 않았습니다. 이런 사건들을 보며 많은 사람이 안전에 대한 권리를 말하고 있는데, 이것의 실제 의미는 생명에 대한 권리일 것입니다.[9]

한국에서는 왜 생명에 대한 권리가 이토록 무시당하는 걸까요? 그 직접적인 이유 중 하나가 권리 주체의 요구에 대응하는 의무 주체가 특정되지 않는다는 것입니다. 대부분 상황에서 생명권은 아래에서 설명할 요구권을 포함합니다. 한 사람의 생명권을 인정한다는 것은 곧 그에 대응하는 다른 사람의 의무를 인정한다는 말입니다. 세월호에 탑승한 시민들의 생명권을 인정한다면, 그에 상응하는 기업과 국가의 도덕적, 법적 의무 역시 당연히 인정해야 합니다(물론 의무의 세부 내용은 따로 규정해야 합니다). 인간의 생명권을 부정할 사람은 없습니다. 하지만 그 권리에 상응하

---

9   1789년에 발표된 프랑스의 〈인간과 시민의 권리 선언〉은 인간의 자연적 권리 중 하나로 안전sûreté을 규정합니다. 1966년에 채택된 〈시민적 및 정치적 권리에 관한 국제 규약〉 제9조도 안전에 대한 권리를 규정합니다. 보통 서구의 법률 문서에서 안전에 대한 권리right to security는 불법적으로 체포되거나 투옥되지 않을 권리를 말하지만, 최근에는 안전의 법적 개념이 다양한 방면으로 확장되고 있습니다.

는 의무 주체가 누구인지는 막상 지목되지 않습니다. 이것은 사실상 생명권을 인정하지 않는 것과 다름없습니다. 특히 권리 주체가 사회적 약자일 경우, 의무 주체는 거의 예외 없이 사라집니다.

두 번째로 개인의 정치적 권리가 여전히 억압당합니다. '세월호특별법' 제정을 주장하며 단식한 유가족의 행동은 자신의 정치적 권리를 행사한 것입니다. 심지어 유가족이 아닌 제삼자가 단식했다고 해도 그 행위는 적법한 정치권 행사입니다. 하지만 놀랍게도 많은 사람이 단식한 유가족이 좋은 아버지였는지를 묻습니다. '정치적 행동을 할 자격'을 별도로 요구하는 것입니다. 개인의 적법한 정치권을 행사하는 것조차 사회적 동의를 얻으려면 전혀 상관없는 사실들을 끌어와야 합니다. 물론 이러한 억압의 배경에는 국가권력이 있습니다. 하지만 다수의 '보통 사람들'도 이들의 정치적 권리를 인정하지 않기는 마찬가지입니다. 세월호 유가족에 대한 동정적 여론이 돌아서기 시작한 것도 이들이 청와대로 행진한 직후였습니다. 세월호 참사를 보고 함께 눈물 흘렸던 사람들조차 피해자 가족이 정치적 권리의 주체가 아니라 단지 '피해자'로서 가만히 있기를 요구합니다.

마지막으로, 권리의 적법성 자체도 인정되지 않습니다. 사실 세월호 피해자들은 단 한 번도 배상금 문제를 먼저 제기한 적이 없습니다. 항상 진실 규명과 실종자 수색을 먼저 주장했죠. 그런데 만일 그들이 배상금 문제를 전면적으로 제기했다면, 그건 부당한 일일까요? 결코 아닙니다. 배상금에 대한 권리는 피해자의 법적 권리에 포함됩니다. 그것이 도덕적 권리임을 부정할 도 덕 이론도 상상하기 힘듭니다. 그러나 사회의 지배적 의식은 명 백히 적법한 권리조차 특혜, 특권, 특별 대우, 이기적 요구 따위 로 취급합니다. 특히 권리 주체가 약자이고 상응하는 의무 주체 가 보편성을 획득한 강자일 경우, 마치 세상에 '적법한 권리'라는 게 존재하지 않는 것처럼 반응하는 이들도 많습니다.

차별받는 집단이 평등한 권리를 요구할 때, 이런 반응이 가 장 노골적으로 드러납니다. 여성이 한국 사회의 성차별 구조 속 에서 시민과 인간의 권리를 평등하게 보장받지 못한다는 것은 분명한 사실입니다. 앞서 말했듯, 권리 개념이 인류 역사에 등장 한 이후 평등한 권리가 여성에게 실제로 보장된 적은 없습니다. 그럼에도 과거보다 오늘날이 좀 더 나아졌다면, 차별에 반대하 며 평등한 권리를 요구하는 행위가 적법하다는 것이 일반적으 로 인정되기 때문입니다. 하지만 지금 한국에서는 이러한 행위 의 적법성 자체가 부정되고 있습니다. 이를 위해 권리에 관한 온 갖 미신들을 동원합니다. 의무를 권리의 전제 조건으로 간주하 고 사실의 차원과 권리의 차원을 뒤섞습니다. '인간과 시민의 평 등'이라는 현대 민주주의의 기본 원리도 빈번히 무시되죠. 이주 민 노동자와 성소수자의 권리 주장에도 비슷한 반응이 뒤따릅 니다.

개인의 권리 주장을 차단하는 이런 장치들은 유독 사회적 약자에게 집중됩니다. 하지만 권리를 가진 개인들도 본인의 권 리가 무엇인지, 어떤 근거에서 자기 권리를 주장할 수 있는지 잘 모르는 것은 마찬가지입니다. 청년 실업자는 실업 해결을 권리로서 요구하지 않고, 청소년 비정규직 노동자 대다수가 자신이 근로 계약과 권리의 주체라는 것을 알지 못합니다. 이렇게 사회적 약자는 자신이 권리의 주체라는 것을 모르고, 사회는 개인의 권리를 인정하지 않습니다. 이제 그들에게 남은 길은 자신의 고통을 호소하며 '동정과 시혜'를 부탁하는 것밖에 없습니다. 그 반대편에 서 있는 국가는 그들에게 시혜를 베푸는 대신 '고통의 증명'을 요구합니다. 첫 번째 강의에서 말한 '불쌍한 청년'이라는 이미지가 이렇게 탄생합니다. 결국 모든 사회적 약자들이 "내가 더 힘들고 고통스럽다"고 외칠 수밖에 없는 것입니다.

권리란 무엇인가: 개념과 정당성

'권리란 무엇인가?'라는 질문은 사실 두 가지 부분으로 구성되어 있습니다. '권리 개념은 어떻게 규정되는가?'와 '권리의 정당성은 어디에서 나오는가?'가 그것입니다. 먼저 권리 개념이 발전해온 역사와 그 구성 요소를 살펴보겠습니다.

시민의 권리는 고대 로마의 시민성으로 거슬러 올라갑니다. 하지만 권리 개념 자체는 시민성의 변화와 구별되는 고유한 역사를 갖는데, 그 역사는 결코 단일하지 않습니다. 예컨대 권리에 해당하는 영어 'right', 프랑스어 'droit', 독일어 'Recht'는 각기 다른 역사를 거쳐 발전해왔습니다. 여기서 그 역사를 다 살펴볼 수는 없으니 우리가 주목해야 할 주요 변화만 참고하겠습니다.

현대 권리 개념의 기원은 중세 라틴어 'jus(유스)'에서 찾을 수 있습니다.[10] 이 말은 법, 권리, 의무 등으로 번역되는데, 중요한 것은 '어떤 사물이 객관적으로 올바른 상태'에 있음을 의미한다는 점입니다. 영어 'right'에 이런 흔적이 남아 있습니다. 오늘날 이 단어는 여전히 '옳은' '적절한' '바른' '곧은' 같이 사물의 객관적 상태를 지시하는 말로 사용됩니다. 그럼 영어 'right'에 담겨 있는 개인의 권리라는 의미는 언제 등장한 걸까요? 논쟁의 여지가 있지만 몇몇 학자들은 대략 17세기라고 말합니다. 네덜란드의 법학자 호로티위스Hugo Grotius는 〈전쟁과 평화의 법에 대해De Jure Belli ac Pacis〉(1625)에서 'jus'를 "한 사람의 도덕적 자질로서, 무엇을 적법하게 소유하거나 행할 수 있도록 해주는 것"이라 정의합니다. '도덕적 자질'의 첫 번째가 바로 자신에게 행사하는 힘, 즉 자유입니다.[11] 이 시기 이후에 'jus'는 사물의 객관적인 상태가 아니라 개인이 가진 주관적 자질, 속성, 상태 등을 의미하게 됩니다. 현대적 의미의 권리가 출현한 것이죠.

권리 개념이 변화하면서 권리와 법도 구별되기 시작합니다. 'jus'가 객관적으로 올바른 상태를 의미하는 시대에는 그 말에 권리와 법이라는 두 가지 의미가 모두 들어 있었습니다. 'jus'

---

10   라틴어 'jus(ius)' 개념에 대한 설명은 J. Finnis, *Natural Law and Natural Right*, Oxford University Press, 1980, pp.205-210.을 참고하세요.

11   J. Finnis, Ibid., p.207; W. A. Edmundson, *An Introduction to Rights*, Cambridge University Press, 2004, p.15.

가 개인의 주관적 자질을 의미하는 말로 변화하면서 법에서 권리가 분리됩니다. 특히 현대 영어는 'right'와 'law'를 분명히 구별하죠.[12] 프랑스어에서도 권리와 법은 구별되지만 'droit'라는 한 단어가 두 가지를 다 의미합니다. 보통 이 말을 복수로 쓰면 개인의 권리들droits을 의미하고, 정관사와 함께 단수로 쓰면 법le droit을 말합니다. 같은 단어를 쓰다보니 영어보다는 두 의미의 경계가 모호합니다. 그래서 법이 권리의 집합으로 이해되기도 합니다.[13] 독일어 'Recht'도 권리와 법 모두를 의미합니다. 라틴어 'jus'에서 유래한 서구 언어 상당수가 이 두 가지 의미를 모두 가지고 있습니다.

로마법의 'jus' 개념에서는 권리와 의무도 분명히 구별되지 않았습니다. 현대의 권리는 그것을 가진 사람에게 어떤 이익을 가져다주는 것으로 이해됩니다. 그래서 권리의 일차적 의미는 '~할 자유'입니다. 반면 의무는 일종의 강제나 금지로 이해됩니다. 그래서 '돈 갚을 의무가 있다'고 하지 '돈 갚을 권리가 있다'고 하지 않죠. 하지만 가이우스의 텍스트에는 'jus'가 이 두 가지

---

12   홉스는 《리바이어던》에서 권리와 법을 구별해야 한다고 강조합니다(한국어판: 토마스 홉스, 〈제1부 인간에 대하여-제14장 제1 및 제2의 자연법과 계약에 대하여〉, 《리바이어던 1》, 진석용 옮김, 나남출판, 2008.)

13   A. Lalande, *Vocabulaire technique et critique de la philosophie*, Presses universitaires de France, 2006, pp.250-253. 프랑스에도 영어 'law'에 해당하는 'loi'라는 단어가 있습니다. 결국 법을 의미하는 단어가 두 개(droit, loi) 존재하는데, 이런 이유로 프랑스인들도 이 둘을 마구 섞어 쓰는 경향이 있습니다. 하지만 엄밀히 말해 두 개념은 다릅니다. 법 일반을 의미하는 것이 'droit', 그런 법의 형식적 원천 중 하나가 'loi' 입니다(http://www.vie-publique.fr/decouverte-institutions/justice/definition/application-lois/qu-est-ce-que-droit-loi.html).

모두를 의미하는 부분이 있습니다. 그래서 'jus'를 그냥 권리라고 번역하면 '~을 하면 안 될 권리'라는 이상한 표현이 만들어집니다. 호주 출신의 법철학자 피니스John Finnis는 로마법에서 'jus'가 법에 기초한 과제나 임무를 의미하는 경우가 많다고 이야기합니다. 또 그에 따르면 아프리카 부족 중에는 지금도 한 단어로 권리와 의무를 모두 지시하는 경우가 있습니다. 그런 단어는 영어로 'ought'나 'due'로 옮겨집니다.[14] 한국어에서는 '마땅히 그래야만 하는 것' 정도로 번역할 수 있겠습니다. 무엇을 할 권리나 의무를 가진다는 것은 그렇게 하는 것이 마땅하고 당연하다는 의미죠.

권리 개념의 이러한 분화 과정은 우리 강의에서 중요한 문제입니다. 곧 살펴보겠지만, 권리에 대한 한국 사회의 숱한 오해들이 권리, 법, 의무 사이의 잘못된 관계 맺음에서 비롯되기 때문입니다. 17세기 이전 'jus'의 의미에는 객관적 상태와 주관적 속성, 법과 권리, 의무와 권리가 함께 들어 있습니다. 'jus'로부터 현대인들이 쓰는 개념들이 분화되어 나오기 시작한 건 17세기 이후부터입니다. 하지만 현대의 권리 개념은 여전히 'jus'가 가진 적법성, 합법성, 마땅함, 당연함 등의 의미를 간직하고 있습니다. '~할 자유가 있다'는 권리 주장은 자기 마음대로 무슨 일이든 할 수 있다는 뜻이 아니라 그 행위의 적법성을 드러내는 표현입니다.

---

14   J. Finnis, *Natural Law and Natural Right*, p.209.

여기서 자유의 의미를 분명히 이해할 필요가 있습니다. 권리가 개인이 가진 주관적 속성으로 변화하면서 자유가 그 첫 번째 요소로 규정되었습니다. 가장 기초적인 시민의 권리도 신체의 자유, 표현의 자유, 계약의 자유, 일할 자유 등입니다. 자유를 권리의 핵심 요소로 간주한 것은 현대적 권리 개념을 정의한 흐로티위스나 홉스 같은 17세기 철학자들이지만, 자유의 분석적 정의를 완성한 사람은 20세기 초에 활동한 미국의 법학자 호펠드W. N. Hohfeld입니다. 그는 권리의 네 가지 구성 요소를 구별하는데, 그 첫 번째가 자유liberties, privileges입니다.[15] 그에 따르면 'A가 ~할 자유를 갖는다'는 것은 'A가 ~하지 않을 의무를 갖지 않는다'와 동등합니다. 예컨대 나는 공원의 빈 의자에 앉을 자유가 있습니다. 이것은 '그 자리에 앉지 말아야 할 의무가 없다'는 말입니다. 또한 나는 다른 사람의 공연 좌석에 앉을 자유가 없다고 할 때, 이것은 '나는 다른 사람의 공연 좌석에 앉지 말아야 할 의무가 있다'는 말입니다. 우리가 '~할 권리'를 '~할 자유'로 이해할 때, 자유는 호펠드의 이론을 따라 의무의 부정 상태로 정의됩니다.

호펠드가 권리의 두 번째 요소로 정의한 것은 요구권claim-right입니다. 'A가 B에게 ~할 요구권을 가진다'는 것은 'B가 A에게 ~할 의무가 있다'는 말입니다. 예컨대 내가 친구에게 돈을 빌려주었다고 합시다. 나는 그에게 돈을 받을 요구권이 있습니다.

---

15   웨나Leif Wenar가 쓴 스탠퍼드 철학사전의 다음 항목을 참조하세요. http://plato.stanford.edu/entries/rights/

이것은 그가 나에게 돈을 갚을 의무가 있다는 말입니다. 자유와 요구권이 권리의 일차 요소라면 면책권immunity과 권력power은 이차 요소입니다. 호펠드는 이 네 가지 요소들의 복합적인 상호 관계로 권리를 정의합니다. 권리에 대한 분석적 작업이죠. 이것을 소유권, 신체의 자유, 표현의 자유 따위의 일반적 범주에 적용하려면, 구체적 상황과 대상에 따라 개별 권리를 추출하고 그것을 네 가지 구성 요소로 나누어 분석하는 복잡한 논리적 과정을 거쳐야 합니다. 물론 여기서 이런 과정을 자세히 다룰 필요는 없습니다. 앞으로 다룰 문제를 위해 권리와 의무의 상관관계만 기억하면 됩니다.

지금까지 본 것은 권리 개념의 변화 과정입니다. 여기서 권리의 개념적 정의와 권리의 정당성을 구별해야 합니다. 호펠드는 '권리란 무엇인가?'에 대한 정의를 제공하지만 '그런 권리가 왜 정당한가?'를 다루지는 않습니다. 예컨대 나는 내 생각을 말할 자유가 있습니다. 우리는 호펠드의 네 가지 구성 요소로 이러한 자유의 구조를 분석할 수 있지만, 그 자유가 왜 정당한지는 이와 사뭇 다른 문제입니다. 헌법이 표현의 자유를 보장한다는 것은 답이 될 수 없습니다. 애초에 헌법이 왜 표현의 자유를 정당한 것으로 인정하느냐가 문제니까요. 어떤 권리에 대한 문제가 제기되면 그것의 개념과 정당성 모두를 검토해야 합니다. 만일 누군가 "나는 성소수자를 증오하는 발언을 할 자유가 있다"고 주장한다면, 그런 자유에 대한 개념적 분석과 그것의 정당성 검토가 모두 필요합니다.

그럼 권리의 정당성은 어디에 기초할까요? 특히 헌법이 보장하는 시민과 인간의 권리들은 어떻게 정당화될까요? 가장 일반적인 원리는 권리가 개인의 지위status에 기초한다는 것입니다. 내가 표현의 자유, 신체의 자유, 사상의 자유를 갖는 이유는 내가 인간이라는 지위에 있기 때문입니다. 이렇게 개인의 지위를 권리 정당성의 원천으로 보는 것이 자연권 사상의 핵심입니다. 프랑스대혁명의 이념을 제시했고 지금도 헌법 전문의 기능을 수행하는 〈인간과 시민의 권리 선언〉이 가장 대표적인 자연권 선언입니다. 이 문서의 형식이 '선언déclaration'인 이유는 인간의 자연적 권리란 단지 인간으로서 마땅히 가져야 할 권리이기 때문입니다. 그것의 정당성을 인간이라는 사실 외부에서 끌어온다면, 결코 자연적 권리라고 할 수 없겠죠.

자연권 사상의 기본 내용은 대부분이 알고 있습니다. 그래서 당연하고 뻔한 소리로 취급받기 일쑤죠. 하지만 '인간으로서 마땅히 가져야 할 권리'라는 생각은 수많은 쟁점들을 함축합니다. 일단 '인간이란 누구인가?'를 물어야 합니다. 로크John Locke는 생명, 자유, 소유의 권리를 자연권으로 주장했고, 〈인간과 시민의 권리 선언〉도 같은 내용을 담고 있습니다. 자연권을 주장한 철학자 대부분이 개인의 자유를 기본권으로 꼽습니다. 이때 자유란 개인이 자신의 몸과 마음을 지배하는 힘과 능력입니다. 이것이 곧 인간의 정의이기도 합니다. **즉 인간이란 자유로운 존재로서 자기 자신에 대한 결정권을 행사할 수 있는 개인입니다.** 그런 인간은 자유로운 존재라는 측면에서 서로 구별되지 않으며, 모두 평등합니다. 이것이 바로 현대 민주주의의 기본 가치인 개인의 자유와 개인 사이의 평등입니다.

한국 사회에서 과연 이러한 인간 이해가 존재할까요? 두 번째 강의 내용을 떠올려보면, '자신을 지배할 힘과 능력을 갖춘 자유로운 개인'은 인간에 대한 유럽의 표준 개념입니다. 유럽인이 창조한 현대 민주주의 체제는 그러한 표준 개념 위에 건설되었습니다. 하지만 한국 사회에서 이러한 인간 개념은 표준으로 자리 잡지 못했습니다. 자유롭고 평등한 개인은 없고 가족, 국가, 민족의 거대한 위계 구조만 존재합니다. 물론 이런 상황 자체는 좋다 나쁘다 평가할 대상이 아닙니다. 유럽과 동아시아의 서로 다른 역사가 응축된 결과일 뿐이니까요. 그렇지만 인간 개념은 현대 정치·사회 체제를 유지하는 핵심 표준입니다. 인간이 어떤 존재인지에 대한 사회적 합의 없이 민주주의 정치 체제는 작동할 수 없습니다. 인간에 대한 표준 개념이 한국 사회에 필요한 현실적 이유도 바로 이것이죠. 인간에 대한 유럽적 이해를 어떻게 평가할지는 별도의 문제입니다.

'지위에 기초한 권리'라는 모델에 내재한 가장 뜨거운 쟁점은 결국 소수자 문제입니다. 잘 알려져 있다시피 여성, 비유럽인, 흑인, 성소수자, 장애인, 빈민 등이 표준 인간의 범주에 포함된 것은 20세기 중반에 이르러서입니다. 21세기에도 인간의 권리human rights가 여전히 뜨거운 주제인 이유는 세상에 아직도 인간으로 인정받지 못하는 인간, 차별로 고통받는 인간이 수없이 많기 때문입니다. 최근 인간의 권리를 가로막는 장애물로 지목되는 것이 바로 시민성입니다. 이 문제를 다루기 위해서는 일단 시민과 인간의 차이를 이해할 필요가 있습니다. 이 두 가지 지위의 구별은 〈인간과 시민의 권리 선언〉의 핵심 쟁점 중 하나입니다.

모든 인간은 자유, 생명, 소유의 권리를 자연적으로 가지고 있지만, 정치공동체에 참여할 권리는 시민이라는 지위에만 부여됩니다. 요컨대 한 정치공동체의 주권은 인간 일반이 아니라 그 공동체의 시민들에게 있는 것입니다. 앞서 시민성의 구성 요소를 멤버십, 권리, 참여라고 했는데, 멤버십을 둘러싼 쟁점도 여기서 발생합니다. 현대 시민성의 멤버십은 국적nationality으로 규정됩니다. 결국 시민이란 국적을 가진 사람이며 그들만이 국가의 정치에 참여할 수 있는 주체로 인정됩니다. 따라서 인간의 권리가 국적을 가진 시민에게만 보장되는 문제가 발생할 수밖에 없습니다. 이것이 국제적 수준에서 이주민과 난민 문제가 계속 악화되는 이유입니다. 이주민과 난민의 발생은 우연적 사건이 아니라 시민성에 기초한 정치 모델의 내재적 한계를 드러내는 사건인 것이죠. 이렇듯 시민의 권리와 인간의 권리는 여전히 뜨거운 쟁점입니다. 이 문제는 조금 뒤에 한 번 더 검토하겠습니다.

마지막으로 권리언어의 문제를 잠깐 다루겠습니다. 권리언어로 말한다는 것은 보이는 사실을 말하는 것과는 다릅니다. 권리언어는 사실의 차원과 권리의 차원을 구별할 것을 요구합니다. 잘 알려져 있듯이 이러한 구별은 칸트 비판 철학의 핵심 요소입니다. 하지만 그것은 철학적 문제일 뿐만 아니라 일상언어의 문제이기도 합니다. 예컨대 사실을 묘사하는 '할 수 있다'와 행위의 적법성을 밝히는 '권리가 있다'는 다릅니다. 나는 원하는 곳으로 걸을 수 있지만 이 사실과 '내가 원하는 곳으로 걸어갈 권리를 가졌다'는 것은 다르죠. 마찬가지로 '할 수 없다'와 '권리가 없다' 역시 구별해야 합니다. 나는 하늘을 날 수 없지만 신체의 자유가 보장된 인간으로서 하늘을 날 권리는 가질 수 있습니다. 나는 여성을 혐오하는 발언을 할 수 있지만 혐오 발언을 할 권리는 무엇인지, 만일 그것이 권리라면 그 정당성은 어디서 찾을 수 있는지를 밝혀야 합니다. 허용과 금지를 의미하는 '해도 된다'-'하면 안 된다'는 말도 '권리가 있다'-'권리가 없다'는 말과 구별해야 합니다. '당신은 독약을 먹으면 안 된다'와 '당신은 독약을 먹을 권리가 없다' 혹은 '당신은 혐오 발언을 하면 안 된다'와 '당신은 혐오 발언을 할 권리가 없다'는 의미가 다르죠. (프랑스에서 권리는 흔히 쓰이는 일상어입니다. 예를 들어 운전 중에 "여기서 우회전할 수 있나?"라고 묻는 대신 "나는 여기서 우회전할 권리가 있나?"라고 물어봅니다. 어린아이들도 "이거 먹어도 돼요?" 대신 "나에게 이걸 먹을 권리가 있나요?"라고 말하곤 합니다.)

권리언어가 일상어로 자리 잡게 되면 많은 것이 달라집니다. 아래에서 다룰 부탁과 요구의 차이 또한 여기서 발생합니다.

권리를 둘러싼 몇 가지 미신들

권리에 대한 위의 설명들이 쓸데없이 장황하고 별로 새로울 것도 없어 보일지 모르겠습니다. 하지만 권리에 대한 한국 사회의 일반적 오해를 살펴보면 권리 개념의 정확한 이해가 왜 중요한지를 알 수 있습니다.

권리에 대한 첫 번째 오해는 의무를 권리의 전제나 필요조건으로 생각하는 것입니다. 흔히 '의무도 다하지 않고 권리를 요구해서는 안 된다'는 것이죠. 이런 믿음의 뿌리는 매우 깊습니다. 심지어 대한민국 헌법 전문에도 "자유와 권리에 따르는 책임과 의무를 완수하게 하여"라는 문구가 들어가 있습니다. 하지만 제헌 헌법[16]에는 "자유와 권리에 따르는 책임과 의무"라는 표현이 등장하지 않습니다. 1972년 유신헌법에도 "…… 정치·경제·사회·문화의 모든 영역에 있어서 각인의 기회를 균등히 하고 능력을 최고도로 발휘하게 하며 책임과 의무를 완수하게 하여……"라고 되어 있을 뿐 의무와 권리를 대응시키지는 않았습니다. "…… 자유와 권리에 따르는 책임과 의무를 완수하게 하여……"라는 문구는 전두환 쿠데타 이후 개정된 헌법에서 처음으로 등장합니다.[17] 결과적으로 보면, 5공화국 시대에 만들어진 표현이

---

16   1948년 7월17일 〈헌법 제1호〉 전문입니다. "유구한 역사와 전통에 빛나는 우리들 대한국민은 기미 삼일운동으로 대한민국을 건립하여 세계에 선포한 위대한 독립정신을 계승하여 이제 민주독립국가를 재건함에 있어서 정의인도와 동포애로써 민족의 단결을 공고히 하며 모든 사회적 폐습을 타파하고 민주주의제 제도를 수립하여 정치, 경제, 사회, 문화의 모든 영역에 있어서 각인의 기회를 균등히 하고 능력을 최고도로 발휘케 하며 각인의 책임과 의무를 완수케 하여 안으로는 국민생활의 균등한 향상을 기하고 밖으로는 항구적인 국제평화의 유지에 노력하여 우리들과 우리들의 자손의 안전과 자유와 행복을 영원히 확보할 것을 결의하고 우리들의 정당 또 자유로이 선거된 대표로서 구성된 국회에서 단기 4281년 7월 12일 이 헌법을 제정한다."

1987년 민주화 이후에도 헌법 전문에 계속 남아 있는 것입니다.

당시 전두환 정권이 정확히 어떤 의도로 이 문구를 집어넣었는지는 별도의 조사가 필요하겠지만 어쨌든 "자유와 권리에는 책임과 의무가 따른다"는 말은 마치 윤리적 격언처럼 한국 사회를 떠돌고 있습니다. 하지만 권리와 의무의 이러한 관계 맺음은 권리 개념의 역사 어디에서도 찾을 수 없는 매우 기괴한 것입니다. 흔히 이러한 관계가 '권리의 충돌'이라고 불리는 상황에서 발생한다고 믿는 사람들이 많은데, 그 상황이 제기해야 할 진짜 문제는 일관적이고 논리적인 권리 체계를 구성하는 것입니다. 즉 '나의 권리'와 '타인의 권리를 침해하지 않을 나의 의무'가 논리적 모순 없이 조화될 수 있도록 개별 권리를 법적 수준에서 세밀히 구성해야 하는 것입니다. 의무와 권리를 선후 관계로 파악하고 의무를 앞세우는 게 더 윤리적이라 생각하는 것은 한국 사회의 특이한 현상입니다.

권리에 대한 이러한 믿음을 여러 가지 측면에서 반박할 수

---

17   1980년 10월 27일에 제정된 〈헌법 제9호〉 전문입니다. "유구한 민족사, 빛나는 문화, 그리고 평화애호의 전통을 자랑하는 우리 대한국민은 3·1운동의 숭고한 독립정신을 계승하고 조국의 평화적 통일과 민족중흥의 역사적 사명에 입각한 제5민주공화국의 출발에 즈음하여 정의·인도와 동포애로써 민족의 단결을 공고히 하고, 모든 사회적 폐습과 불의를 타파하며, 자유민주적 기본질서를 더욱 확고히 하여 정치·경제·사회·문화의 모든 영역에 있어서 각인의 기회를 균등히 하고, 능력을 최고도로 발휘하게 하며, 자유와 권리에 따르는 책임과 의무를 완수하게 하여, 안으로는 국민생활의 균등한 향상을 기하고 밖으로는 항구적인 세계평화와 인류공영에 이바지함으로써 우리들과 우리들의 자손의 안전과 자유와 행복을 영원히 확보하는 새로운 역사를 창조할 것을 다짐하면서 1948년 7월 12일에 제정되고 1960년 6월 15일, 1962년 12월 26일과 1972년 12월 27일에 개정된 헌법을 이제 국민투표에 의하여 개정한다."

있습니다. 첫째, 시민의 지위와 권리의 관계를 고려하면 '의무를 다하지 않고 권리를 요구해서는 안 된다'는 주장은 논리적 모순입니다. 앞서 설명했듯 시민의 지위를 구성하는 것은 시민의 권리들입니다. 그 권리들이 조건부로 보장된다는 것은 곧 시민의 지위가 인정되지 않는다는 말과 다름 없죠. 그럼 시민의 지위에 있지 않은 사람에게 의무를 부과할 수도 없습니다. 결국 위의 주장은 시민 아닌 개인에게 시민의 의무를 요구하는 꼴입니다.

둘째, 일상적 경험의 수준에서 보아도 의무와 권리의 대응이 이상하다는 것은 분명합니다. 누군가 납세의 의무 혹은 국방의 의무를 수행하지 않으면 그에 해당하는 처벌을 받기 마련입니다. 하지만 그렇다고 교육받을 권리, 표현의 자유, 노동권 등이 제한되지는 않습니다.

셋째, 호펠드를 따라 분석적으로 비판해볼 수도 있습니다. '나는 A를 말할 자유가 있는가?'는 '나는 A를 말하면 안 될 의무가 있는가?'와 동등합니다. '내가 국가에 B를 요구할 권리가 있는가?'는 '국가가 나에게 B를 해줄 의무가 있는가?'와 동등하죠. 권리는 의무에 의해 정의될 수 있지만, 그러한 권리와 의무는 모두 A, B에 관련된 것입니다. A를 말할 권리와 A를 말하면 안 될 의무, B를 요구할 권리와 B를 해줄 의무 사이에 대응 관계가 존재합니다. 그런데 "자유와 권리에 따르는 책임과 의무"라는 말은 문제가 되는 권리에 전혀 상관없는 의무를 가져다 붙이는 것입니다. 예컨대 '네가 A를 말할 수는 있지만, 그러려면 친구한테 빌린 돈부터 갚아라' 같은 이상한 논리죠.

권리에 대한 두 번째 오해는 개인의 권리 주장을 '특혜'나 '특권'에 대한 요구로 간주하는 것입니다. 시민의 법적 권리는 그 자체로 적법합니다. 즉 어떤 요구나 주장이 법적 권리가 아니라고 할 수는 있지만, 일단 시민의 법적 권리로 인정된 것은 그 자체로 적법성을 갖습니다. 그것이 시민의 권리임을 부정하지 않는 한 그 적법성 역시 부정될 수 없습니다. 간혹 시민의 권리 주장에 대해 "왜 당신들의 권리만 주장하려 하느냐"고 비판하는 사람이 있습니다. 이는 아무런 합리적 근거가 없는 비판입니다. 그런 권리가 적법하지 않다고 할 수는 있어도 적법한 권리 주장을 부정할 이유는 어디에도 없습니다. 예컨대 많은 시민이 세월호 참사 피해자는 진상 규명과 피해자 지원을 요구할 도덕적 권리가 있다고 인정합니다. 물론 여기에 이견이 있을 수도 있습니다. 그렇다면 이런 도덕적 권리를 개념과 정당성의 수준에서 비판해야 합니다. 이러한 논쟁이 바로 시민의 정치 참여죠. 그 후에 피해자의 도덕적 권리를 법적으로 인정할 것인지 말지 결정해야 합니다. 만일 그것이 법적 권리로 인정받았다면, 그 권리를 주장하는 것은 다른 조건이 필요 없는 적법한 행위입니다. 실제로 권리의 개념과 정당성에 대한 정치적 토론이 잘 이뤄졌는지는 모르겠지만, 〈4·16 세월호 참사 진상 규명 및 안전사회 건설 등을 위한 특별법〉은 제정되었습니다. 세월호 피해자는 이 법에 기초해 자신의 권리를 주장할 수 있습니다. 그런 권리 주장을 '특혜'나 '특권'으로 규정할 이유는 어디에도 없습니다. 사실 그런 말들은 권리 주장을 억압하기 위한 정치언어일 뿐입니다.

권리에 대한 이 두 가지 오해는 시민의 권리 주장을 부정하려는 언어적 장치일 뿐입니다. 그 한가운데에는 개인과 공동체의 관계에 대한 국가주의적 환상이 있습니다. **이런 환상에 따르면, 개인의 의무 수행은 개인의 몫을 국가에 바치는 것이고, 개인의 권리 주장은 개인을 위해 국가의 몫을 빼앗는 것입니다.** 여기서 시민의 권리와 의무는 개인과 국가 사이의 교환관계로 대체됩니다. 이러한 관계는 고대 그리스 시민성의 극단적 형태로 보일 수도 있습니다. 아테네의 시민은 자기 자신이 아니라 폴리스에 속한 사람이며 폴리스를 위한 의무를 수행하는 것이 그의 존재 이유이기 때문입니다. 하지만 아테네 시민성은 완전한 평등을 전제한다는 점을 함께 기억해야 합니다. 그들은 평등한 시민으로서 인민demos을 구성합니다. 반면 한국의 국가주의에는 민족만이 있을 뿐 인민은 결코 존재한 적이 없습니다. 민족은 평등한 시민의 집단이 아니라 거대한 위계 구조를 가진 혈통공동체입니다.

세 번째 오해는 사실의 차원과 권리의 차원을 혼동하는 데서 나옵니다. 이 두 가지 차원의 구별은 조금 전에 설명했죠. 사실의 차원에서는 '나는 X 한다'고 말한다면, 권리의 차원에서는 '나는 X 할 권리가 있다'고 말합니다. 이 경우 'X 할 권리'와 X는 구별됩니다. 예를 들어 '나는 밥을 먹는다'는 사실 진술과 '나는 밥 먹을 권리가 있다'는 권리 표현은 전혀 다릅니다. 특히 후자의 경우에서는 '밥 먹을 권리'와 '밥'이 구별됩니다. 흔히 이런 구별을 제대로 하지 않아서 '밥 먹을 권리'를 주장하면 밥을 더 달라는 것으로 오해하는 것입니다.

권리란 어떤 행위나 사물 소유를 적법하게 만들어주는 개인의 속성입니다. 따라서 권리의 많고 적음을 이야기할 수는 없습니다. 권리의 상관물인 사물이나 행위에 대해서만 양적 평가를 할 수 있죠. 하지만 밥 먹을 권리와 밥을 혼동하다 보니 권리 주장을 하면 더 많은 재화를 요구하는 것으로 이해합니다. 권리를 '특혜'나 '특권'으로 간주하는 것도 같은 맥락입니다. 권리 주장이 개념과 정당성의 수준에서 논의되는 것이 아니라 더 많은 이익을 차지하기 위한 호소로 이해되는 것입니다. 이러한 호소를 사회적으로 인정받기 위해 흔히 사람의 마음을 움직이는 장치를 동원하곤 합니다. **결국 권리와 전혀 상관없는 충실한 의무 이행을 증명하거나, 자신이 얼마나 딱한 처지에 있는지를 반복적으로 드러내는 수밖에 없습니다.**

사회적 논의를 사실의 차원에 한정하고 권리의 차원으로 이행하지 못하도록 하는 것은 권력을 가진 집단의 전략이기도 합니다. 이를테면 영화 〈베테랑〉에서 재벌 3세 조태호(유아인 분)는 체불 임금을 받기 위해 1인 시위를 하는 화물트럭 기사(정웅인 분)에게 돈을 줍니다. 이때 돈을 준다는 것은 '사실'입니다. 하지만 화물트럭 기사가 체불 임금을 요구할 권리가 있다는 것은 결코 인정되지 않습니다. 특히 사회적 약자가 'X 할 권리'의 주체이고 강자가 'X 할 의무'의 주체인 경우, 강자가 약자에게 X를 제공하는 것이 당연한데도 양측이 권리와 의무의 관계에 있다는 사실은 부정됩니다. 우리는 삼성 반도체 공장 산업재해 사건, 한·일 일본군 '위안부' 합의, 가습기살균제 사망 사건 등에서 비슷한 광경을 자주 목격합니다. '돈은 주겠지만, 그게 당신의 권리나 우리의 의무는 아니다'라는 논리죠. 그와 함께 피해자가 '떼를 써서 돈을 받았다'는 비난이 쏟아집니다. 부당한 피해를 받은 약자의 싸움에서 중요한 것은 자기 몫을 되찾는 것이 아니라 자기 몫에 대한 권리가 있음을 인정받는 것입니다.

　마지막으로 권리의 평등에 대한 오해도 있습니다. 노동자의 권리, 여성의 권리, 청년의 권리, 장애인의 권리 같은 말들이 자주 사용됩니다. 이는 사회적 약자나 차별받는 집단의 권리 주장을 담은 표현입니다. 그런데 노동자가 아닌 사람에게는 없고 노동자에게만 부여된 권리란 무엇일까요? 마찬가지로 여성에게만 부여된 권리가 따로 있을까요? 물론 개인의 특성에 따라 구별되는 권리들도 있습니다. 예컨대 노동자는 근로계약서상 피고용인의 지위를 구성하는 권리들을 갖고, 여성은 여성에게만 허용된 공공장소에 들어갈 권리가 있죠. 하지만 시민과 인간이라는 법적 지위의 수준에서 이들이 특수한 지위로 인정되는 것은 결코 아닙니다. 만일 노동자 시민과 노동자 아닌 시민, 여성 시민과 여성 아닌 시민을 구별한다면, '법 앞의 평등'이라는 시민성의 원리는 유지될 수 없습니다. 법적 지위의 평등은 고대 그리스와 로마 시민성 전통의 가장 근본적인 원리입니다. 개인이 어떤 자질과 특성을 갖든 그가 인간이라면 평등한 인간의 권리를, 정치공동체의 시민이라면 평등한 시민의 지위를 보장받습니다. (물론 실제 상황에서 지위의 평등과 개인들 사이의 차이는 빈번히 충돌합니다. 이런 충돌을 조율할 방법을 두고 숱한 쟁점들이 형성됩니다.)

그러므로 시민과 인간이라는 지위의 수준에서 노동자의 권리, 여성의 권리, 청년의 권리 따위는 없습니다.[18] 청년은 국가에 청년 실업의 해결을 주장할 권리를 갖고, 여성은 성차별과 성폭력의 중단을 요구할 권리를 갖지만, 사실상 이것은 청년이나 여성의 권리가 아닌 평등한 인간의 권리를 주장하는 것입니다. 마찬가지로 빈곤층에게 더 많은 사회 서비스를 제공해야 한다는 사회권적 주장은 빈곤층의 권리가 아니라 시민권과 정치권의 평등한 보장을 요구하는 것입니다. 성소수자운동이 주장하는 것도 성소수자의 권리가 아니라 차별 없는 평등한 인간의 권리입니다. '장애인고용특별법'과 '공직선거법'에서 장애인과 여성에 대한 할당제를 규정하는 것도 결코 '특권 보장'이 아닙니다. 차별받는 사회적 약자에게 평등한 권리를 보장하기 위한 보조 수단이죠. 이런 보조 수단을 둘러싼 다양한 쟁점들이 있지만 '차별받는 집단의 평등한 권리를 위한 불평등한 자원 분배'의 필요성 자체를 부정할 수는 없습니다.

---

18   대한민국 헌법 제33조에 규정된 근로자의 단결권, 단체교섭권, 단체행동권은 시민성의 관점에서 보면 다소 예외적인 측면이 있습니다. 마셜도 이 쟁점에 대해 언급한 적이 있습니다. 노동조합은 정당이 아니지만 시민권을 집단적으로 사용합니다. 노동3권은 시민성에 포괄되지 않는 노동자의 권리를 인정했다고 볼 수도 있는 것입니다(T. H. Marshall, Ibid., p.111. 한국어판: 《시민권》, 114~115쪽). 19세기 말 영국 노동운동의 발전은 평등한 시민성을 실현한 추진력이었지만, 계급 이론과 시민성 이론은 결코 양립할 수 없는 측면이 있습니다. 이 문제에 관해 마르크스의 권리 비판을 참고할 필요가 있습니다. (〈유대인 문제에 대하여〉, https://www.marxists.org/archive/marx/works/1844/jewish-question/)

3. 평등을 가로막는 세 가지 요인

지금껏 살펴보았듯이 시민성 개념은 한국 사회에 가장 시급히 필요한 표준입니다. 그렇다면 시민성 개념은 왜 사회적 표준으로 자리 잡지 못한 것일까요? 가장 흔한 대답은 '근대화 역사가 짧기 때문'이라는 것입니다. 완전히 틀린 답은 아닙니다. 서구 사회에서 시민성은 고대 그리스와 로마에서 탄생해 2000년이 넘는 시간 동안 변화해왔으니까요. 근대적 시민성이 출현한 지도 200년이 넘습니다. 그에 비하면 한국 사회에 '시민'이라는 말이 소개된 지는 30년이 채 되지 않습니다. 그러나 단지 시간이 짧다는 사실은 충분한 대답이 될 수 없습니다. 공화주의와 민주주의라는 서구 정치 체제가 20세기 초에 소개되었음에도 유독 시민성 개념은 빠져 있었기 때문입니다. 다시 한번 강조하면, 시민성은 공화주의와 민주주의의 가장 기초적인 요소입니다. 고대 그리스와 로마에서 태어난 시민의 참여와 권리는 현대 정치 체제의 토대이기도 하죠. 헌법에 의해 민주공화국이라 규정된 대한민국에서 민주공화국의 핵심 요소인 시민성 개념이 오랫동안 존재하지 않았다는 것은 결코 자연스러운 일이 아닙니다. 더구나 1987년 민주화 이후에도 그런 상황이 크게 바뀌지 않은 것으로 볼 때, 시민성이 사회적 표준으로 수립되는 것을 방해하는 요소들이 있었다고밖에는 생각할 수 없습니다.

이제 그러한 방해 요소들 중 지금까지도 문제가 되는 세 가지를 살펴보려고 합니다. 첫 번째는 시민성을 구성하는 참여와 권리 중 참여를 과도하게 강조하는 경향입니다. 시민사회운동에서 주로 나타나는 이런 경향은 1987년 이후 시민성 개념이 일반적으로 합의되는 것을 방해하고 있습니다. 다음은 국민 개념입니다. 식민지와 군사독재 정권을 거치며 서구 정치 체제를 구성하는 시민, 인민, 국민, 인간 개념들의 차이가 사라지고, 모두 국민으로 통합되었습니다. 국민 개념의 역사에 대해서는 별도의 사상사적 접근이 필요하지만, 여기서는 지금 한국 사회에서 그 개념이 행사하는 영향력을 주로 이야기하겠습니다. 마지막은 박정희 시대에 태어나 여전히 강력한 지배력을 발휘하는 경제 담론입니다. 사회경제적 불평등이 사회적 쟁점으로 떠오른 지금, 경제 담론의 지배력은 그 해법마저 경제 담론 내에서 찾도록 강제합니다. 경제 담론에 대한 비판 없이 시민성의 기본 원리인 시민의 평등한 권리는 올바로 이해될 수 없습니다.

참여하지 않아도 인간이다: 시민의 참여에서 인간의 권리로

모든 시민은 인간이므로 당연히 인간의 권리를 가집니다. 하지만 모든 인간이 시민의 권리를 갖지는 않습니다. 공동체의 정치적 삶에 참여할 권리, 즉 정치적 권리는 시민에게만 부여됩니다. 여기서 인간의 권리와 시민의 권리 사이에 긴장 관계가 발생합니다. 그 가운데에는 시민성의 배타적 멤버십이라는 문제가 있습니다.

우리는 소수자집단이 어떻게 인간의 권리에서 배제되었는지를 이미 보았습니다. 보편적 인간의 권리를 실현하려는 운동은 지금도 계속되고 있습니다. 그런데 인간의 자연적 권리가 소수자에 대한 배제를 명시적으로 규정하지는 않습니다. 인간의 권리란 말 그대로 모든 인간의 보편적 권리로, 배제와 차별을 허용하지 않죠. 그래서 인간의 권리를 위한 운동의 목표는 그 권리 모델을 비판하는 것이 아니라 오히려 그것을 적극적으로 인정하고 더 보편적으로 실현하는 데 있습니다.

반면 시민의 권리는 명시적으로 배타적 성격을 갖습니다. 멤버십, 권리, 참여라는 시민성의 세 가지 구성 요소 중 멤버십이 그런 배타성의 원리이며, 이것은 권리보다 참여와 더 밀접히 연관됩니다. 잠시 고대 그리스의 시민성으로 돌아가보겠습니다. 아리스토텔레스에게 폴리스의 시민이란 '다스리면서 다스림을 받는 사람'이었습니다. 이것이 아테네 시민의 멤버십을 규정하는 조건이죠. 일단 여성과 노예는 이 기준을 충족시키지 못합니다. 오이코스(집, 가정)에서 물질적 필요를 충족시키는 활동에 전념해야 하기 때문입니다. 전쟁에 나갈 수 없는 사람도 시민이 될 수 없습니다. 전사가 되는 것은 폴리스를 유지하기 위한 시민의 가장 기본적인 의무이기 때문입니다. 흔히 이러한 배제는 '고대 그리스 민주주의의 한계' 혹은 '지배집단의 통치 수단' 정도로 이해되는데, 사실 배타적 멤버십은 시민성의 필수 원리입니다. 모든 인간이 공동체의 정치적 삶에 참여할 수는 없으므로 참여하는 시민과 아닌 사람을 구별해야 한다는 것이죠. 즉 배타성은 시민성에 기초한 민주주의 모델 자체에 내재되어 있습니다. (고대 아테네의 직접민주주의를 가장 이상적 정치 체제로 생각하는 경우가 있는데, 소수자를 배제한다는 점에서 보면 그런 체제가 대의민주주의에 비해 우월하다고 할 만한 분명한 근거는 없습니다.)

멤버십의 배타성은 시민성의 정치적 요소, 즉 참여에서 비롯합니다. 고대 로마의 법적 시민성은 상대적으로 유연합니다. 사도 바울의 이야기에서 볼 수 있듯 돈으로 로마 시민성을 사는 것도 가능하니까요. 로마 제국은 다수의 정치공동체로 구성된 단일한 법 체계였고, 전혀 다른 지역과 문화권에서 태어난 사람도 동등한 로마 시민이 될 수 있었습니다. 세계시민주의 cosmopolitanism는 고대 그리스의 정치적 시민성이 아니라 로마의 법적 시민성에서 태어난 것입니다.[19] 〈시민적 및 정치적 권리에 관한 국제 규약〉과 〈경제적 · 사회적 및 문화적 권리에 관한 국제

---

19   R. Bellamy, Ibid., p.82.

규약〉을 비롯해 인간의 권리를 보장하는 각종 국제 규약의 기원도 고대 로마법 모델에서 찾을 수 있습니다.

18세기 말 현대 공화주의 체제가 등장하고 대의민주주의가 수립된 후에도, 정치적 참여를 두고 배타적 시민성을 둘러싼 논쟁이 벌어집니다. 특히 보통선거권 보장이 문제였는데, 이와 관련된 대표적 쟁점 중 하나가 토지 소유자에게만 정치적 참여를 보장하자는 주장이었습니다. 고대 아테네에서 이미 등장했던 생각이지만 여기에 한 가지 근거가 더 추가됩니다. 토지가 없는 사람은 정치공동체와 장기적 이해관계를 공유하지 못하므로, 개인의 단기적 이해관계를 위해 공동체를 이용하리라는 것입니다. 영국에서는 이와 비슷한 생각이 19세기까지 계속됩니다. 또 한 가지 쟁점은 여성의 정치 참여 인정이었습니다. 〈인간과 시민의 권리 선언〉에서 인간을 뜻하는 프랑스어는 'homme(남자)'입니다. 영어권에서 인간이 'man(남자)'인 것과 마찬가지죠. 이렇게 인간과 시민의 권리는 사실상 남성 시민의 권리로 이해되어왔습니다. 여성은 비이성적이고 감정적이므로 정치에 참여할 능력과 자질이 없다는 편견이 두 세기 이상 지속된 것입니다. 이러한 차별이 폐지되고 여성의 정치참여권이 보장된 것은 20세기 중반입니다.

19세기 말부터 시작된 노동자운동과 여성운동, 20세기 중반 시민권운동의 결과로 이제 정치적 참여에서 형식적 차별은 사라졌습니다. 그럼 모두가 평등하게 투표하고 선거에 출마할 수 있게 되었으니 시민성의 배타적 멤버십도 사라졌다고 할 수 있을까요? 결코 그렇지 않습니다. 현대 국가 체제를 유지하는 가장 강력한 배타적 기준이 여전히 존재합니다. 바로 국적nationality입니다. 국적을 가진 사람만이 공동체의 정치적 삶에 참여하고 법이 보장하는 시민의 권리들을 가질 수 있기 때문입니다. 나라에 따라 국적을 부여하는 조건은 천차만별이지만 어쨌든 국적은 시민과 시민 아닌 사람을 구별하는 거의 유일한 기준으로 기능합니다. 이렇게 국적을 가진 시민으로 구성된 현대 정치공동체를 'nation-state'라고 합니다(보통 '민족 국가'라고 번역하지만, 일반적으로 이해되는 민족과 'nation'의 의미는 상당히 다릅니다). 지금의 국가는 국적을 가진 모든 시민이 평등하게 참여하는 정치공동체입니다. 그러한 시민의 참여에 의해 시민에게 부여될 평등한 법적 권리들이 규정되죠. 그래서 많은 이들이 시민성을 '권리들을 가질 권리 right to have rights'라 부릅니다.

　　지금까지 살펴본 시민성의 역사는 시민의 참여를 강조할수록 시민성의 배타적 멤버십도 강화된다는 사실을 우리에게 보여줍니다. 고대 아테네 이래로 시민과 시민 아닌 사람을 구별하고 소수자를 배제한 것은 결국 '공동체의 정치적 삶에 참여할 수 있는 사람은 누구인가?'라는 질문에 답하기 위해서였습니다. 물론 이제는 시민성의 배타적 조건 대부분이 사라졌지만 그렇다고 배타성 자체가 사라지지는 않습니다. 국적은 그것을 유지하는 최후의 문턱이라 할 수 있습니다. 하지만 '멤버십을 가진 시민의 참여'로 유지되는 현대 시민성은 여러 가지 도전을 받고 있습니다. 무엇보다 국적에 기초한 민주주의 모델은 국제적 차원에서 발생하는 권리의 문제를 다루기 어렵습니다. 예컨대 전쟁 난민이나 분쟁 지역의 주민은 다른 국가의 정치에 참여하거나 시민의 의무를 수행한 적이 없지만, 그럼에도 국제 사회는 그들의 권리를 보장해야 합니다. 이를 위해서는 국적에 기초한 시민성을 뛰어넘는 정치적, 법적 장치를 마련해야 합니다. 이 과정에서 인간의 권리와 시민성 사이의 충돌은 불가피합니다. 이른바 '인권 문제'를 두고 미국과 중국이 갈등하는 상황은 단지 국제 정치의 역량 관계 때문에 발생하는 것이 아닙니다. 이런 갈등은 보편적 법체계에 기초한 인간의 권리와 시민성에 기초한 개별 정치공동체 사이의 긴장에서 발생합니다.

물론 세계적인 추세는 시민성의 경계를 넘어 인간의 권리로 나아가고 있습니다. 한국도 예외는 아닙니다. 예컨대 2015년 6월 대법원은 합법적 지위가 보장되지 않는 외국인도 노동조합을 설립할 권리를 갖는다고 판결했습니다. 한국 국적이 없는 사람, 심지어 한국 영토 안에 합법적으로 체류할 수 없는 외국인도 한국 시민이 정한 법률에 의해 노동조합을 만들고 가입할 권리를 보장받게 된 것입니다. 〈경제적·사회적 및 문화적 권리에 관한 국제 규약〉은 이미 노동조합 설립과 가입의 권리를 인간의 권리로 다루고 있습니다. 대법원은 시민성의 한계를 넘어 이 국제 규약의 정신을 실현한 역사적 판결을 내렸지만, 결론을 내리기까지 8년이나 질질 끈 탓에 그 의미가 퇴색되고 말았습니다.

시민성을 둘러싼 쟁점은 국제적 범위에만 한정되지 않습니다. 개별 정치공동체 내에서도 정치적 참여는 여전히 많은 문제를 제기합니다. 무엇보다 다양한 이유로 참여에서 멀어진 집단이 존재하죠. 일단 경제적 불평등이 시민의 정치 참여를 가로막습니다. 불안정한 경제 상태에 있는 한국 시민 상당수는 정치에 참여할 의지가 없거나, 의지가 있어도 참여하기 힘듭니다. 하위계층이 투표에 적극적으로 참여하지 않는 상황을 비정상적으로 간주하는 경우가 많은데, 정치 참여권의 행사를 위해서는 먼저 충분한 사회경제적 지원이 뒷받침되어야 합니다. 마셜이 사회권을 주장한 이유도 바로 이것 때문입니다. 시민권과 정치 참여의 실질적 보장을 위해 국가는 충분한 사회 서비스를 제공할 의무가 있습니다.

다양한 사회적 불평등과 차별 구조도 참여의 장애물입니다. 여성의 정치 참여가 법적으로 보장된 지 100년에 가깝지만, 의회 정치에서 성평등에 도달한 나라는 거의 없습니다. 여성에 대한 다양한 사회경제적 차별이 정치 참여에 접근할 통로를 차단하기 때문입니다. 이런 조건에서 단순히 여성의 정치 참여를 강조하는 것은 별 소용이 없습니다. 법적 차별을 폐지하는 것은 물론 성 불평등과 차별 구조를 개선하지 않는다면, 여성은 앞으로도 참여하는 시민에서 배제된 채 남게 될 것입니다. 여성을 비롯한 소수자집단이 민주주의의 정치적 주체가 되려면, 그들의 시민권과 정치 참여권이 실질적으로 보장되도록 각종 불평등과 차별 요소를 제거해야 합니다. 시민의 정치 참여가 시민의 권리를 규정한다고는 하지만, 기존의 권리가 실질적으로 보장되지 않는 상황에서 시민의 정치 참여는 불가능합니다.

한국에서 시민 개념을 주로 사용하는 것은 시민사회운동 진영입니다. 그곳에서 시민에 부여하는 의미 역시 참여하는 시민입니다. 시민이라는 말이 처음 사용되던 1990년대부터 시민이란 곧 참여하는 시민을 의미했으니, 권리보다 참여가 강조되는 건 당연한 현상입니다. 한국의 대표적인 시민단체의 이름은 참여연대이고, 노무현 정부가 자신을 부르던 이름도 참여정부였죠. **하지만 앞서 보았듯 시민의 참여를 강조하는 경향은 시민성의 배타적 요소를 강화하는 결과를 가져옵니다.** 이것은 역사적 결과라기보다 시민성 모델과 이론 자체의 특성입니다. 참여를 강조하는 한국의 시민운동도 비슷한 양상을 보입니다. 적극적으로 참여하는 시민의 권리에 주로 집중하는 것이죠. 여기서 시민의 참여와 권리 사이에 일종의 보상관계가 형성됩니다. 특히 시민운동 출신 인사가 국가기구에 진출하면 이런 경향은 더 두드러집니다. '시민의 자발적 참여를 독려'하고 참여하는 시민에게 물질적 지원을 몰아주는 것입니다. 한국 시민운동의 이런 경향은 좀 전에 살펴본 권리에 대한 일반적 오해와 같은 맥락에 있다고 볼 수 있습니다. 권리를 그 자체로 적법한 것으로 인정하지 않고 일종의 특혜로 간주하는 것 말입니다.

지금 한국의 사회경제적 상황에서 시민의 참여를 강조하는 경향은 배타적 시민성을 강화할 가능성이 매우 큽니다. 기초적인 시민권과 정치권도 제대로 보장되지 않는 상황에서 참여할 수 없는 시민을 참여에서 더 멀어지게 만들기 때문입니다. 노동조합에 관한 권리를 사례로 생각해봅시다. 마셜은 영국의 시민성 발전 과정에서 노동조합 운동이 중요한 역할을 했다고 평가했죠. 유럽에서 노동조합과 정당은 시민의 정치 참여를 가능케 하는 두 가지 주요 장치입니다. 하지만 노동조합이 제 역할을 못하는 한국에서 시민이 정치에 참여하는 때는 몇 년에 한 번 돌아오는 선거철뿐입니다. 노동조합에 가입할 권리는 〈경제적·사회적 및 문화적 권리에 관한 국제 규약〉에 인간의 권리로 규정되어 있지만, 한국의 비정규직 노동자가 이 권리를 행사하는 것은 불가능에 가깝습니다. 이렇게 노동조합에 대한 권리가 보장되지 않는 한 시민의 정치 참여는 제한될 수밖에 없습니다. 다시 말해 지금 시민에게 필요한 것은 '투표 독려'가 아니라 노동조합 설립과 가입에 대한 권리 보장입니다. 이런 기초적 권리 보장 없이 시민을 투표장에 불러낼 방법만 고민한다면, 이들을 정치적 참여에서 배제하는 구조가 더 강화될 것입니다. **결국 지금 한국에서 강조해야 할 것은 참여가 아니라 권리입니다.** 정치 참여에서 멀어진 개인도 시민과 인간이라는 지위에 있음을 확인하고, 그들의 권리를 실질적으로 보장하기 위한 조치를 먼저 취해야 합니다.

'국가'라는 족쇄: 개인 없는 가족공동체

이번 강의에서 설명한 시민성과 권리의 내용이 한국 사회에 생소한 것은 결코 아닙니다. 대한민국 헌법은 이미 현대 민주주의 시민성의 기본 요소들을 규정하고 있습니다. 하지만 헌법 전문에서 권리가 오해되는 것처럼, 헌법 자체에 시민성이 표준 개념으로 사용되는 것을 가로막는 장애물들이 있습니다. 그중 가장 강력한 것이 바로 국민 개념입니다. 몇 차례 말했듯, 국민 개념은 사람을 지시하는 모든 개념을 국가에 귀속시킨 결과물입니다. 민주주의가 제대로 작동하려면 가장 먼저 사람을 지시하는 개념들을 엄밀하고 정교하게 정의해야 합니다.

프랑스의 〈인간과 시민의 권리 선언〉에는 사람을 지시하는 여러 개념이 등장합니다. 일단 개인과 개인의 집합이 분명히 구별됩니다. 유의할 점은 개인 다수와 개인의 집합도 다르다는 것입니다. 시민citoyen은 정치공동체를 구성하는 개인을 지칭하는 개념이고, 그런 개인 여럿은 시민들citoyens이라는 복수로 표기합니다. 이 '시민들'은 시민의 집합인 인민peuple과도 구별됩니다. 마찬가지로 인간homme과 인간들hommes이 다르고, 인간 일반을 말할 때는 대문자를 씁니다('Homme'). 이런 정교한 개념 구분이 필요한 이유는 정치공동체의 기본 원리가 개인과 집단을 구별하는 방식에 기초하기 때문입니다. 언뜻 생각해봐도 시민과 인간의 권리란 오로지 개인에게만 속할 뿐 집단의 속성이 될 수 없습니다.[20] 따라서 권리를 선언하는 문서라면 당연히 개인과 집단을 구별해야 합니다. 또한 여러 명의 개인이 모인다고 해서 그들을

---

20   서구 개념을 번역할 때 발생하는 단수, 복수 문제에 대해서는 다음 문헌을 참고하세요. 가토 슈이치·마루야마 마사오, 《번역과 일본의 근대》, 임성모 옮김, 2000, 88~89쪽.

하나의 공동체라고 하지는 않죠. 이렇게 여러 명의 인간과 인간 일반도 다릅니다. (참고로 〈인간과 시민의 권리 선언〉에는 시민의 집단을 뜻하는 개념이 두 개 있습니다. 하나는 방금 말한 인민이고 다른 하나는 대문자로 쓴 'Nation'입니다. 이 두 개념의 차이는 지칭하는 대상이 아니라 프랑스의 두 가지 주권 개념에서 비롯합니다. 즉 직접민주주의적 주권과 구별되는 대의민주주의적 주권의 바탕을 규정하기 위해 'Nation'을 사용하는 것입니다. 주권은 분할 불가능하므로 'Nation'도 개인이나 분파로 분할할 수 없는 단일 정치체입니다.[21] 그래서 이 개념을 '국민'이나 '민족'으로 번역하기는 어렵습니다.)

하지만 대한민국 헌법의 국민 개념은 개인과 집단을 구별하지 않습니다. 시민, 시민들, 인민이 모두 국민으로 불리죠. 헌법 제1조에서 "대한민국의 주권은 국민에게 있고, 모든 권력은 국민으로부터 나온다"고 할 때, 국민은 개인이 아니라 개인의 집합입니다. 반면 '제2장 국민의 권리와 의무'에서 권리와 의무의 주체로 규정하는 국민은 개인입니다. 이렇게 되면, 개인과 집단이 하나의 용어로 불리면서 권리의 주체가 개인이라는 사실이 은폐되는 효과가 발생합니다. 앞서 살펴본 시민성의 역사에서 정치공동체를 구성하는 시민은 언제나 개인이었습니다. 17세기부터 등장한 현대적 권리 개념에서도 권리의 주체는 개인이며, 인간의 자연적 권리를 정의할 때도 인간은 개인입니다. 만일 권리의 주체인 시민을 개인이 아니라 집단으로 규정하면, 시민성 담

---

21   프랑스 정부의 공공 정보 사이트 참조. http://www.vie-publique.fr/decouverte-institutions/institutions/approfondissements/souverainete-nationale.html

론 전체가 흔들립니다. 개인으로서 인간은 서구 사상 체계 전체를 떠받치는 기둥입니다. 헌법이 대한민국을 민주공화국으로 규정한다고 해도, 개인과 집단을 구별하지 않는 한 민주공화국이라는 정치 체제는 성립할 수 없습니다.

개인과 집단을 혼동하는 것 혹은 개인의 존재를 삭제하고 집단을 정치적·법적 주체로 간주하는 것은 국민 개념의 한 가지 특징일 뿐입니다. 사실 국민을 개념이라고 부를 수 있는지부터가 문제입니다. 사전 강의에서 말했듯, 어떤 말이 이론적 개념으로 사용되려면 말과 의미 사이의 관계가 고정되어야 합니다. 이론적 개념이란 말그대로 이론적으로 엄밀히 정의된 말입니다. 그런데 국민은 방금 나열한 서구 개념 중 어떤 것과도 일치하지 않죠. 그렇다고 서구 개념들과 구별되는 고유한 정의가 새롭게 제시된 것도 아닙니다. 한국에서 국민은 가장 일반적인 정치언어지만, 그 말은 헌법에서조차 개념으로 사용되고 있지 않습니다. 다른 한국어 개념들과 마찬가지로 국민 역시 두 번째 강의에서 다룬 소수 언어의 한 가지 사례라고 말할 수 있겠습니다.

신기한 점은 헌법의 국민 개념에 대한 사회적 논의가 별로 없었다는 사실입니다. 그 이유는 대략 두 가지 측면에서 생각해 볼 수 있습니다. 첫째, 한국 현대사에서 헌법이 제 기능을 수행한 것은 1987년 민주화 이후입니다. 군사독재는 초헌법적인 정치 체제였고, 독재정권 하에서 헌법에 기초한 시민의 권리를 주장하는 것은 불가능한 일이었습니다. 헌법에 대해 생각하게 된 지 30년이 채 안 되는 것입니다. 둘째, 일본의 식민 지배와 군사독재 시기를 거치며 '우리 국민'이라는 의식이 사회 모든 곳에 깊이 뿌리내렸습니다. 뒤늦은 민주화도 문제지만, 민주화 과정에서도 반성과 비판의 대상이 되지 않을 정도로 국민 개념은 강력한 힘을 발휘했습니다.

동아시아의 국민 개념은 역사학과 인류학의 연구 대상이기도 합니다. 지금도 관련 연구들이 종종 나오고 있습니다. 여기서 그 개념의 계보를 따라 올라갈 수는 없으니, 국민이라는 말이 현 시점에서 어떤 이미지를 담고 있는지만 잠깐 살펴보겠습니다.

국가는 분명한 실체로서 우리 삶을 지배하고 있지만 그것을 총체적으로, 분명히 인식하는 것은 불가능한 일입니다. 그래서 사람들은 나름대로의 이미지에 의존해 국가를 이해하게 됩니다. 한국 사회에서 지배적인 영향력을 행사하는 국가의 이미지는 매우 단순한 형태를 가집니다. 한편에는 '순수하고 선한 백성들'로 표상된 국민이 있고, 반대편에는 국가권력의 살아 있는 화신으로 이해된 지도자가 있습니다. 물론 이러한 국민-지도자 관계의 원형은 아이들과 가장으로 이루어진 가부장적 가족에 있습니다. 국가란 기본적으로 지도자가 국민을 보살펴주는 거대한 가족이라는 발상이죠. 혈연이 가족을 구성하는 기본 관계인 것처럼, 국가의 모든 구성원을 묶어주는 근원적 공통성은 혈통 중심의 민족입니다. 여기서 '국민=국가=민족=가족공동체'라는 동일성이 탄생합니다. 결국 사람들이 국가라는 말로 떠올리는 가장 일반적인 이미지는 정치공동체가 아니라 이러한 가족공동체인 것이죠.

이런 이미지 안에서는 국가와 사회가 구별되지 않습니다. 사회란 개인과 개인이 맺고 있는 관계의 총체입니다. 사회에는 국가에 포괄되지 않는 영역이 존재합니다. 예컨대 고대 아테네 민주주의는 오이코스oikos와 폴리스polis의 분리에 기초합니다. 물질적 필요를 충족시키는 공간인 오이코스(집, 가정)는 폴리스라는 도시국가공동체에 속하지 않습니다. 이번 강의 초반에 'oikos'에서 현대어 'economy'가 나왔다고 말했죠. 하지만 이 둘이 단지 어원상의 관계에만 있는 것은 아닙니다. 오이코스와 폴리스의 구별은 현대 사회에서 경제 영역과 국가를 구별하는 것으로 이어집니다. 시장을 비국가 영역으로 규정하는 전통이 고대 그리스부터 시작되는 것이죠. 한편 오이코스와 폴리스의 구별은 사적 영역과 공적 영역의 구별도 내포합니다. 오늘날에도 가정과 개인의 삶은 국가에 포함되지 않는 사회적 영역입니다. 하지만 가족공동체라는 이미지는 국가 외부의 사회적 영역을 결코 허용하지 않습니다. 국가 자체가 가족이니 공적 영역과 사적 영역의 구별도 무의미하다는 것입니다.

이런 이미지에서 절대적 영향력을 행사하는 것은 국가의 중앙권력입니다. 가부장적 가족공동체를 유지하는 유일한 힘은 가부장의 권력입니다. 이런 권력 구도에서 개인과 개인의 자유로운 관계는 허용되지 않습니다. 모든 관계는 가부장을 중심으로 형성된 위계 구조에 포섭되고, 모든 개인이 그런 구조 내의 한 자리에 배치되어야 합니다. 결국 가족공동체가 사회의 모든 영역을 흡수하고, 그런 공동체의 모든 사회적 관계는 지도자가 위치한 중앙점으로 수렴하게 됩니다.

　이러한 가족공동체의 이미지는 국가와 국민을 인식하는 틀로 기능합니다. 이런 인식 틀은 다음과 같은 강력한 현실적 효과를 발휘합니다. 첫째, 지도자의 권력을 실행하는 수단으로 간주되는 국가기구의 힘이 무한히 강화됩니다. 국가기구가 강할수록 가족공동체도 강하게 결집하기 때문입니다. 마찬가지로 국가기구에 저항하는 것은 가족의 분열을 초래하는 행위로 비난받습니다. 둘째, 시민의 평등한 관계가 자리 잡지 못합니다. 앞서 설명한 '다스리면서 다스림을 받는 시민' '법적 지위의 평등함'이라는 두 가지 시민성 모델과 가족공동체는 양립할 수 없습니다. 거대한 위계 구조에 포함된 개인들 사이에서 평등한 관계는 불가능합니다. 셋째, 개인과 집단이 구별되지 않습니다. 집단과 구별되는 개인이란 자기 자신에게 결정권을 행사할 능력과 자질을 갖춘 독립적 존재입니다. 반면 가족의 구성원으로 규정된 개인은 자신에게 결정권을 행사할 수 없는 존재입니다. 이런 개인은 엄밀한 의미에서 현대적 의미의 자유로운 개인이 아닙니다. 마지막으로, 평등한 시민과 자유로운 개인이 없기에 인민이 인민을 지배하는 체제 자체가 불가능합니다. 이런 틀로 보면 민주주의란 국민의 목소리를 잘 들어주는 지도자를 의미할 뿐이죠. 말하자면 **민주주의는 억압적인 가부장이 아니라 '친절한 아버지'가 대통령인 체제입니다.** 결국 '국민과 소통하려는 대통령의 노력'이 민주주의를 평가하는 지표가 되죠.

경제 담론 비판: 평등 없는 불평등 논의

세 번째 장애물은 경제 담론입니다. 이것은 경제를 대상으로 삼는 여러 종류의 이론은 물론 경제 기호를 중심으로 형성된 이데올로기와 대중의 믿음 체계 전부를 의미합니다. 경제라는 말이 개념과 정치언어로 쓰이는 모든 경우를 포괄해 경제 담론이라 부르는 것입니다. 한국 현대사에서 경제만큼 오랫동안 강력한 영향력을 발휘해온 말도 별로 없습니다. 사전 강의에서도 왜 이 말이 효과적인 정치언어가 될 수 있는지 분석했죠. 경제 담론의 변화는 역사학의 좋은 연구 주제가 될 수 있겠지만, 여기서는 간단하게만 정리하겠습니다.

경제 담론은 박정희 시대의 직접적 유산입니다. 이때부터 경제 성장과 발전은 다른 모든 사회적 가치를 압도하는 절대적 힘을 갖게 됩니다. '근대화=산업화=경제 성장'이라는 공식이 성립되죠. 이런 담론 내에서는 경제 성장을 보여주는 수치와 도표가 사회의 발전과 진보를 가늠하는 유일한 기준이 됩니다. '평등한 시민의 정치공동체'를 위한 자리는 여기에 없습니다. '내외부의 적을 타도하고 폐허 위에 새마을을 건설하기 위해 지도자를 중심으로 단결한 하나의 민족'이 있을 뿐이지요. 가족공동체의 원형도 여기서 태어납니다.

경제 담론은 박정희 국가의 영혼입니다. "가난에서 벗어나 잘살아보자"가 국가라는 가족공동체의 부분들을 붙잡아두는 구심력이기 때문입니다. 하지만 이런 가족은 흔히 떠올릴 수 있는

친밀하고 따뜻한 공동체가 아닙니다. 오히려 공동의 이익을 위해 모인 범죄집단에 가깝습니다. 그 안에서 개인은 권리의 주체가 아니라 국가 경제의 발전을 위해 희생되어야 할 존재로 간주됩니다. 이름만 '패밀리'로 지어놓고 돈을 위해 조직원을 소모하는 마피아 조직의 작동 논리와 별반 다르지 않습니다. 경제 성장을 절대적 목표로 삼는 가족공동체가 개인을 희생시키는 일은 우발적 사건이 아니라 공동체를 유지하기 위한 기본 메커니즘입니다.

1987년 이후에는 정치문화적 민주화가 사회 변화를 이끌어 간 것처럼 보이지만, 경제 담론의 영향력이 약화된 적은 결코 없습니다. 1997년 외환위기 이후 한국 사회는 금융자본주의와 시장만능주의를 매우 급격하게 수용합니다. 놀라운 것은 그 과정이 너무 수월했다는 사실입니다. IMF 구조조정이 초래한 정리해고와 파산의 기억을 뒤로하고, 한국 사회는 2000년대 중반까지 재테크와 부동산이라는 광기에 사로잡혀 있었습니다. 모든 사람이 자산과 소득 증가에 목숨을 거는 무한 경쟁에 뛰어들게 되죠. 겉으로는 박정희 시대 경제 담론과 IMF 이후 경제 담론이 다른 것처럼 보이지만 사실 둘 사이에 결정적인 단절은 없습니다. 경제란 여전히 오직 부의 증가를 의미하고 그 외의 가치와 이념을 모두 제거합니다. 민주화 이후의 상황은 강력한 보스가 죽은 후 '큰 건수'를 찾아낸 마피아 조직에 비교할 수 있겠습니다. 보스가 없는 자유로운 상황에서 남은 조직원들이 더 많은 몫을 차지하기 위해 서로 죽이며 경쟁하는 것입니다.

이런 상황이 오래 지속되지는 않았습니다. 2008년 금융 위기 이후 성장은 더 이상 경쟁의 동기를 부여하지 못했고, 시장에서 배제된 자들의 아우성은 은폐할 수 없는 수준에 도달했습니다. 이런 배경에서 경제민주화가 2012년 대선 이슈로 등장하게 됩니다. 군사독재 종식 후 20년이 지나서야 비로소 경제적 불평등, 일자리, 노동 문제가 주류 경제 담론의 한 부분으로 인정된 것입니다. 비슷한 시기에 헬조선과 흙수저라는 신조어가 등장하면서 주류 미디어도 경제적 불평등을 본격적으로 다루기 시작했습니다. 여기서 중요한 질문 하나를 던져야 합니다. 왜 다시 '경제적' 불평등이 문제인 걸까요? 모두가 살기 어려운 것이 정말 경제적 요인 때문일까요?

헬조선이란 말이 지시하는 한국 사회의 불평등은 결코 경제적 불평등으로 환원되지 않습니다. 경제적 불평등은 한 가지 원인일 뿐입니다. 예컨대 여성 비정규 서비스직 노동자가 된다는 것은 낮은 임금 수준뿐 아니라 다음과 같은 일련의 위험을 의미합니다― 직장 상사와 고객의 언어폭력과 성폭력, 경제적 불안정, 사회 안전망의 부재, 사회 관계망에서의 배제, 정치적 권리의 침해, 산업재해의 위협, 신체적·정신적 질병의 가능성, 가족 형성의 어려움, 불안정한 주거 조건 등. 이런 위험은 소득 불평등 지수에 포함되지 않는 요인들이죠. 즉 정규직과 비정규직의 차이는 단지 소득 수준의 차이가 아니라 사회적 차별로 존재합니다. 성별 임금 격차의 원인은 경제적 불평등이 아니라 성차별입니다. 경제적 불평등 지수가 한국보다 더 심각한 나라도 많지만,

그들 모두가 자신이 살고 있는 사회를 지옥이라고 말하지는 않습니다. 우리 삶이 고통스러운 것이 단지 돈을 적게 벌어서는 아닙니다.

하지만 지금의 경제적 불평등 논의는 여전히 경제 담론에 갇혀 있습니다. 삶의 질을 구성하는 모든 요소를 여전히 재산과 소득 수준으로 환원시키기 때문이죠. **사람들이 고통받는 이유를 파악하려면, 경제 담론에서 벗어나 시민과 인간의 권리라는 관점으로 이동해야 합니다.** 예컨대 지금도 산업 현장에서는 수많은 파견직 노동자들이 목숨을 잃고 있습니다. 비정규직은 생명권도 제대로 보장받지 못합니다. 그런데 만일 누군가 '생명권 침해는 비정규직의 문제이니 비정규직 철폐가 답'이라고 한다면, 이는 비정규직은 죽거나 다쳐도 된다는 말이나 다름없습니다. 정규직이든 비정규직이든 그 누구도 일하다 다쳐서는 안 됩니다. 비정규직 노동자의 고통은 단지 양극화된 노동시장이 아니라 생명권조차 평등하게 보장되지 않는 불평등한 상황에서 비롯합니다.

경제 담론에 갇힌 불평등 논의는 평등에 대해 침묵한다는 사실에서 그 한계를 가장 분명히 드러냅니다. 많은 경제학자들이 심각한 소득 불평등을 지적하고, 경제민주화를 주장하는 정치인은 경제적 불평등 해소를 약속합니다. 그러나 정작 평등을 말하는 사람은 없습니다. 평등을 고려하지 않는 경제적 불평등은 단순한 수치 계산일 뿐입니다. 불평등 지수를 얼마나 완화해야 평등한 상태에 도달하는 것일까요? 평등을 정의하지 않으면, 애초에 경제적 불평등이 왜 문제가 되는지도 알 수 없습니다. 마셜이 〈시민성과 사회계급〉에서 제기하는 질문도 경제적 불평등을 어떻게 해결할 것인지가 아니라 '경제적 불평등에도 불구하고 어떻게 평등한 시민성을 보장할 것인가?'입니다. 경제적 불평등 논의는 평등한 시민성이라는 바탕 위에서만 의미를 지닙니다.

박정희 시대에 탄생한 경제 담론은 단지 시민성뿐 아니라 거의 모든 표준 개념의 적입니다. 경제 성장이 사회의 유일한 가치로 인정되면서 헌법적 가치에 대한 논의조차 차단되었습니다. 자유, 평등, 민주주의도 오랫동안 금지어로 남아 있었죠. 헌법 개념을 말하지 않는 것은 현재 우파세력의 특징이기도 합니다. 엄밀히 말해 한국의 정치세력을 구별할 수 있는 기준은 이념이나 가치가 아니라 개념을 어느 정도 사용하느냐입니다. 정치언어에 대한 개념어의 비율이 가장 높은 것은 진보정당입니다. 보수 혹은 우파라고 불리는 집단일수록 개념 없이 정치언어로만 이야기합니다. 보수적인 유권자 역시 개념어를 사용하는 정치인을 피곤하다고 느낍니다. 이들의 정치언어를 채우는 것은 여전히 경제 담론입니다. 박근혜 정부가 가장 많이 외친 말도 '경제 살리기'였죠.

흥미로운 것은 야당의 경제민주화 역시 개념과 무관하기는 마찬가지라는 사실입니다. 2016년 20대 총선에서 더불어민주당이 '이념 논쟁 그만하고 경제민주화에 주력하겠다'는 이야기를 자주 했는데, 여기서 이념이란 개념으로 표현되는 정치적 가치입니다. 자유, 평등, 민주주의 같은 개념을 말하는 것이 이념 논쟁으로 간주되는 것입니다. 이들의 언어에서도 경제 담론이 개념어를 밀어내고 있습니다. 개념어보다 경제에 관한 정치언어의 사용이 늘었다는 것은 야당이 우경화되었다는 증거입니다.

경제민주화가 경제적 불평등을 주요 의제로 제기했음에도 여전히 평등을 다루지 않는 이유도 여기 있습니다. 평등을 말하는 것이 '이념 논쟁'에 휘말리는 일이기 때문입니다. 결국 야당이 말하는 경제민주화는 경제 담론의 또 다른 형태에 지나지 않습니다. 기존의 경제 담론에 민주화라는 수식어를 붙였을 뿐이죠. 경제민주화는 앞으로도 시민성 개념의 표준화를 방해할 가능성이 큽니다.

나가는 말

'개념' 없는 사회를 위한 제안

2016년 10월, 한국 사회는 상상 불가능한 사건에 직면했습니다. 정치 스캔들을 묘사하는 모든 형용사를 다 끌어모아도 그 사건을 설명하기에 충분치 않습니다. 하루걸러 새롭게 폭로된 부정한 비밀을 머릿속에 재구성하기조차 쉽지 않습니다. 사람들은 일반적 인식의 범위를 넘어선 기괴한 사건에 맞서기 위해 '부정하고 부패한 권력자 박근혜'와 '정의를 바라는 주권자 국민'이라는 이미지를 불러옵니다. 분노한 시민들은 광장에 모여 '주권자 국민이 부정한 권력자를 끌어내려 정의를 실현해야 한다'고 외칩니다. 이런 이미지에 따르면 2017년 3월 10일은 부정한 권력 집단의 종말과 정의를 요구하는 시민의 승리를 선언한 날로 기억될 것입니다.

하지만 '권력자의 부정과 부패'는 한국 사회가 앓고 있는 질병의 원인이 아니라 증상 중 하나일 뿐입니다. 시민의 거대한 저항과 입법·사법 기관의 적절한 대응이 썩은 부위를 도려내는 데 성공했지만, 그 썩을 대로 썩은 집단이 어떻게 국가권력을 장악할 수 있었는지는 여전히 의문으로 남아 있습니다. 애초에 박근혜를 대통령으로 선출한 것도 주권의 행사였고, 그를 파면한 것도 주권의 행사라는 사실을 기억해야 합니다. 2017년 3월 10일은 입법부와 사법부의 민주적 결정이 2012년 12월 19일 대통령 선거의 민주적 결정을 번복한 날입니다. 결국 겉으로 드러난 증상의 원인을 찾으려면 한국 민주주의의 이러한 자기 번복 과정을 차분히 돌아봐야 합니다. 이런 반성 작업 없이 과거의 권력을 단지 새로운 권력으로 대체하는 것은 질병의 원인을 제거하는 근본 조치가 될 수 없습니다.

이를 위해 가장 먼저 제기해야 할 질문은 '박근혜라는 인물이 어떻게 대통령이 될 수 있었나?'라는 것입니다. 사람들은 보통 어떤 사건이 발생하면 흔히 '시스템이 문제'라고 말하죠. 저 질문에 대한 가장 통속적인 대답 중 하나도 '검증 시스템이 제대로 작동하지 않았다'일 겁니다. 그런데 생각해보면 여기서 검증 시스템이란 대의민주주의 제도 자체입니다. 누가 정치적 대표자로 적절한지 검증하고 판단하는 게 정당 정치와 선거 시스템의 핵심 기능 중 하나이기 때문입니다.

그런데 여기서 시스템, 즉 '체계'란 도대체 무엇인가요? 체계의 작동 여부를 따지기 전에, 체계란 무엇인지부터 생각해봅시다. 체계는 '요소들의 집합'을 지시하는 여러 개념 중 하나입니다. 하지만 그저 여러 요소를 모아놓은 것을 체계라고 하지는 않습니다. 체계를 구성하는 요소들은 서로 논리적으로 모순되지 않고 밀접히 연결되어 흔들리지 않는 건축물 같은 형태를 가져야 합니다. 이러한 성질을 일관성이라고 부르죠. 두 번째 강의에서도 사회적 표준은 반드시 체계로 구성되어야 하며 일관성이 그것의 가장 중요한 조건이라는 점을 설명했습니다.

체계에는 근본적 역할을 하는 요소들이 있습니다. 그런 근본 요소들에 다른 요소들이 결합하며 체계 전체를 안정적으로 쌓아올립니다. 그렇다면 정치 체계를 구성하는 근본 요소에는 무엇이 있을까요? 당연히 '정치'라는 개념이 빠질 수 없겠죠. '정치란 무엇인가?'에 대한 공통 이해가 있어야 그것을 바탕으로 정치 제도와 장치를 체계적으로 구성할 수 있으니까요. 물론 이 질문에 대해 한두 가지로 답하기는 불가능합니다. 다양한 맥락에서 수천 가지 방식으로 답할 수 있을 겁니다. 그렇지만 서구 사상의 전통을 살펴보면, 정치 개념에 부여된 불변의 요소들이 존재한다는 것을 알 수 있습니다. 그중 하나가 바로 '정치는 말하기'라는 원리입니다. 아리스토텔레스는《정치학》의 유명한 단락[1]에

---

1   아리스토텔레스,《정치학》, 1권, 1253a.

서 인간과 다른 동물의 차이를 '말하기'에서 찾습니다. 모든 종류의 동물이 자신의 고통과 즐거움을 표현할 줄 알지만, 오로지 인간이라는 동물만이 언어를 통해 무엇이 좋고 나쁜지, 무엇이 옳고 그른지를 표현한다는 것이죠. 좋고 나쁨, 옳고 그름에 대한 공통언어를 가진 사람들이 모여 정치공동체polis를 이룹니다. 여기서 인간에 대한 두 가지 정의가 하나로 결합합니다. 인간이란 말하는 동물이고 따라서 정치공동체를 이루어 살 수 있는 동물이라는 것입니다.

　서구 문화 일반이 그렇듯, 현대적 의미의 합리적 말하기 역시 고대 그리스의 말하기에서 유래합니다(위에서 인용한 아리스토텔레스의 텍스트에서 '말하기'에 해당하는 그리스어 단어가 바로 '로고스logos'입니다). 말하기가 정치의 필수 요소라는 아리스토텔레스의 생각은 현대 정치 체제의 주요 전제 중 하나입니다. 우리가 민주주의를 위한 합리적 대화와 토론이 필요하다고 할 때, 이것은 단지 각자의 즐거움과 고통을 표현하는 것이 아니라 정치공동체의 가치를 개념적 언어로 소통하는 행위입니다. 자신의 생각을 사회의 공통언어와 합리적 개념으로 표현하며 다른 시민들과 대화하는 것은 정치공동체에서 살아가는 모든 시민의 필수 덕목이죠. 정치인이란 그런 대화를 업으로 삼는 사람입니다. 물론 '정치=말하기'를 기본 원리로 삼지 않는 정치 체제가 가능할지도 모릅니다. 예컨대 백성을 무한히 사랑하는 과묵한 통치자가 고결한 인품과 헌신성으로 공동체를 이끌어가는 정치를 상상해볼 수도 있습니다. 하지만 이것은 우리가 살아가는 현대 민주주의와는 전혀 다른 체제이며, 그런 체제가 일관성과 완결성을 갖춘 체계를 이룰 수 있는지도 알 길이 없습니다.

우리가 머릿속에 가지고 있는 대의민주주의 모델을 통해 이야기해볼까요? 같은 이념과 가치를 공유하는 사람들이 정당을 만들고 그것을 정치공동체 전체의 이념과 가치로 인정받기 위해 각종 선거에 참여합니다. 정당을 대표하는 정치인은 선거라는 거대한 논의의 장에 뛰어들어 자기 정당의 이념과 가치를 유권자와 합의하기 위해 노력합니다. 각종 국가 장치는 이런 논의와 결정 과정이 민주주의의 이상적 모델에 부합하도록 관리하되, 적절한 수준을 지켜야 합니다. 이 모든 것이 바로 합리적 말하기의 과정입니다. 만일 정당을 대표하는 정치인이 자신의 이상을 사회의 공통언어로 설명할 수 없다면, 방금 말한 모든 절차가 즉시 중단되고 대의 체계는 작동하지 않을 것입니다. 물론 비합리적이고 비개념적인 기호의 조작과 그것이 생산하는 감정적 효과 역시 정치적 삶의 핵심입니다. 우리는 사전 강의와 두 번째 강의에서 이 점을 자세히 살펴보았습니다. 그래서 정치인은 합리적 개념언어로 말하는 동시에 효과적 정치언어로 유권자의 감정 깊은 곳까지 도달해야 합니다. 하지만 정치언어의 생산이 개념언어에 기초한 대화를 압도할 때, 얼마나 고통스러운 상황이 발생하는지도 여러 차례 지적했습니다.

그러므로 '말하기'를 못하는 정치인은 곧 정치를 못하는 정치인입니다. '부패한 정치인'은 존재할지 몰라도 '말을 못하는 정치인'은 그 자체로 형용 모순입니다. 말하기란 정치인이 갖추어야 할 여러 덕목 중 하나가 아니라 그 자체가 곧 정치입니다. 이것은 결코 새로운 이야기가 아닙니다. 우리는 어릴 적부터 합리적 대화와 토론이 민주주의의 기본 조건이라는 점을 배우니까요. 이런 맥락에서 2012년 대선 결과는 한국 유권자의 절반 이상이 '말하기'를 정치인의 필수 조건으로 판단하지 않았다는 사실을 보여줍니다. 요컨대 박근혜는 정치인으로서 단 한 번도 합리적 말하기라는 것을 보여준 적이 없습니다. 그가 이해 가능한 언어로 의사소통할 수 없다는 사실은 단순한 조롱거리가 아닙니다. 기초적 수준의 말하기를 수행하지 못하는 인물이 대통령에 선출되었다는 사실은 한국 정치의 근본적인 특징을 있는 그대로 보여줍니다. 즉 한국 정치는 '정치=말하기'라는 원리에 의해 작동하지 않는 체제입니다.

여기서 체계system와 체제regime를 구별해야 합니다. 두 단어는 언뜻 유사해 보이지만, 사실 전혀 다른 의미를 지닌 말입니다. 체제는 권력이 행사되는 제도와 절차를 의미합니다. 체계적인 체제도 있지만, 비체계적 체제도 있습니다. 이런 의미에서 한국 사회를 지배하는 것은 '비체계적 정치 체제'라고 할 수 있습니다. 한국 정당 정치의 극단적 유동성이 대표적 사례입니다. 정치적 지향이 진보든 보수든, 좌파든 우파든 상관없이 정당의 조직과 활동이 하나의 이념적 체계를 이루고 있다면, 정당의 기본 형태는 쉽게 바뀌기 어렵습니다. 체계를 구성하는 요소들이 서로 맞물려 있어 기초를 이루는 요소 하나를 바꿔도 체계 전체가 흔들리기 때문입니다. 하지만 한국의 정당은 이념, 조직, 활동, 구성원, 명칭 등 모든 요소가 시시때때로 바뀝니다. 유권자는 이렇게 고정된 정체성이 없는 정당에도 표를 던집니다. 이런 유동적인 체제는 정치에 대한 어떤 고정된 이해도 허용하지 않습니다. 이런 곳에서 '정치의 기본은 합리적 대화와 토론'이라고 주장하는 것은 별 소용이 없죠. 모두가 이해할 수 있는 말하기를 할 줄 모르는 정치인이 정당의 대표와 대통령이 될 수 있었던 것도 이 때문입니다. 이토록 유동적인 정치 체제가 한국 정도의 규모를 가진 국가를 운영하고 있다는 사실이 매우 놀라울 따름입니다. (많은 사람이 이런 독특한 사회 정치 체제의 기원을 박정희 시대에서 찾습니다. 정확히 말하자면, 그때 수립된 것은 '박정희 체계'가 아니라 '박정희 체제'입니다. 지금 필요한 것은 '박정희 체계'를 다른 체계로 대체하는 일이 아니라 박정희 시대에 시작된 비체계적 체제를 체계적 체제로 재구성하는 것입니다.)

2017년을 뒤덮은 거대한 정치 스캔들은 유권자가 '박근혜에게 속아서' 발생한 것이 결코 아닙니다. 박근혜라는 인물의 정치적 역량과 속성은 항상 명백하게 드러나 있었습니다. 그것을 걸러낼 수 있는 체계가 존재하지 않았을 뿐이죠. 모두가 알고 있는 대의민주주의의 기초 원리들만 체계적으로 작동했더라도 '말하기'를 할 수 없는 인물이 대통령이 되는 사태가 발생하지는 않았을 것입니다. 여기서 다시 두 번째 강의에서 설명한 '표준권력의 부재'라는 주제로 돌아오게 됩니다. 박근혜를 중심으로 모인 부패한 권력집단은 겉으로는 매우 강력해 보이지만, 표준권력에 따라 사회를 지배하는 집단이라고 볼 수 없습니다. 이들은 체계를 수립함으로써 권력을 행사하는 집단이 아니라 오히려 고정성과 일관성을 갖춘 체계의 수립을 적극적으로 거부함으로써 존재할 수 있는 일종의 범죄집단에 가깝습니다. 다수성이 아니라 소수성의 상태에 있는 것이죠. 기술의 최첨단을 주도하는 세계적 기업도 한국 사회에서는 체계적 표준권력을 행사하는 다수자가 아니라 체계를 뒤흔드는 소수자의 방식으로 생존합니다. 만일 한국에 다수성의 표준 체계가 견고하게 구축되어 있었다면, 애초에 이런 정체불명의 집단들이 제도화된 정치 무대에 등장할 수도 없었을 것입니다.

*

이렇게 우리는 사회적 표준 개념의 수립이 가장 시급한 과제라는 결론을 다시 한번 확인합니다. 지금까지 다양한 차원에서 이 결론을 설명했습니다. 첫 번째 강의에서 '청년' 기호를 분석한 것도 이른바 '청년 문제'를 해결하기 위해서가 아니라 그 기호야말로 표준 개념의 부재를 가장 분명히 보여주는 증거이기 때문입니다. 청년이라는 말이 지시하는 사회경제적 문제는 세 번째 강의에서 설명한 시민성과 권리의 언어로 다시 논의되어야 합니다.

여기서 유의할 것은 우리 강의가 제기하려는 것이 '일단 논의라도 시작해보자'는 소박한 제안이 아니라는 점입니다. 여기서 말하는 사회적 논의, 대화, 토론이라는 것은 표준 개념에 기초한 합리적 소통을 의미합니다. 두 번째 강의에서 설명했다시피 개념은 사회의 표준 체계를 구성하는 핵심 요소입니다. 우리 강의가 표준 개념의 수립이라는 과제를 시급히 제기하는 이유는 사회적 표준 체계가 부재함으로써 발생하는 온갖 혼란과 재앙이 고스란히 약자의 부담으로 돌아가기 때문입니다. 체계적이고 일관성 있는 지배 체제는 지배집단이 아니라 약자를 위해 필요한 것입니다. 물론 지배 체제가 체계적으로 구성된다고 해서 모든 사람에게 인간과 시민의 권리가 평등하게 보장되는 것은 아닙니다. 따라서 한편에서는 표준 체계를 수립하기 위해 노력하면서 다른 한편에서는 지배 체제의 억압과 폭력에 맞서기 위한 소수자의 정치전략을 별도로 구성해야 합니다. 두 번째 강의에서 소수자와 종속계층 개념, 헤게모니전략을 설명한 이유가 여기에 있습니다.

이러한 결론에 대한 가장 일반적인 반응은 '모두 동의하지만, 당장 무엇을 할 수 있을지는 모르겠다'는 것이었습니다. 이제 강의를 마무리하며 지금 당장 해야 할 일 두 가지를 제안해보겠습니다. **우선 일상적이고 지역적인 수준에서 표준 개념과 합리적 언어에 기초한 공동체를 만들어야 합니다.** 만일 우리가 합리적 개념언어로 소통하는 공동체를 단 하나라도 만들 수 있다면, 그것을 중심으로 사회적 표준 언어를 수립해나갈 수 있습니다. 예를 들어 자신이 일하는 회사가 '가족 같은 분위기'를 지향하며 구성원 간 관계를 '인생 선후배 관계'로 부르고 있다면, 당장 이것부터 '사용자와 노동자 사이의 권리와 의무 관계'라는 개념으로 대체해야 합니다. 사회운동 진영은 '고통받는 사회적 약자'가 얼마나 불쌍한지 반복적으로 강조하는 대신, 그들이 가진 시민과 인간의 권리를 확인하고 그들에게 필요한 사회적 조치를 권리의 언어로 표현해야 합니다. 또한 우리 모두는 자신의 감정에 공감해줄 사람을 찾아 헤매기보다 자신의 고유한 경험을 타인에게 전달하기 위한 합리적 언어를 모색해야 합니다. 인간이라는 동물이 공동체를 이루어 살 수 있는 것은 더불어 울고 웃을 수 있어서가 아니라 자신이 왜 울고 웃는지를 공통언어로 설명하고 이해할 수 있기 때문입니다. 물론 이를 위해서는 모든 사람이 자기가 하는 말과 그것의 의미를 항상 비판적으로 성찰해야 할 것입니다.

다음으로 국가적 수준에서는 체계적 정치 이념에 기초한 정당을 만들어야 합니다. 이때 정당은 두 번째 강의에서 설명한 씨앗으로서의 정치조직을 말합니다. 정치 이념이란 정당이 지향하는 궁극의 가치를 체계적 개념언어로 표현한 것입니다. 이념과 가치는 곧 정당의 정체성 그 자체입니다. 개념언어로 표현된 이념을 정치언어를 활용해 집단의지로 발전시키는 것이 정당의 임무입니다. 이렇게 형성된 집단의지가 시민사회에서 헤게모니를 획득하면, 정당의 내적 정체성을 구성하는 이념 체계가 국가적 범위의 표준 체계와 권력으로 확장될 수 있습니다. 이러한 일련의 과정을 제도화한 것이 선거입니다. 선거란 각 정당의 고유한 이념 체계를 유권자에게 제안하고, 그들이 선택한 것을 모델로 삼아 국가 운영 체계를 구축하기 위한 대의민주주의 제도입니다. 정당은 이념의 이런 보편화 과정이 시작되는 출발점 역할을 합니다. 이런 이유에서 그람시는 정당을 씨앗에 비유한 것이죠.

그런데 지금 한국에는 체계적 정치 이념과 가치를 가진 정당이 존재하지 않습니다. '이념'은 이미 오래전에 금기어가 되어 버렸고, 정치인은 모두 현란한 정치언어의 생산과 활용에만 몰두하고 있습니다. 사전 강의에서 지적한 '개념의 부재, 정치언어의 과잉'을 재생산하는 중심지가 바로 정당입니다. 변화가 시작될 씨앗 자체가 존재하지 않는 상황이죠.

만일 우리 강의에서 제기한 과제들을 해결하기 위한 단 하나의 출발점을 꼽으라면, 그것은 단연 새로운 정당의 건설일 것입니다. 사회의 변화는 하나의 점에서 시작될 수밖에 없고, 그 점의 역할을 하는 것이 바로 체계적 이념과 가치를 갖춘 정치조직이기 때문입니다.

'개념' 없는 사회를 위한 강의
변화를 향한 소수자의 정치전략

초판 1쇄 펴낸날 2017년 3월 20일

지은이	박이대승
펴낸이	박재영
편집	임세현, 강혜란
디자인	당나귀점프
제작	제이오

펴낸곳	도서출판 오월의봄
주소	서울시 마포구 양화로 133, 1605호
등록	제406-2010-000111호
전화	070-7704-2131
팩스	0505-300-0518

이메일	maybook05@naver.com
트위터	@oohbom
블로그	blog.naver.com/maybook05
페이스북	facebook.com/maybook05

ISBN	979-11-87373-16-2 03300